岐阜地図さんぽ

GIFU

編著
今井春昭
Haruaki Imai

風媒社

はじめに　―見えないものを観る―

今井春昭

　故伊藤安男先生（花園大学名誉教授）が監修された『古地図で楽しむ岐阜　美濃・飛騨』が出版されて3年の年月が流れた。

　この本は発刊されてから程なく絶版となり、希少本となってしまっているが、風媒社ではこれと相前後して「尾張」「名古屋」「三重」「金沢」「滋賀」「長野」を出版され、さらにその対象地域は全国に広く展開する気配がある。

　このシリーズがそれぞれの地方における地図歩きブームの火付け役となっているばかりでなく、地図に対する新しい認識を生み出す契機となっていることは喜ばしい限りである。

　そんな折り、『古地図で楽しむ岐阜　美濃・飛騨』の補完を兼ねつつ、一葉の地図や絵図の地図の中に秘められている「ものがたり」を、読者と一緒に探しだす旅に出ようと企画したのが本書である。

　我が国の人口重心は50年以上にわたり岐阜県内にあるし、アクセントや文法上の言葉の使い方の境界も岐阜県と関わり深い。また、雑煮の餅や汁、うどんやそばのだし汁の濃い口・薄口、いなり寿司の形などについても岐阜県に東西文化の境界線があることが知られている。

　かつて、首都機能の移転が論じられた頃、当時の梶原拓知事は「岐阜は日本のまん真ん中」と断じ、「首都は東京から東濃へ」のキャッチフレーズも生まれた。『飛山濃水』と称される岐阜県には、1955年（昭和30）に制定された『岐阜県民の歌』があるが、その中で「岐阜は木の国　山の国」また「野の

『飛州図誌』（『飛騨国内名所図絵』・『飛州志』付録古蹟図（長谷川忠宗、享保年間1694－1777）（高山市教育委員会所蔵）に描かれた肩ケ嶽（笠が岳2898m）、鎗ケ嶽（槍ヶ岳3180m）、四ツ岳（四ツ岳2745m）と平湯温泉郷。大正5年（1916）冨田禮彦影写（模写）。笠ヶ岳は岐阜県単独の最高峰。槍ヶ岳の山頂は岐阜県に属さない。

国　幸の国」「詩の国　水の国」と謳っている。

県民の歌に山や木、野、水とともに「幸」と「詩」が謳い込まれているのは、東西文化の接点であるこの地には、これらの言葉にまつわる謎が数多く秘められており、地図片手の旅が興味尽きないことを示している。

元禄年間（1688－1704）に刊行された、いわゆる『新人国記』の飛騨国には、その風俗を述べた後、「按ずるに当国は、東西南北皆山にて、谷間の民家なれば、人の心狭し。（中略）帝都の番匠、此の国より貢す。夫れ工匠の職、その才不足の者の及ぶ所に非ず。これ山谷の秀気集まるが故に（後略）」とあり、美濃国では、その風俗を述べた後、「按ずるに、当国は大国にして、北東は山深く、西も亦山ありて、南を開き、広原・水田多し。木曽・飛騨につづく故、その大水流れ来たりて、川堤多く、衆水会流して、伊勢の海に流れ入る。（後略）」などと列記して『人国記』（天文年間1532－1555）における風俗の根拠としている。

飛山濃水を背景に、各地で繰り広げられてきた人々の生活、歴史、文化などを、地図や図、写真を通してうかがい知りつつ、見えないものを観ることができるまでに至りたいと思う。

下の2葉の図にはいずれも人の姿は見られない。山や森を生活の糧としてきた人々は高い山の中腹を覆い尽くす雲に隠れて見えないが、また、命の糧であるはずの水と闘いながらこれを治めてきた人達はひっそりと堤防の直下に住まいして見えないが、それぞれの図の中に「人国記」や「新人国記」に登場する人々を育て上げた独自の文化があり、紛れもなく続けられている生活がある。

本書から、見えないものを観ていただきたいものである。

輪中地域の「堀田」海津市海津町外浜の海抜0m付近の田園風景（撮影：昭和43年10月）河合孝／伊藤安男『写真集　輪中―水と闘ってきた人々の記録』（大垣青年会議所　昭和51年）による。海津市の南部水田地域はほぼ海抜0m、外浜の集落は2・5m、長良川の堤防は8・7m

岐阜地図さんぽ【目次】

[Part 2] 地図で楽しむ飛騨・美濃 75

[Part 3] 地図を読もう、地図を使おう 141

岐阜県地図

富山県
石川県
福井県
長野県
滋賀県
三重県
愛知県
飛騨
美濃
飛騨市
高山市
下呂市
白川村
郡上市
本巣市
山県市
関市
美濃市
岐阜市
各務原市
中津川市
恵那市
瑞浪市
土岐市
多治見市
可児市
美濃加茂市
関ケ原町
大垣市
海津市
揖斐川町
大野町
池田町
垂井町
神戸町
養老町
輪之内町
安八町
北方町
笠松町
岐南町
坂祝町
富加町
川辺町
七宗町
八百津町
白川町
東白川村
御嵩町
奥穂高岳 3190
乗鞍岳 3026
御嶽山 3067
白山 2702
恵那山 2191
伊吹山 1377
三国山 1162
安房峠道路
高山清見道路
東海北陸自動車道
東海環状自動車道
中央自動車道
名神高速道路
東海道新幹線
東海道本線
高山本線
中央本線
油坂峠道路
白川郷
白川郷IC
飛騨清見IC
高山IC
白鳥IC
郡上八幡IC
郡上八幡
美濃関JCT
関広見IC
岐阜各務原IC
関ケ原IC
大垣IC
養老IC
土岐JCT
中津川IC
飛騨古川
高山
下呂
飛騨金山
北濃
美濃市
関
岐阜
鵜沼
美濃太田
可児
御嵩
多治見
瑞浪
恵那
中津川
岩村
明智
大垣
垂井
美濃赤坂
揖斐
樽見
養老
羽島
増島城
高山城
大垣城
苗木城
岐阜県庁
金華山
華厳寺
永保寺
御母衣ダム
御母衣湖
朝日ダム
岩屋ダム
東仙峡金山湖
徳山湖
徳山ダム
横山ダム
阿木川ダム
矢作ダム
宮川
高原川
荒城川
小八賀川
庄川
小鳥川
苔川
馬瀬川
飛騨川
吉田川
長良川
板取川
武儀川
伊自良川
根尾川
揖斐川
粕川
牧田川
津保川
木曽川
付知川
白川
小里川
上岐川
0 10 20 30km
凡例
飛騨・美濃境界
市町村界
JR線
私鉄
高速道路・自動車道

Part1

地図で楽しむふるさと・岐阜

◉まずは紙上散歩への誘い

地図に秘められた岐阜を読む

日比野光敏

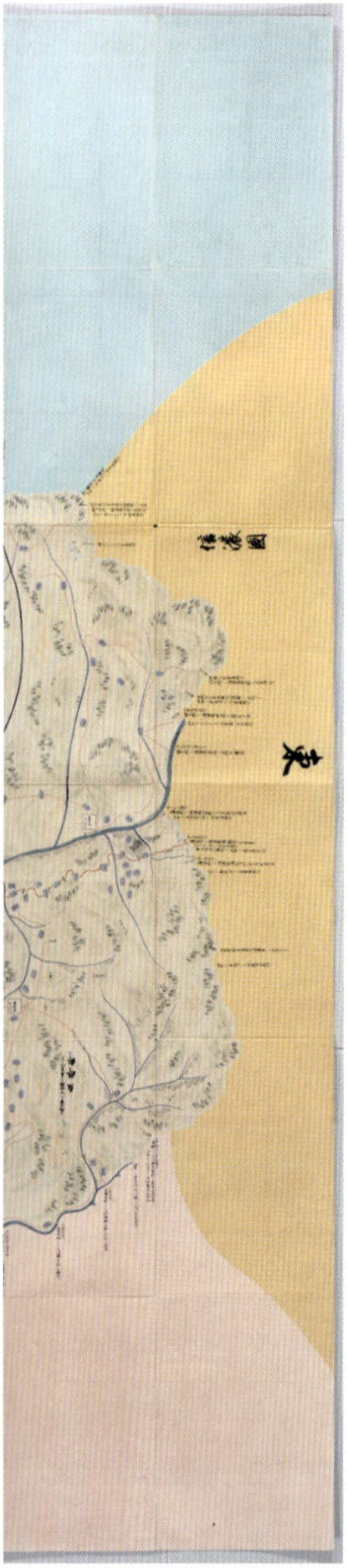

古地図を見るおもしろさ

古地図を持って出かけよう！

最近は紙に描かれた地図を見ることが少ない。どこへ行く場合でもスマホの画面で地図を出す。Map（地図）やAtras（地図帳）などを見ることは、本当にめずらしくなった。

そんな時代になったからであろうか。昔の地図を持って現代の街を歩くことが、今、主として中高年の間で人気となっている。

「古い地図ってのはいつごろのものだい?」「縮尺が入っているのを『古地図』って呼ぶの?」「近代的測量によって描かれたのが『地図』ってんだろ? そうでないのは『絵図』さ」…。いろいろ質問が出てきそうであるが、主だったものにだけ答えておこう。

古地図に関して、時代的に明確な規定はない。近代測量法や器具が発達し、印刷技術が確立する以前のもので、手描きの一枚ものである、といわれる一方、今日使われない地図の総称として「古地図」が使われることもある。また、概して江戸時代までは「図」または「絵図」と呼ばれ、明治時代からは「地図」と呼ぶことが多かった。

しかし、とりあえず「絵図」や「地図」（っぽいのもふくめて）などの「古地図」、そしてときには現代地図をも駆使して、みなさんには岐阜県各地を散歩していただこう。

江戸時代の国絵図

国が安定すると、正確な地図が必要となる。自分の治めている領地が、どんな形をし、人口や面積はどのくらい、その中で有用土地面積がどれくらいあるのか…、領主にとっては知り得ておくべき情報である。

江戸時代、幕府がおこなった国絵図作成事業は、日本全図の作成を目指すという点で大きな意味があったもので、慶長、正保、元

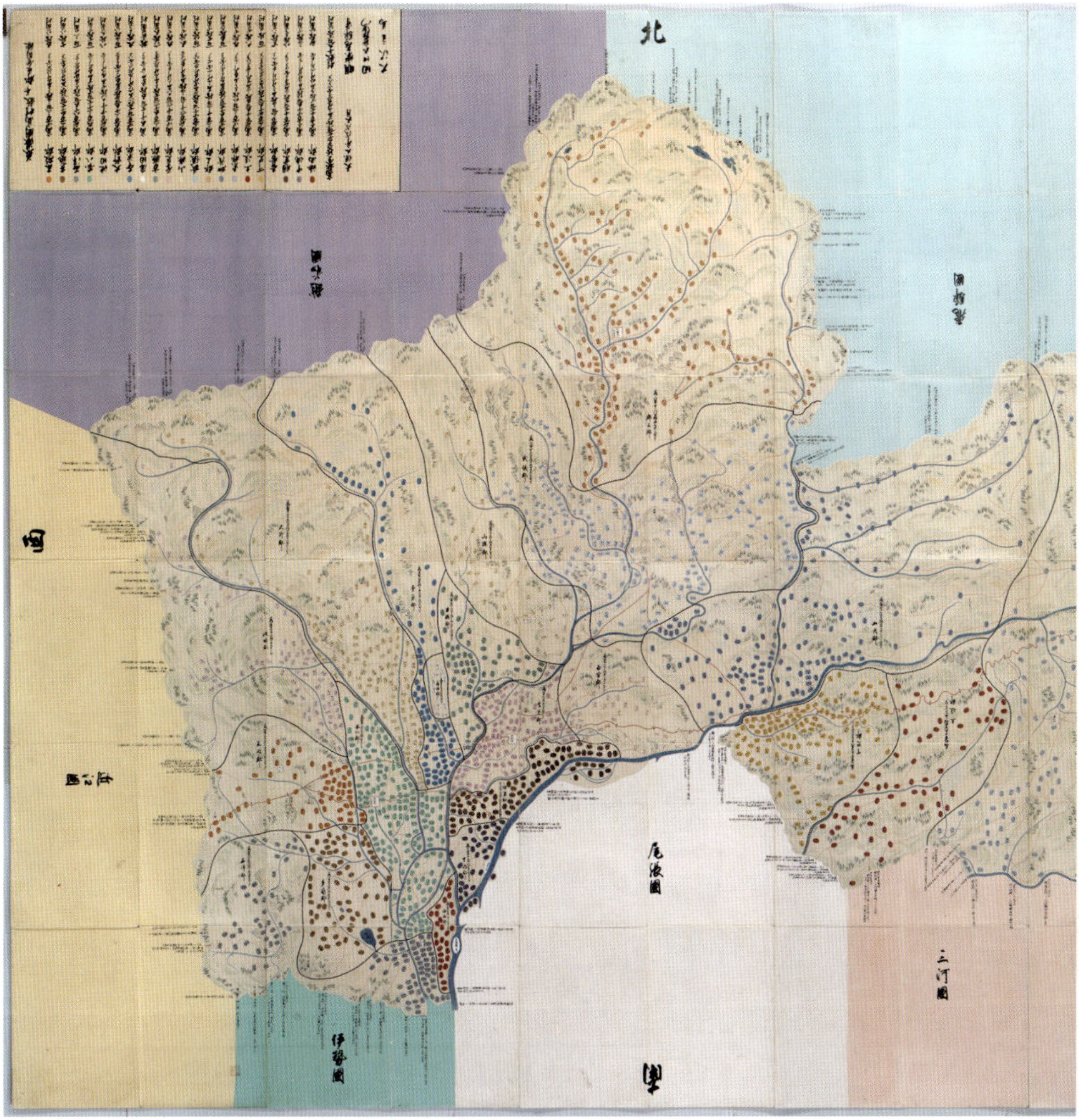

図１　天保国絵図　美濃国（国立公文書館所蔵）（587cm × 492cm）

禄、天保年間の4回、実施された。中でも天保のそれは、その10年ほど前に「伊能図（伊能忠敬による『大日本沿海輿地全図』）」が完成しており、伊能図では不完全であった内陸部の情報を明らかにするため、完璧な国絵図が求められ、明治以降の地図作成に役立っている。

もっとも、正確さを求めたとはいえ、近代的な測量技術を用いたわけでない。また、文字がいろいろな方向を向いている、など、ふだん私たちが見るものとは違っている。

ここで紹介するのは、天保国絵図の美濃国（図1）と飛騨国（図2）である。この絵図を、縮刷版しか載せられない本書では無理なこ

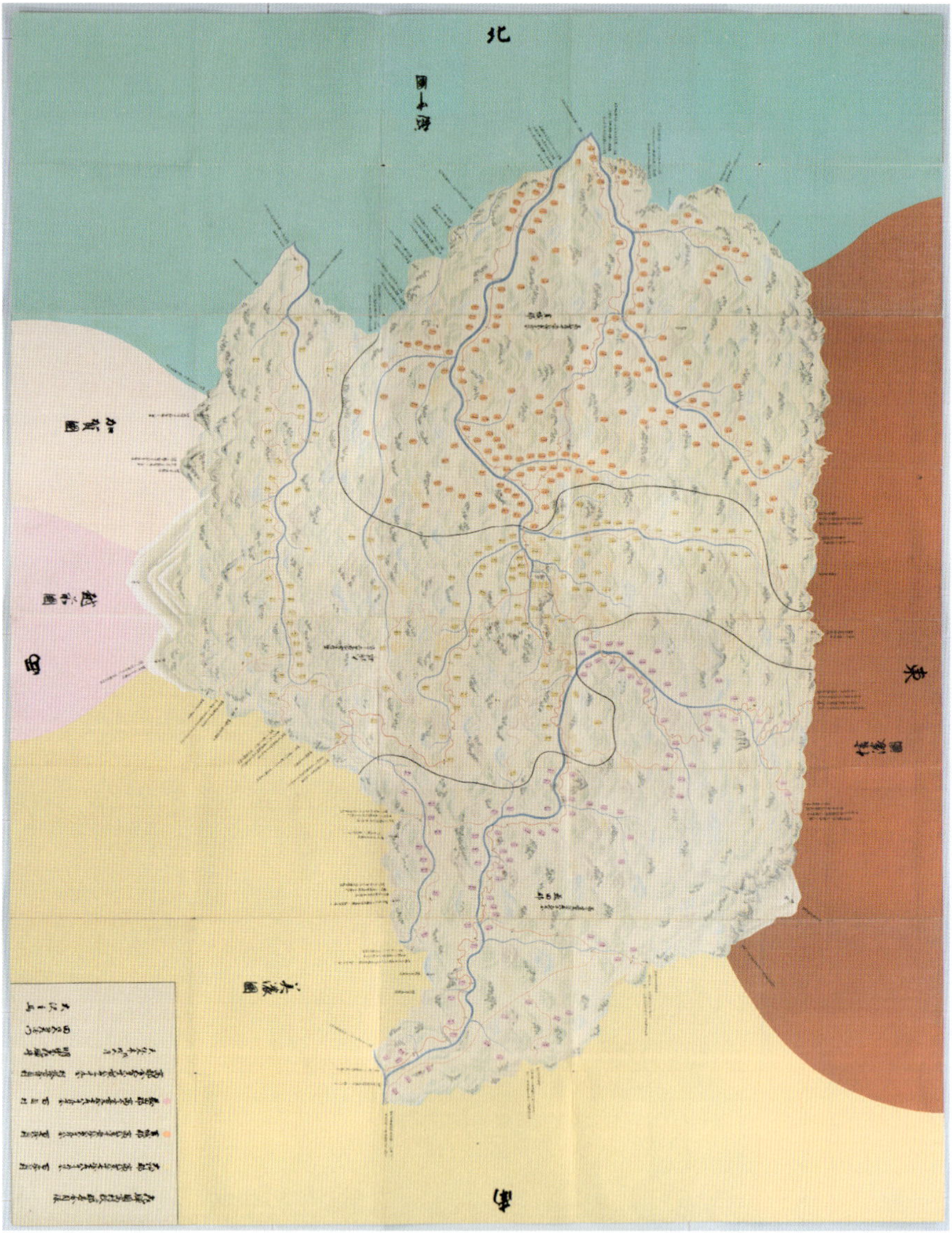

図２　天保国絵図　飛騨国（国立公文書館所蔵）（383cm × 485cm）

とだが、壁に貼るのではなく、床に広げて見ることをおすすめしたい。図を見るのは四方八方から。そこに会した一同が、まさに「ひざをつきあわせて見る」地図なのである。

美濃と飛騨から岐阜県へ

不思議な国・美濃と飛騨

室町後期の成立と思われる『人国記』の中に、美濃人と飛騨人についての記載がある。いわく、美濃人は「人の意地奇麗にして水晶の如し。されども水晶も磨がかざれば光沢なし」、つまり「性格がよいことは水晶のようだ。けれどもそれも磨かないと、光り輝くことはない」。一方、飛騨人は「健直にして愚かなり。日本広しといえども、我が国に如くことなし……生得は石鉄の性なり」、つまり「義理がたいがバカ正直だ。生まれついてのガンコ者」である、と。多少、侮蔑的とも思えるが、美濃人と飛騨人の差をいいあてているとはいえまいか。

図1、2の天保の絵図を見ていただきたい。まず目に入るのは、色のカラフルさである。色には支配藩(実質は藩と呼べないものもある)の数が影響し、藩が多ければ色の数も増える。

美濃地方の、とくに西部は、京への最重要ポイントとして重視され、戦国時代は数々のドラマを生み出した。江戸時代になっても西美濃の重要性は変わらず、大きな藩ではなく小藩が林立する、いわゆる「豆粒支配」に至る。性格がよいと見られるのも、裏を返せば、常に周囲を気にするがゆえだったのであろう。

それに比して飛騨地方は、元禄年間以降、一国丸ごとが天領。一説には、幕府が飛騨高山藩・金森家を移封したのは、木材をはじめ金、銀、銅など、この地の豊富な資源に目をつけたためである。山奥にてしっかりと幕府の保護を受ける…。ゆえに、他人を気にせずおのれの技を磨く、いわゆる「飛騨の匠」のような人物が出るが、それはときには「バカ正直のガンコ者」にもうつるわけである。

不思議な県・岐阜県

この本を読むのは地理や地図に深く興味がある人ばかりではない。彼らが描くパソコン地図をみてみよう。図3はみごとに岐阜県を美濃と飛騨に2分し(いくぶん美濃地方の領分が少ないが、ここではそんな細かいことはいわない)、しかも飛騨は山、美濃は名古屋と割り切っている。そう、飛騨の印象は「寒い山の中」で、美濃は「ほとんど名古屋」なのである。図4も飛騨地方を独立させ(「騨」の字が違うが、そんな細かいこともいわない)、南下してくる途中に「未開の地」が入るものの、美濃地方南部は名古屋領、西部を関西に分類している。

図5も、飛騨は「雪山ゾーン」とまとめ、北部を「主に富山県」とくくっているのは新しい。美濃は図

図3

図4

4でみた「未開の地」がさらに細分され、とくに東側は「ミステリーゾーン」と、未開度をさらに強くしている。南西部は「主に愛知県」であり、日本最高気温を記録した多治見市は「熱帯」とする。図6は飛騨北

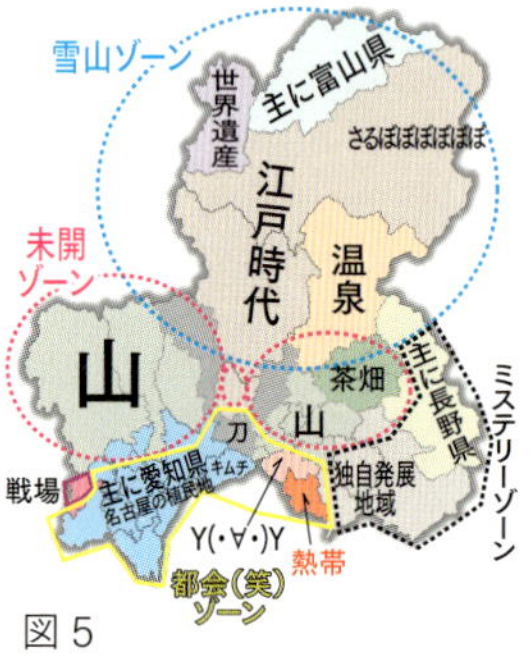

図5

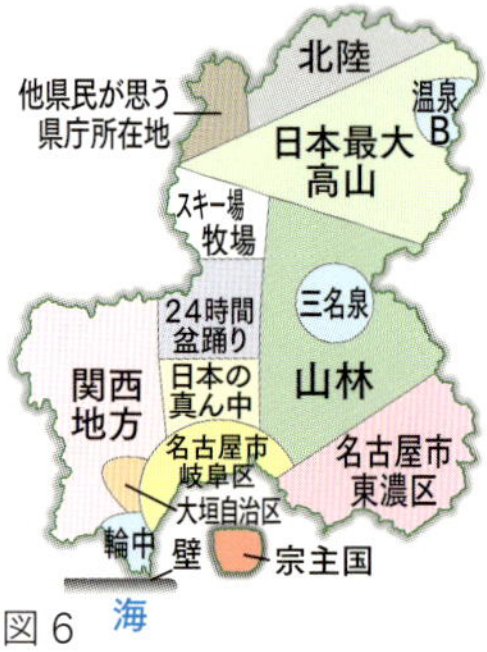

図6

部を「北陸」、美濃東南部を「名古屋市東濃区」、美濃西部を「関西地方」と、この県の独自性の少なさを訴える。

冬は雪が多くて、とにかく寒いイメージの飛騨は、ときに富山県の文化圏に入れられ、美濃にいたっては、長野や関西の飛び地とみられることもあるが、とかく名古屋の分地のイメージが強くつきまとう。

岐阜県の魅力を叫ぶ前に、岐阜県はこういうイメージを持たれている県だということを、わかっておかなければならないだろう。

地図が語るもの

消えた幻の県・筑摩県

明治元年（1868）、江戸幕府が倒れ、明治の世の中となる。美濃国は笠松藩が県になり、残りの大垣、加納、岩村、郡上、苗木、今尾、高富、野村、高須の諸藩はそのままに据え置かれた。飛騨国は飛騨県ができるも、10日ほどたつと高山県になった。そして同4年（1871）、廃藩置県がおこなわれた。藩は県となり、美濃国は笠松県以下、高須藩を除く9県が併合して岐阜県に、飛騨国の高山県は、今の長野県西部と一緒に筑摩県になった。

この筑摩県は、県庁を長野県の松本に、支庁を高山陣屋に置いた。明治9年（1876）、松本城の県庁が火災に遭ったのを機に旧・飛騨国側が筑摩県を出て、岐阜県に併合された。

美濃側でも他県とのやりとりがあった。

明治16年（1883）、三重県桑名郡より金廻村、油島新田、江内村が、明治20年（1887）、愛知県海西郡より松山中島村が、1958年、福井県大野郡より石徹白《いとしろ》村が、長野県西

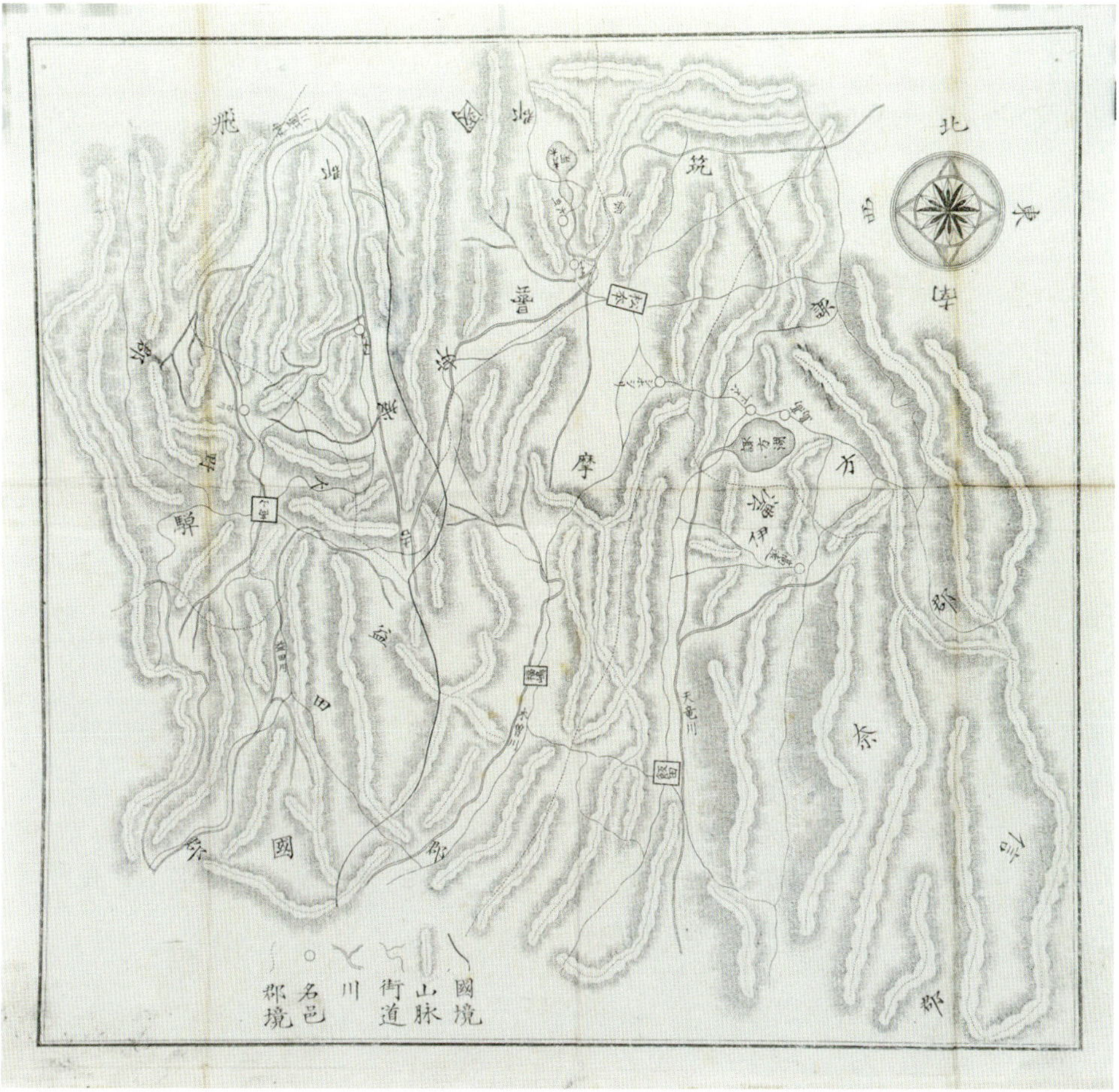

図７　筑摩県管内地図（飛騨高山まちの博物館所蔵）

筑摩郡より神坂《みさか》村が編入した。逆に、1955年、恵那郡三濃《みの》村が愛知県東加茂郡へ編入した。

最近では、2005年、長野県木曽郡山口村が中津川市に合併された。山口村といえば「木曽路」の名所・馬籠宿のあるところ。今や「美濃路」の一部になっている。

県境の池・夜叉ヶ池

岐阜県の旧・坂内村（現・揖斐川町坂内）と福井県との県境に夜叉ヶ池という池がある。この池が岐阜県に属するか福井県に属するかは、古くから長い間の課題になっている。

昭和15年（1940）の『岐阜県大地理』には「其池（夜叉ヶ池）は少しの事で福

井県地内」とある。福井県のものだ。またこの池はほぼ分水嶺上にあるが、岐阜県側の方は「百米以上の断崖をなしてゐる」とも述べる。

ところがそれ以前の地誌、たとえば明治44年（1911）の『帝国地名辞典』では、「坂内村大字川上に属する」としている。この見解は前代でも同様で、天保5年（1834）の『細見美濃国絵図』も同池を美濃国側に示している。近代に入って明治8年（1875）、両県の立会いのもと、岐阜県分であるとされ、地番も「坂内村川上池の又」となった（図9）。

ところが、ここに地形図

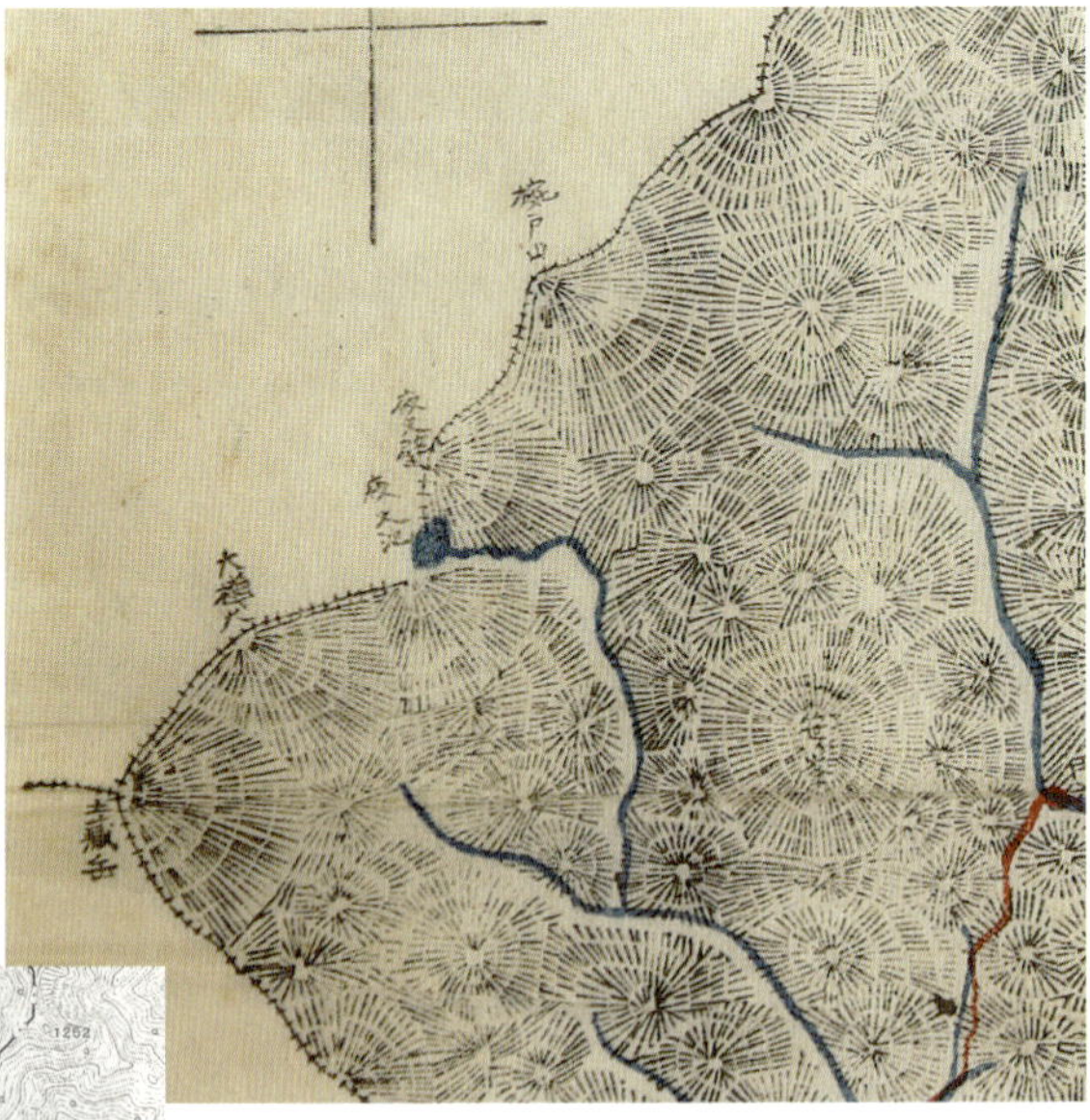

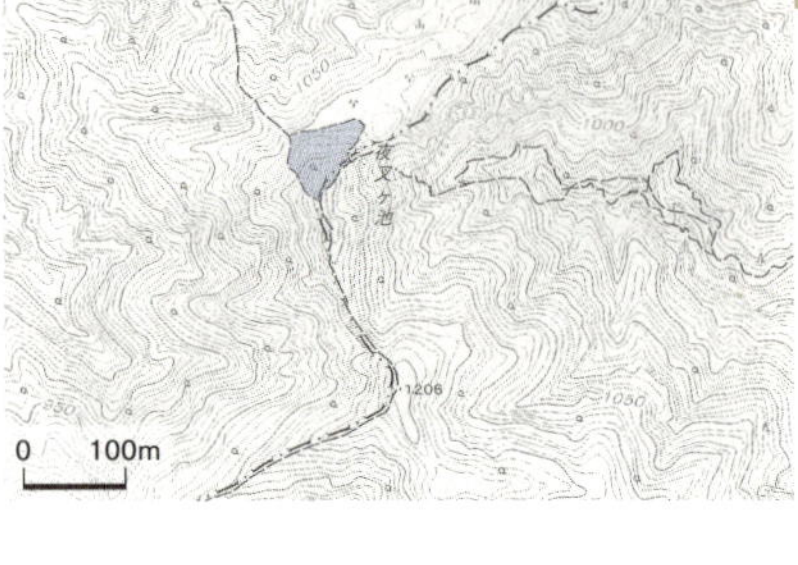

図8（上）　岐阜県管内地図（部分）明治13年〔1880〕（岐阜県図書館所蔵）

図9（中）大野池田郡地誌の付図（部分）明治26年〔1893〕（岐阜県図書館所蔵）

図10（左）　1/2.5万「広野」平成28年

が出てきて、話はやっかいになる。近代的測量は稜線上を境界とする考えを導入し、夜叉ヶ池の東南部、すなわち百メートルもの崖の上の稜線を県境にしてしまった。よって、夜叉ヶ池は、地図上は福井県のものになってしまった（図10）。

山奥のことで、しかも不正確な地図のこと。あとになって境界を決め直すということもあるだろう。しかし夜叉ヶ池は、昔から美濃・安八の娘の悲恋伝説があるところ。そこに福井県を割り込ませたのは、近代的な発想だったのである。

吉田初三郎、いまむかし

皆さんは「吉田初三郎」という人物をご存じだろうか。

明治17年（1884）、京都市中京区生まれ。10歳で友禅染の図案工に丁稚奉公し、25歳の時、洋画家を目指すものの商業美術家に転身し、やがて独特の鳥瞰図で世を席巻することになる。

大正2年（1913）、彼が作った京阪電車の沿線旅行地図が世に出る。翌年、それが修学旅行中の皇太子（後の昭和天皇）の目に留まり、「学友に見せたい」と絶賛させたほどであった。

精緻な現状視察の目をもって各地を駆け回り、生涯で3000点以上もの作品を残した。美しい色彩と大胆なデフォルメは「初三郎式絵図」の別名がある鳥瞰図を作り上げた。大正から昭和にかけての海外人による日本ブームを牽引した、まさに「大正広重」の名にふさわしい活躍であった。

東京で会社「大正名所図会社」を立ち上げ、たくさんの弟子を抱えて仕事をしていたが、大正12年（1923）、関東大震災が起こる。幸い、彼はその年の初めから名古屋鉄道の仕事で愛知県犬山町（現・犬山市）を訪ねており難を逃れたが、東京の仕事場は灰燼に帰した。しかしそれが縁となって、犬山にアトリエを移す。彼の作品が関東震災の直後も続いたのは、そのためである。彼は犬山のアトリエを「蘇江《そこう》画室」と呼んだ。「蘇江」とは木曽川の雅称である。

昭和11年（1936）頃まで続く犬山時代には、地元で多くの鳥瞰図を書いた。

岐阜県もその例で、県内各地の図書館や郷土資料館で地図を所蔵していることも多い。一枚の地図を眺めながら、その地図が描かれた時代を感じるのも一つの楽しみ方であろう。

図11を見ていただきたい。この地図が書かれた年代は記されていないが、タイトルに「美濃電鉄沿線御案内図絵」とあるから、美濃電鉄（美濃電気軌道）が名古屋鉄道に吸収合併される昭和5年8月20日より前に出されたものだとわかる。また図にあるように、美濃電鉄揖斐線が本揖斐まで開通したのは昭和3年12月20日であるから、この地図が世に出たのは、昭和4年前後のことだと判明する。

次に養老付近の図2枚を

ご覧いただこう。図12は大正9年の発行で、おとなしめの鳥瞰図であるが、図13は昭和3年の発行で、養老の滝がシンボリックに大きく描かれ、中央奥には琵琶湖や比叡山、手前右に富士山や東京まで描き入れるというデフォルメ。一人の画人の成長が、地図で見とれるのがおもしろい。

地図の裏側には吉田による名所案内が書かれていることも多い。彼の現状視察の清冽さが活きているのは、その文章表現である。

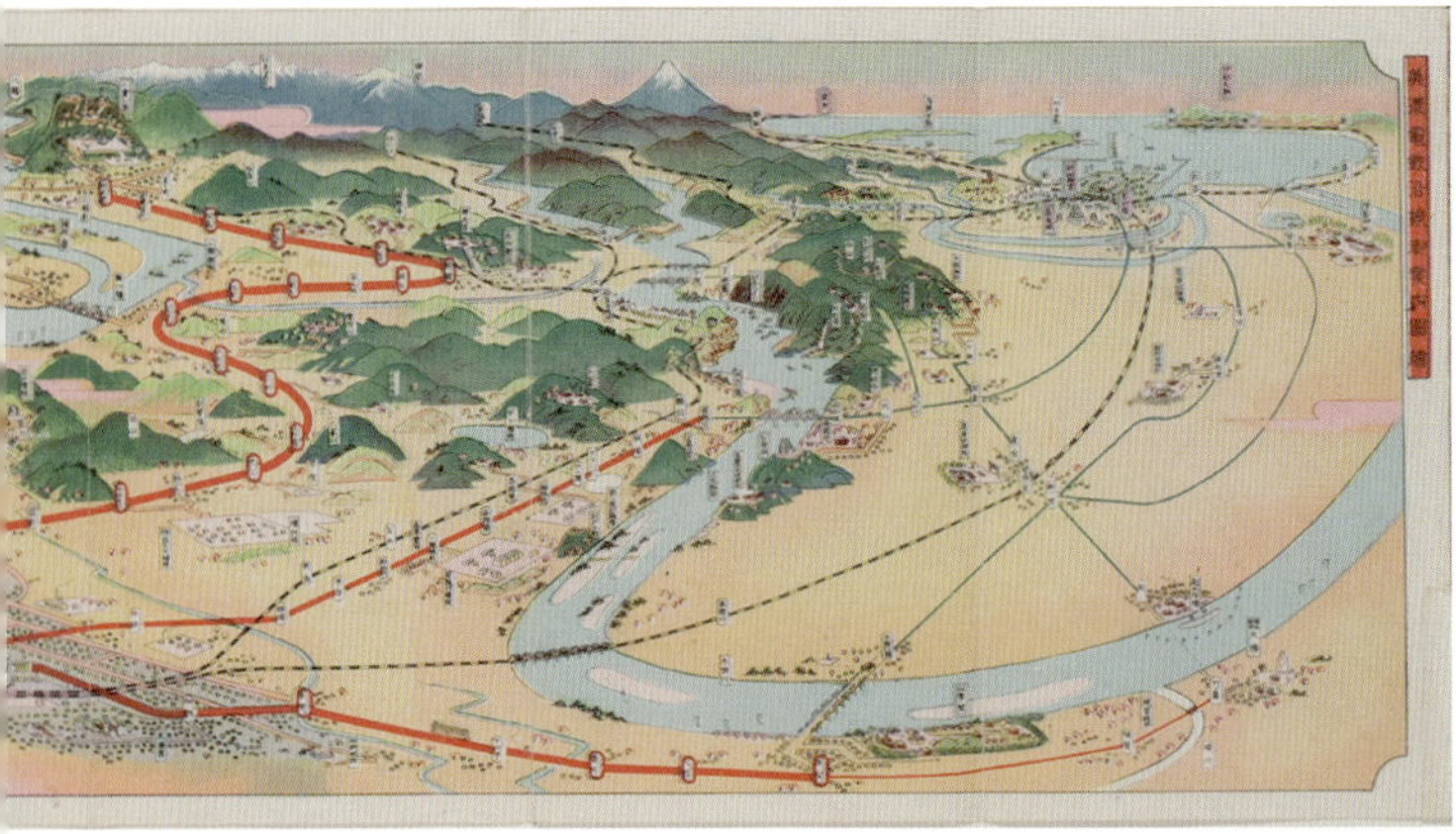

図 11（上）美濃電鉄沿線御案内図絵　吉田初三郎（昭和 4 年〔1929〕）（名古屋市博物館所蔵）

図 12（中）養老公園名所図絵　吉田初三郎（大正 9 年〔1920〕）（名古屋市博物館所蔵）

図 13（下）養老電鉄沿線名所図絵　吉田初三郎（昭和 3 年〔1928〕）（名古屋市博物館所蔵）

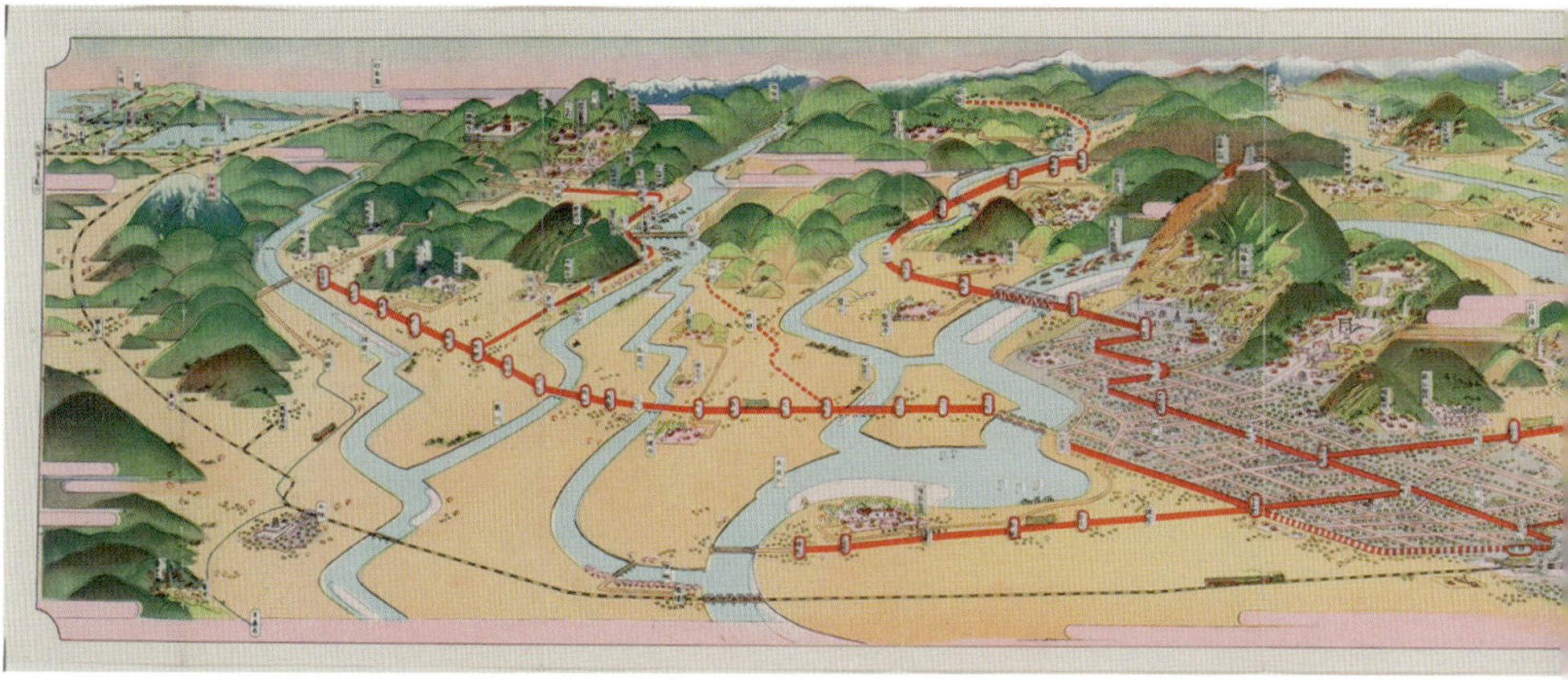

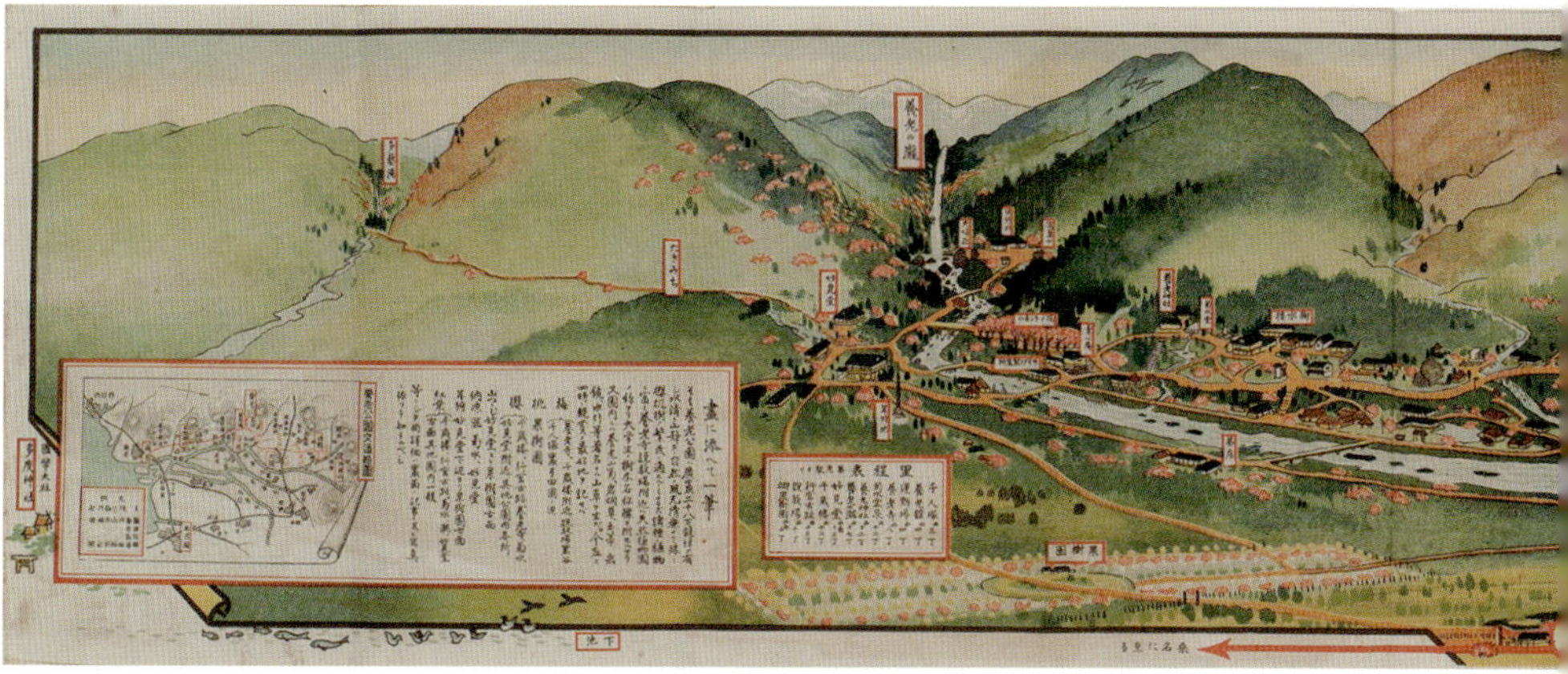

観光名所いまむかし

◉江戸時代の名所はいまどうなっているのか?

船戸忠幸

左の図1は天保5年（1834）に発行された「細見美濃国繪図」の添書きで、江戸時代後期の状況を示しており、当時の美濃国にあった八つの大名家と47の名所旧跡を表にしている。この中から城としては遠山美濃守の苗木城を、名所旧跡は南宮一之宮と谷汲山を見てみよう。

飛騨はこの時期、天領で城はなかったが、金森藩時代に築かれた飛騨古川の城と城下町を見る。

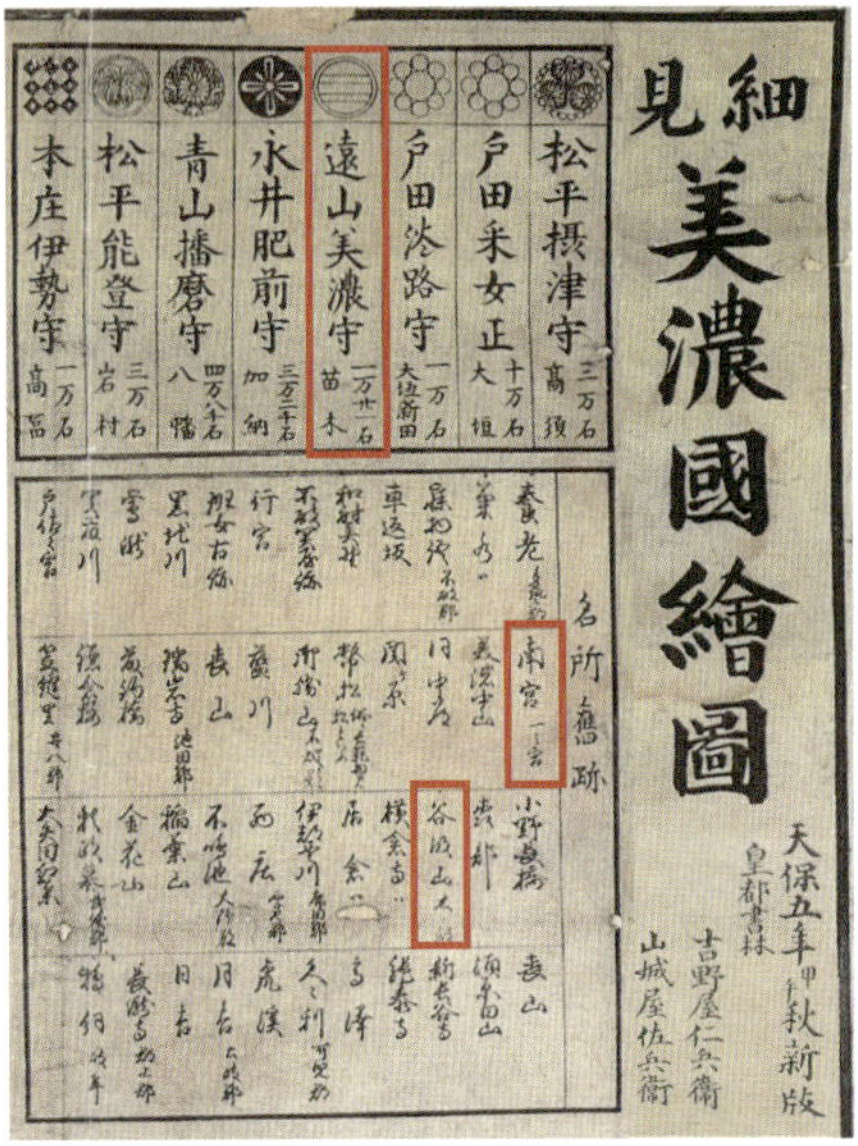

図１　細見美濃国絵図（添書き）（岐阜県図書館所蔵）

図２　山頂展望台と雄大な景観（中津川市観光協会提供）

苗木城

苗木城は、中山道中津川宿から木曽川を挟んで対岸の標高432mの城山（高森山）に築かれている。

遠山氏は、中世に岩村を中心に東濃地方で勢力を伸ばしたが、戦国時代、武田氏と織田氏の間で存亡の秋《とき》を迎え、秀吉の時代には城を失ってしまう。

関ケ原の戦いの混乱の中で遠山友忠・友政親子は苗木城を取り返し、家康から1万石の所領を与えられ、小藩ながら幕末まで続く。明治初年には、徹底した廃仏毀釈がおこなわれたことでも有名である。

木曽川畔は巨岩・奇岩が

多く、高森山にもいたるところに巨岩があり、苗木城はその天然の岩と人工的な石垣を巧みに使った特徴的な城郭である。本丸のほか、二ノ丸、三ノ丸などの区画から構成されており、天守閣は山頂にある二つの巨岩にまたがるように建てられていた。

絵図や立体模型で見ると、本丸部分の一番高い建物のようである（図3）。三層構造で、板葺きの屋根に赤壁の建物であった。

現在では天守の部分に当時の構造を再現した展望台がつくられており、恵那山

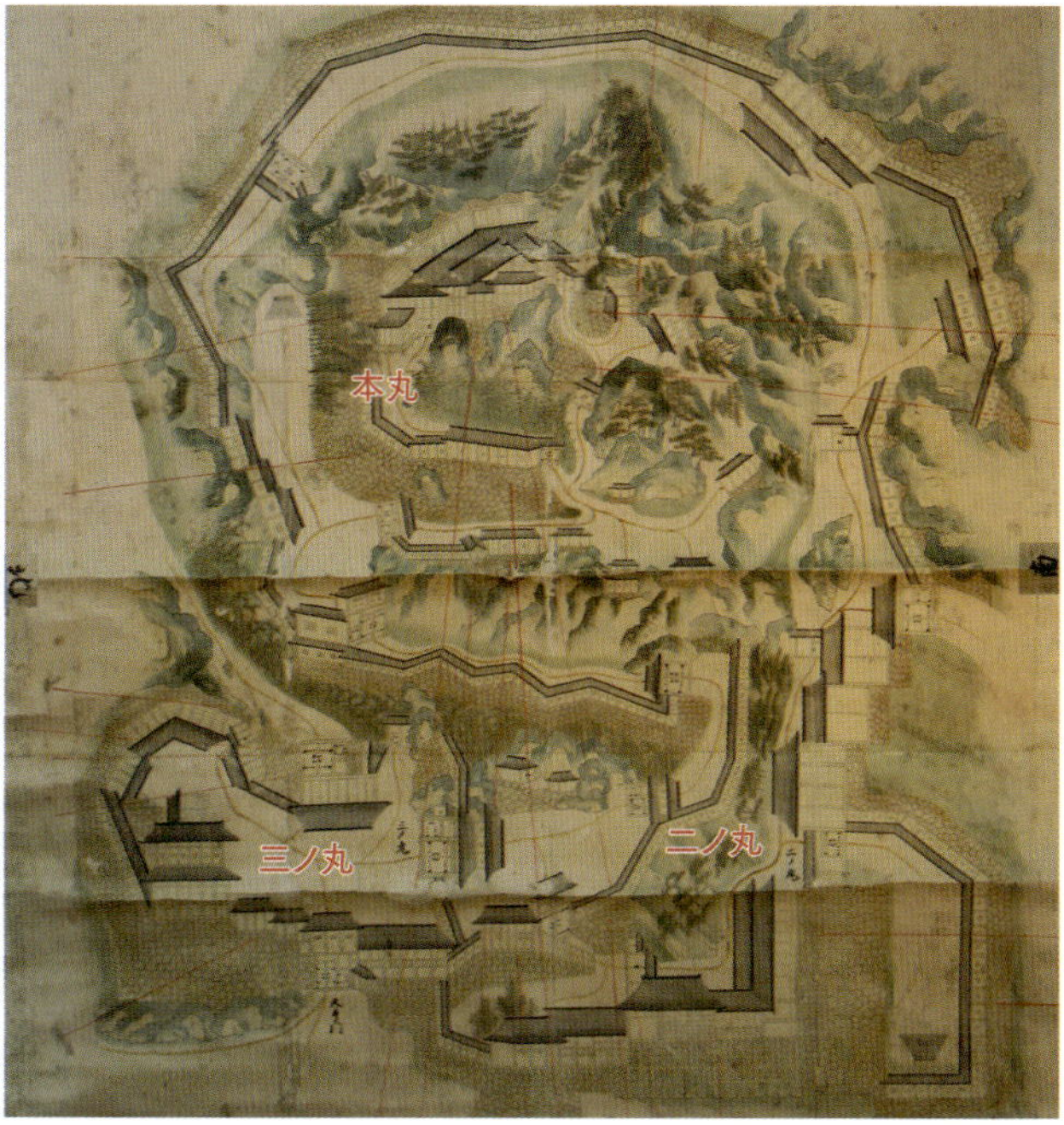

図３　苗木城絵図（享保３年〔1718〕）（中津川市苗木遠山史料館所蔵）

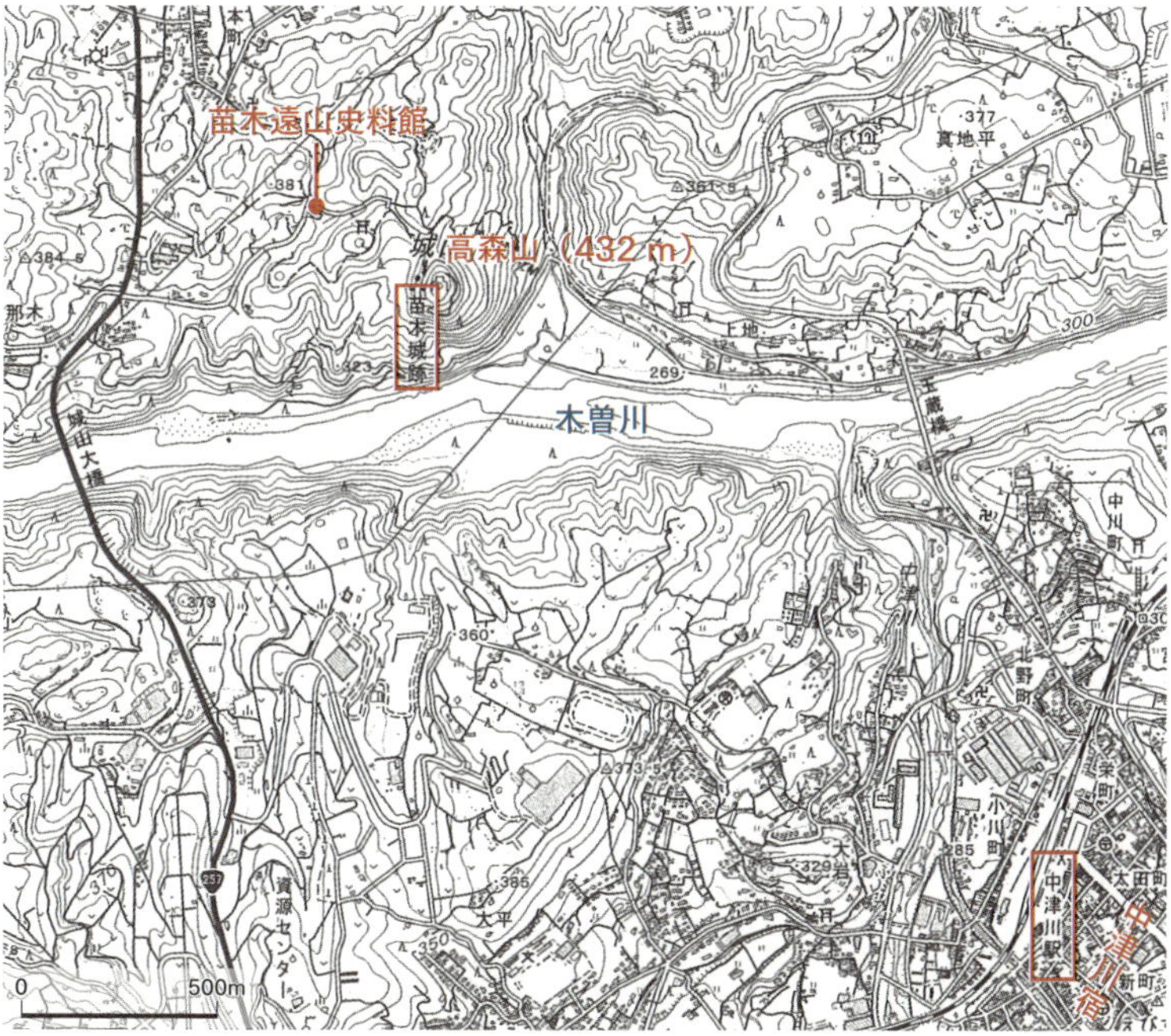

図４　苗木城位置図（1/2.5 万「美濃福岡」平成 28 年）

や中津川の町が遠望でき、足下には木曽川が流れ、雄大な眺めを楽しめる（図2）。

また城の入口に位置する「苗木遠山史料館」では、苗木城や遠山家についての史料が展示されている。

飛騨古川（増島城）

飛騨市の中心古川の町は、金森長近《ながちか》が秀吉から飛騨を給わったとき、養子の可重《よし（あり）しげ》に築かせた城下町を起源としている。長近は、高山城を中心にいくつかの支城を築いたが北部の支配は可重に任せた。

可重は初め古川（蛤）城に入ったようである。図5のように、古川城は宮川の左岸の629mの山上に位置し、当時の古川の町は宮川を隔てた右岸にあった。

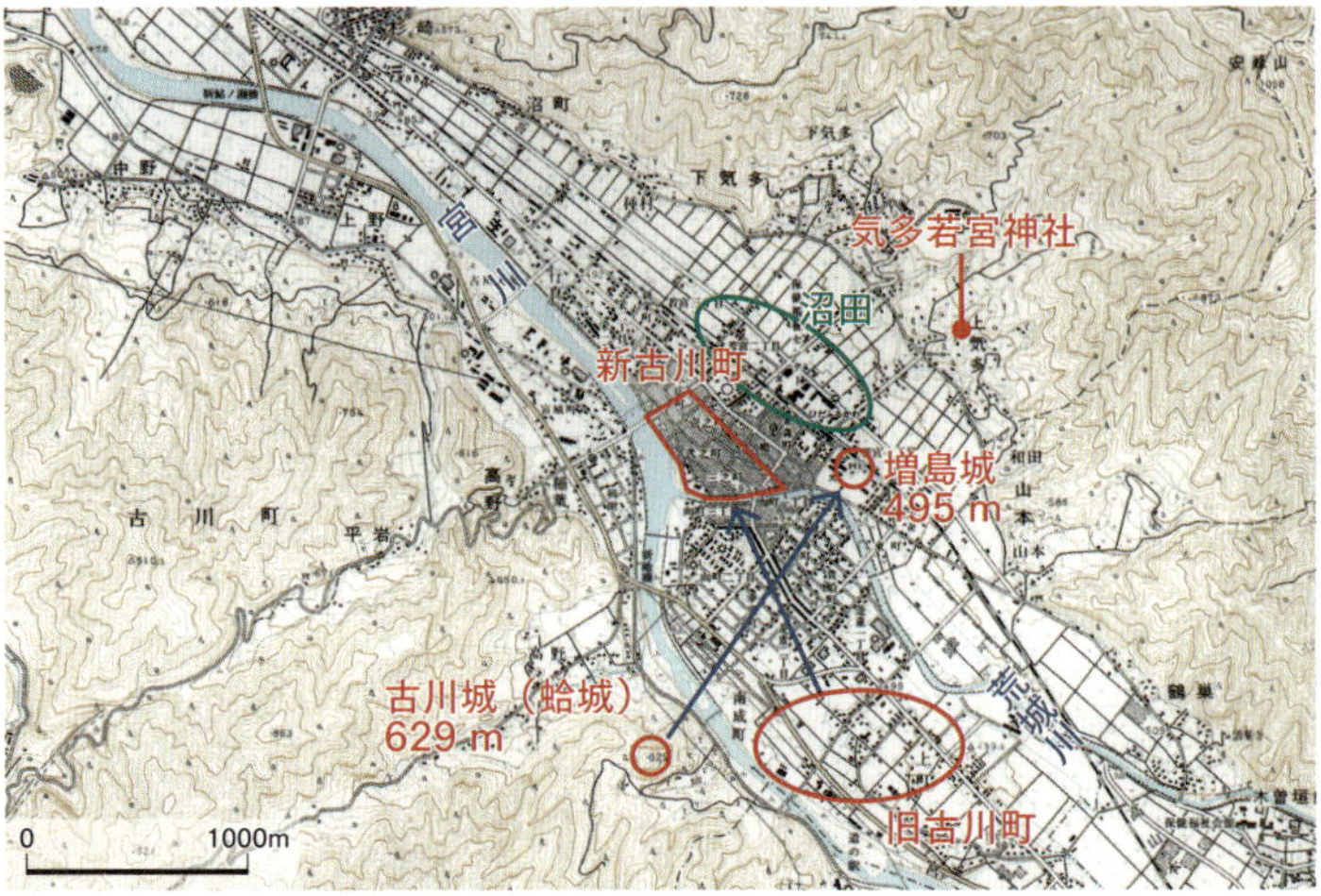

図5　城と城下町移動図（1/2.5万「飛騨古川」平成13年）

この辺りの宮川は川幅が広く、城を守るための堀としての役割は果たすが、城と町の機能を分断するものでもあった。城と城下町の一体化を図ろうとする金森氏にとっては不都合であったため、城を荒城川の右岸の自然堤防上に移した。城は飛騨では珍しい平城であったが、城の東側には沼田が広がり、守りは堅かった。

図6　増島城遺構の石垣と堀

図7　瀬戸川と白壁土蔵街

城下町は、宮川と吉城川（現荒城川）に挟まれた地域から増島城に接するように合流点の右岸に移した。

図8は、明治6年（1873）作成の「古川町地図」である。新しい時代の地図であるが、城と城下町の位置関係をよく示している。

図の下方吉城川の東に長方形で描かれた部分が、旧増島城の跡地とされる。黄色が水田、緑色が畑地で、緑色を取り囲むように黄色の部分があり、かつての城の周りの堀が水田に利用されるようになったと考えられる。

城地の中に白く正方形で描かれた部分が、増島城の遺構として唯一残る石垣と

図8　古川町地図（明治6年〔1873〕）（飛騨市教育委員会所蔵）

堀で、現在は稲荷神社が祀られている（図6）。その北に本丸（現飛騨吉城特別支援学校）、南に二之丸（現古川小学校）があったとされる。

その北西側の現在殿町と呼ばれる辺りが武家屋敷で、その西側の瀬戸川と宮川と吉城川に囲まれた地域に町家が形成された。町家は高山と同じように、壱之町、

図9　起太鼓（飛騨市提供）

図 10　谷汲山全図（明治 23 年〔1890〕）（岐阜県図書館所蔵）

図 11　華厳寺本堂

二之町、三之町の三列の竪町を有している。町家を囲むように、浄土真宗の本光寺、円光寺、真宗寺の三寺が配された。これらは、現在「三寺参り」の寺として知られている。

　また、4月19、20日におこなわれる気多若宮神社の祭礼である古川祭は、勇壮な「起し太鼓」や豪華な「屋台行事」で有名で、2016年に「山・鉾・屋台行事」としてユネスコ無形文化遺産に登録された。

谷汲山華厳寺

図10は、明治23年（1890）に発行された「谷汲《たにぐみ》山全図」である。この寺は、西国三十三観音巡礼の満願の寺として有名である。

　図中に寺院のいわれが書かれている。要約すると、「本尊は十一面観音菩薩で、延暦17年（798）に建立されたが、建てるときに岩の中から油が湧き出し谷汲と称した。皇室からも尊重され、寺号の額や勅願寺の詔を賜った。

　花山法皇が三十三観音参りをされたとき、当山を打

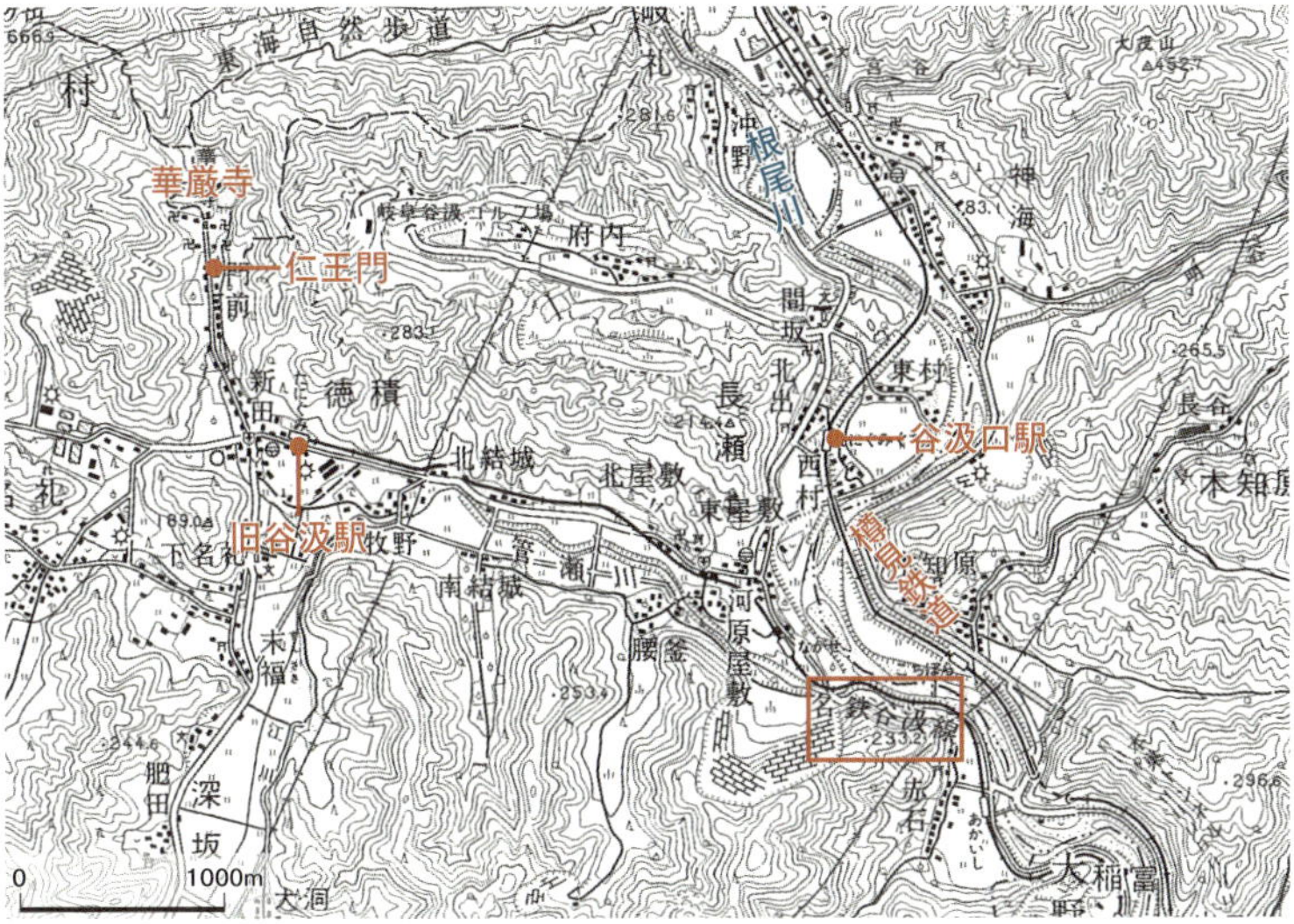

図12　谷汲山華厳寺と旧名鉄谷汲線（1/5万「谷汲」平成6年）

留所とされ、それ以来満願所となっている。

今の本堂は明治10年（1877）に再建された。今回古社寺保存の趣旨を以て金三百円を下賜された霊場」と書かれている。

明治初年の廃仏毀釈で多くの寺院が被害に遭ったが、明治10年代になると政府の中に社寺保存の動きがおこり、華厳寺にも三百円という下賜金が下された。これを機に、華厳寺にも再出発の機運が生まれ、この図が発行されたと考えられる。

図10は、現在の伽藍配置と同じで、仁王門から真っすぐに伸びた石畳の奥の石段を上ったところに本堂がある。石畳の両側には塔頭《たっちゅう》が並び、本堂の奥には苔の水や笈摺堂《おいずるどう》が描かれている。

仁王門の外側には、800mほどの門前町が続いている。門前町の入口付近に、名鉄谷汲線の終点駅「谷汲駅」の跡地がある。

この路線は、大正13年（1924）に、地元の有力者井深重剛を中心に、華厳寺参詣客のために設立された谷汲鉄道を始まりとする。当時は美濃電気軌道の大野村黒野駅に繋がっていた。しかし、華厳寺開帳の時以外は乗客も少なく、昭和19年（1944）には名鉄に合併された。図12は1994年発行の地形図で、名鉄谷汲線が描かれているが、2001年には全線廃止となった。今はバスや自家用車による参拝がおこなわれている。

南宮大社と垂井

南宮大社は、垂井町宮代《みやしろ》の南宮山麓にあり、鉱山を司る神である金山彦命《かなやまびこ》を祭神とし、全国の鉱山・金属業の総本宮として古くから信仰を集めている。「律令時代の国府の南に位置する宮」として「南宮」を名乗るようになったとされる。美濃国一宮として繁栄したが、慶長5年（1600）の関ケ原の合戦でことごとく消失した。

図13　南宮大社

その後仮社殿が建てられたが、寛永19年（1642）に幕府の費用で社殿が造営されると、美濃国一宮としての威勢を整えた。

図14は、江戸時代の「美濃国南宮山之図」で、幕府による復興後の伽藍配置を示している。神仏習合の時代なので、神社の中に本地堂、鐘楼や三重塔など仏教関係の建物も見られる。

しかし、明治初年の神仏分離令により、南宮神社内の寺院・仏堂は統廃合され、神社の西方に移築され、朝倉山真禅院という寺院として新しく出発した。

右方に中山道垂井宿が描かれており、宿場から南宮神社に向かう分かれ道に大鳥居が立っている（図15）。

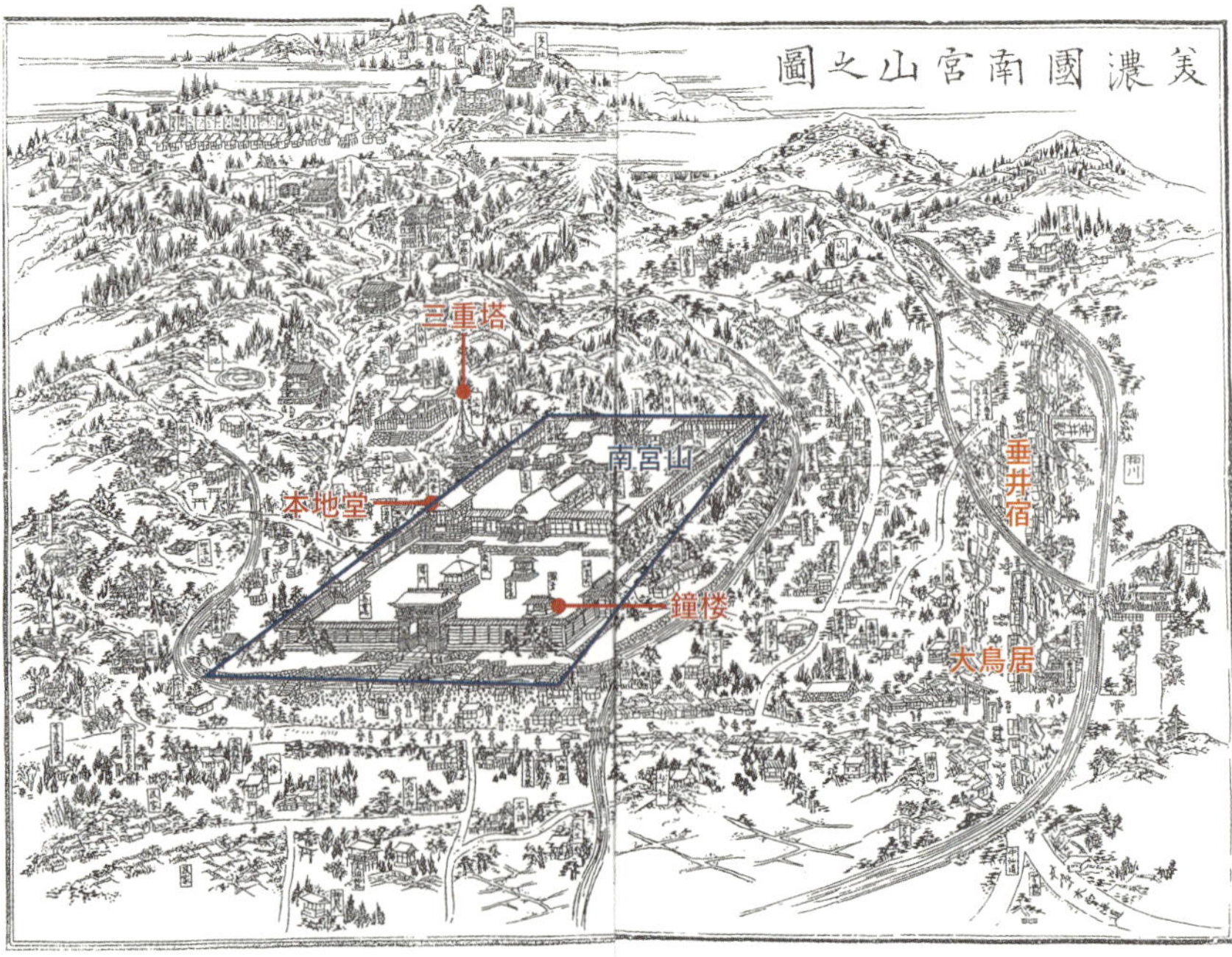

図14　美濃国南宮山之図（江戸期）（垂井町タルイピアセンター所蔵）

図16　垂井曳山まつり（垂井日之出印刷所提供）

図15　垂井宿大鳥居

垂井宿は中山道の宿場で、西町・中町・東町の三町に分かれ、この三町では今でも「曳山まつり」が盛大におこなわれている（図16）。

相川を渡ったところが中山道と脇往還美濃路の追分で、追分の道標がたっている。追分の宿垂井は、濃尾平野の入口に位置し、西美濃の交通の要衝であった。

垂井宿から川を挟んで北側の旧府中村には国史跡の美濃国府跡があり、この辺りは、古代美濃国の中心地域であった（図17）。『古事記』にある喪山の伝説や、少し西には不破関、東に行けば国分寺跡、国分尼寺跡などもある。また周辺には、中山道時代だけでなく、東山道時代からの伝説や遺跡も多く残っている。

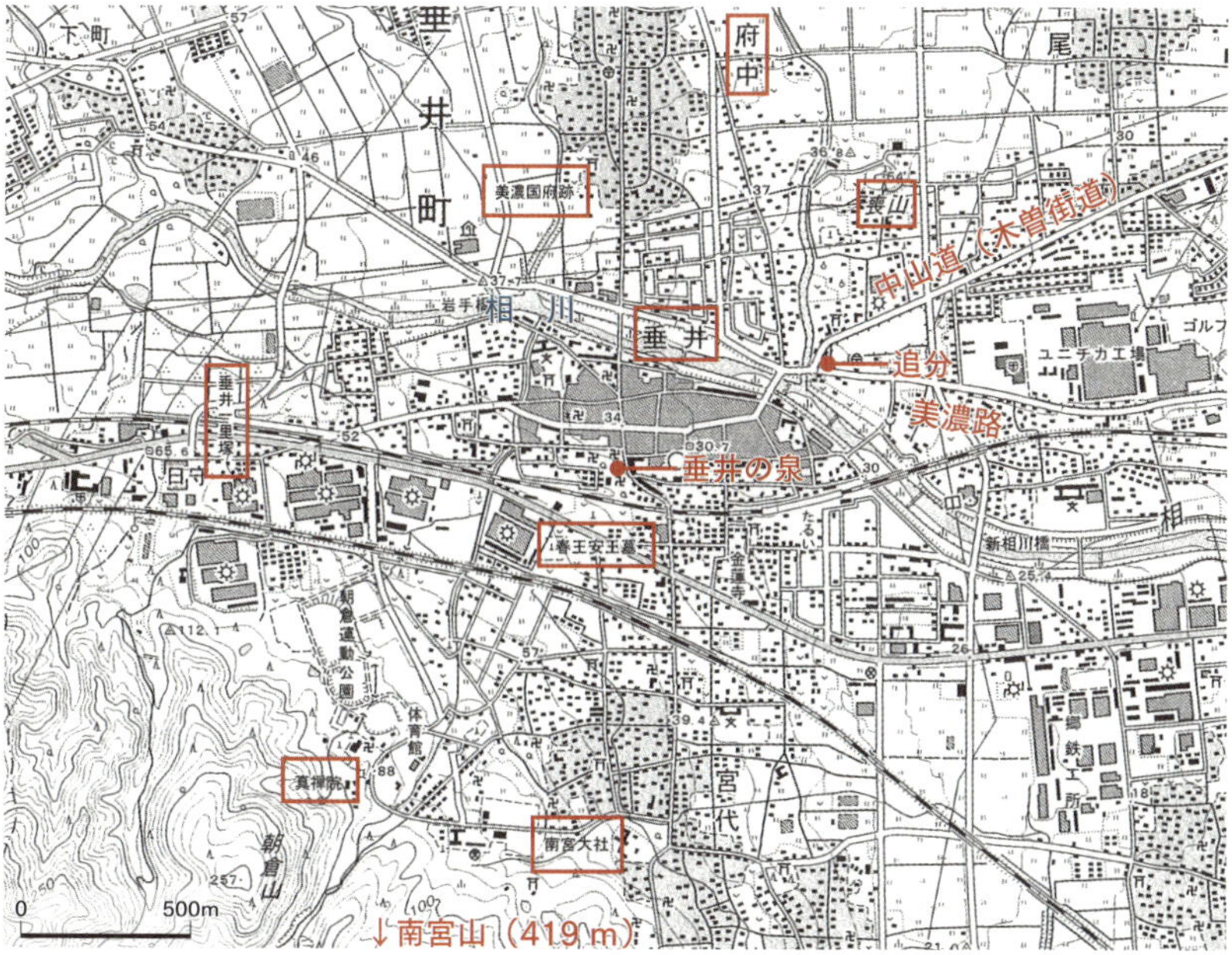

図17　垂井周辺の遺蹟図（1/2.5万「大垣」平成21年）

◉刑務所から学校まで、かつてはこんなところにあった

消えた建物、そこはいま？

平井正春

岐阜刑務所

始まりは笠松郡代牢獄から

明治元年（1868）、笠松県が設置された折り、笠松郡代牢獄を使用して囚獄と徒刑場が設置された。これが岐阜県の刑務所（監獄）の始まりである。後、岐阜県が成立し、新県庁舎の岐阜（厚見郡今泉村）移転に伴い、明治7年（1874）に牢屋敷と徒刑場は新県庁とともに新築・移転した。牢舎は、美江寺南道路に沿って建てられ、周りは黒板塀で囲まれていた。

牢舎と新県庁の建築費用は？

新県庁舎などの建築総費用は1万989円で、その内訳は、県庁舎4637円、牢舎6266円、敷地費86円であり、牢舎建設費が県庁舎建設費をはるかに上回っていた。さらに、県庁舎と牢舎の新築費用の3分の2は民費負担であり、管内の村々に割賦され徴収されたのである。

明治19年（1886）には、官制改正により「岐阜監獄」と改称された。明治24年（1891）の濃尾大震災では、監獄建物の大半が倒壊し、多数の重軽傷者が出たという。改修された岐阜監獄は、大正11年（1922）に「岐阜刑務所」と改められた。

その後の市街地形成の障害となったのは、岐阜市街地の官庁地区に位置し、広大な敷地をもつ岐阜刑務所であった。このため、昭和6年（1931）、人家の少ない長良川旧河川敷の岐阜市長良福光に移転した（図1、2）。跡地には、裁判所、公会堂、中警察署、検察庁などの官庁関連施設が新設移転した。こうして、県庁の周りには、県議会棟・裁判所などの関係諸機関が集まる官庁ゾーンが完成した。

戦後、長良福光の岐阜刑務所付近は住宅化が進むとともに、南側には1965年開催の岐阜国体を契機に、各種スポーツ施設が整備された。

このため、中部未来博開催を目前にした1988年、岐阜刑務所は岐阜市北西部の則松に三度目の移転をした（図3）。長良福光の岐阜刑務所跡地には、長良川球技メドウ、長良中学校などの教育、スポーツ施設が建てられた。

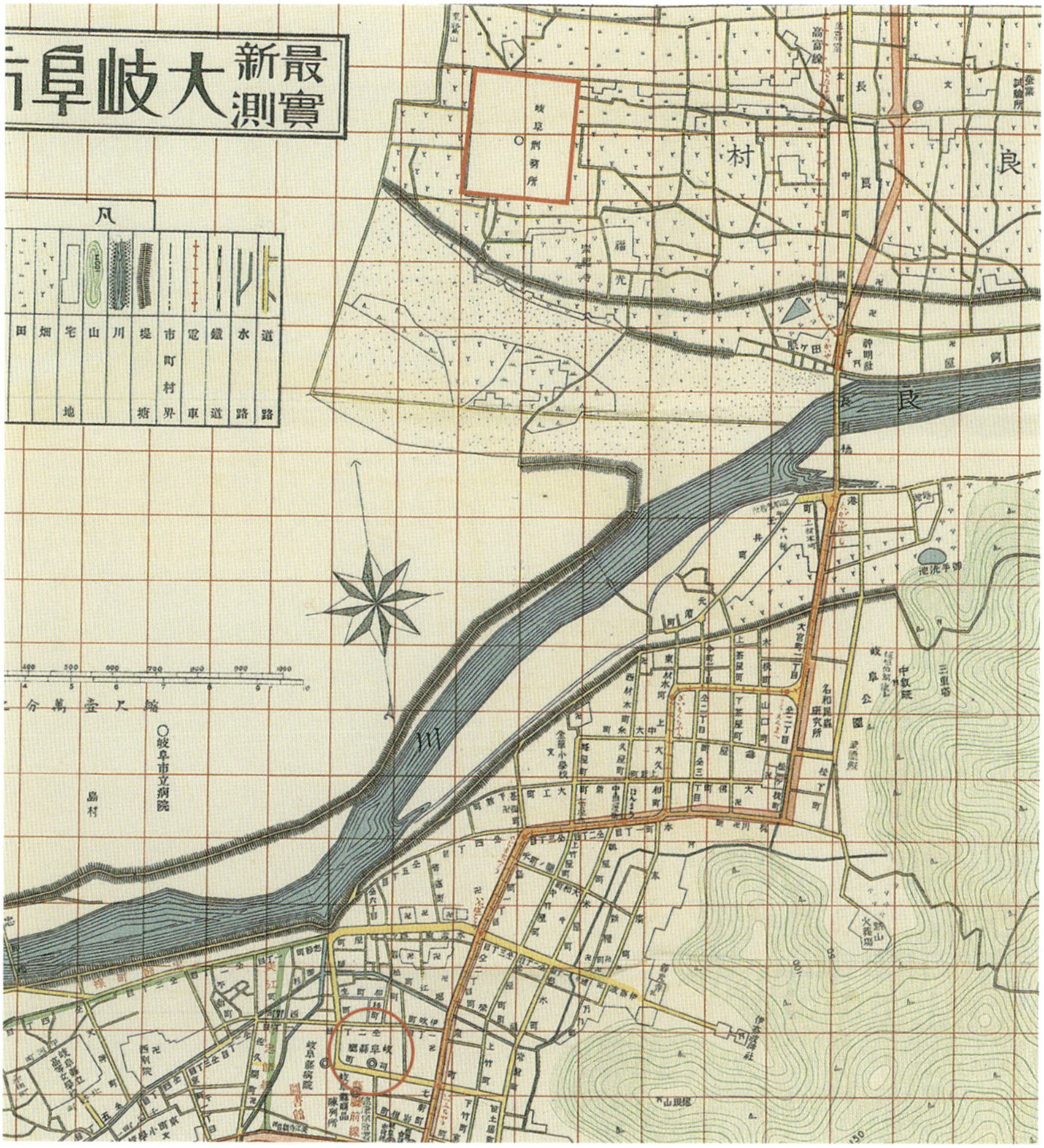

図１　かつての岐阜刑務所の位置（地図上の赤枠・昭和６年〔1931〕～）と県庁（赤丸）
最新実測大岐阜市全図（昭和４年〔1929〕）（岐阜県図書館所蔵）

図３　現在の岐阜刑務所（岐阜市則松）

図２　岐阜刑務所庁舎（岐阜市長良福光）
（『建築記念写真帖』）昭和６年（1931）

岐阜県庁

県庁は岐阜、大垣のどっち？

　慶応3年（1867）の大政奉還、王政復古の大号令の後、幕府直轄領の笠松陣屋は接収され、新たに設置された笠松県の県庁舎となった。これも束の間、明治4年（1871）には、美濃国内の12の各県が岐阜県に統合された。同時に元笠松県知事が岐阜県知事となり、行政事務は元笠松県庁舎で執行された。しかし、事務量が急増し、職員数も増加したため、新庁舎の建設は県政の急務となった。

　県庁所在地については、岐阜や大垣などで誘致運動が起き、中でも大垣藩が最も盛んに運動を展開した。しかし、大垣藩の小原鉄心と長谷部恕連県令との不仲からか、明治6年（1873）に岐阜町への県庁設置が決定した。

　庁舎建設地は、岐阜町に隣接する今泉村字八ッ寺地内と決定され、庁舎の建設が急がれた。その間、仮庁舎として西本願寺岐阜別院が使用された。明治7年に竣工した新庁舎は、平屋建てで玄関には菊の紋章が付けられ、その周りを高塀で取り囲んでいた（図4）。県庁周りには、県立病院、医学校、監獄、裁判所、警察署なども建てられ、県政の中心地となったこの地は、「司の町」と称されて発展した（図6）。

超モダンな三代目県庁

　半世紀程使用した木造の二代目県庁舎も老朽化が進み、手狭となったため、県議会は庁舎の改築を決定した。大正13年（1924）に竣工した三代目県庁は、鉄筋コンクリート構造で地下1階、地上3階造、天窓にステンドグラスをもつ超モダンな建物であった（図5）。特に大理石の装飾は、美濃赤坂産の見事なものであった。庁舎は昭和20年（1945）の岐阜大空襲でも奇跡的に焼け残った。1966年、岐阜市薮田南に12階建ての四代目新県庁舎が竣工すると、その後は岐阜総合庁舎となり、県の出先機関として使用された。しかし、耐震面などの問題があり、2013年3月をもって89年の歴史の幕を閉じた。現在は、建物の南正面玄関部分のみが残され、他の部分は取り壊され駐車場となった。

図4　二代目県庁（今泉村、後の司町）（『目で見る岐阜市の百年』）

図5　三代目岐阜県庁（司町、昭和5年〔1930〕頃）（著者所蔵）

図6　美濃岐阜市街全図（明治17年〔1884〕）（岐阜県図書館所蔵）左が北

神岡鉱山

日本有数の金属鉱山に

　高原《たかはら》川の一帯は、飛騨片麻岩が分布し、その中に鉛・亜鉛・銅・銀などが含まれる鉱床が右岸に多く見られる。

　神岡での鉱山の歴史は、養老年間（720年頃）に朝廷に金を献上したという話まで溯る。戦国時代には軍資金等として金銀が重視され、16世紀に神岡の和佐《わさ》保《ほ》（後の栃洞坑）、茂住《もずみ》の両銀山の開発が進んだ。金森時代（1586〜1692）には、茂住宗貞を金山《かなやま》奉行とし鉱山経営をおこなった。この頃、蔵柱《くらばしら》・天生《あもう》金山、和佐保・茂住銀山などが開発された。後、飛騨は幕府直轄領となり、鉱山経営は細分化されたまま明治を迎えた。

「鉱山借區図」（図7）は、明治6年〜16年の状況をまとめたものである。図中には神岡鉱山が描かれ、「ギキドナジ」の文字が見られる（赤丸）。これは「銀・金・銅・鉛・磁石」の産出を表

図7　鉱山借區図（明治17年〔1884〕）（高山市教育委員会所蔵）

し、とくに銀・鉛・銅の産出が多かった。

明治に入ると、三井組が進出し、神岡の鉱山経営のため、合理化と西欧の近代的な技術導入を図った。明治19年（1886）から、和佐保・鹿間《しかま》・漆山・茂住鉱山を吸収し、三井鉱山合資会社となった。鉱山では鉛と亜鉛の生産が伸び、会社の隆盛とともに町も発展した。戦後も、三井鉱山は、技術革新を進め日本有数の鉱山となった（図8、9）。

一方で、戦前から1970年頃まで、神通川下流域でイタイイタイ病が発生した。原因は、鉱山の廃液中のカドミウムであるとされ社会問題となった。その後、三井金属は、鉱脈が枯渇するなか、2001年に閉山した。

世界の素粒子研究施設へ

三井金属は東京大学宇宙線研究所からニュートリノ観測装置建設の要請を受け、1983年に茂住坑内の地下千mにカミオカンデを建設した。1996年、スーパーカミオカンデ（図10）も完成し、ニュートリノの研究が続けられている。これらの研究成果により、小柴・梶田教授がそれぞれノーベル物理学賞を受賞、スーパーカミオカンデは宇宙素粒子研究施設として世界中から注目を浴びている。

図9　神岡鉱業所（1950年）（『神岡町史』写真編）

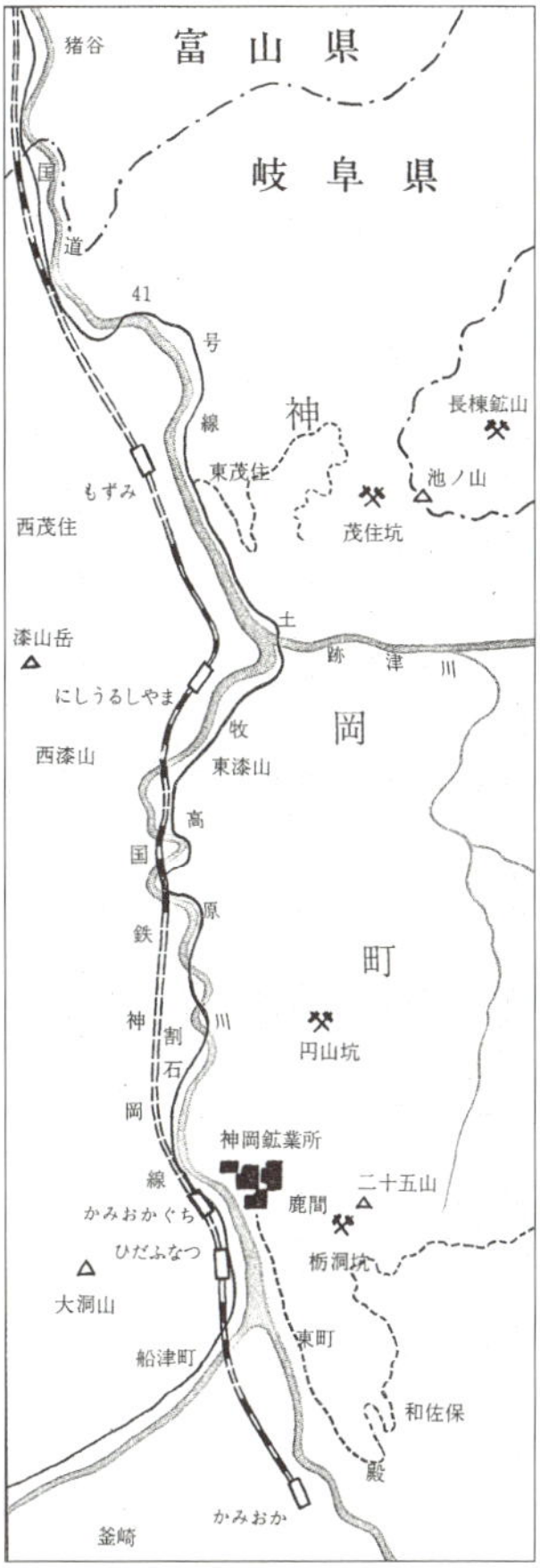

図8　神岡鉱山地図（『神岡鉱山写真史』）

図10　スーパーカミオカンデ（写真提供：東京大学宇宙線研究所 神岡宇宙素粒子研究施設）

文教の町、加納 農業教育の町、那加

　図12の、稲葉郡加納町の加納城址北側に、師範校と女子師範校が描かれている。この師範校こそ、明治6年（1873）に大垣町に開校した師範研習学校が、厚見郡今泉村を経て、明治32年（1899）に加納城址に移転した岐阜県師範学校である。加納町の援助もあり、付近には岐阜県女子師範学校、県立加納高等女学校などが順次設置され、文教の町加納が形成された。加納城址の敷地が手狭となると、県は師範学校の岐阜市長良への全面移転を決定し、昭和9年（1934）に移転した。

　図13の稲葉郡那加村には、大正12年（1923）に岐阜高等農林学校（後の農学部）が設置された。この地は、高山線や各務原鉄道が開通し、交通の便のよい場所であった。学校用地は、中山道北側敷地と高山線北側の農場など8万坪以上の広大な敷地を有し、昭和初期には那加地区は農業教育の中心地として発展した。

　一方、県立高等工業学校が、昭和17年（1942）に笠松町の岐阜県第一工業学校などの施設を共用して開校した。戦後、各務原市那加の農学部隣接地に移転し、後の工学部となった（図11）。

　医学部は、明治8年（1875）に今泉村の県庁隣に岐阜県公立病院の付属医学校（13年、岐阜県医学校）が開設されたのが始まりである。しかし、県財政悪化のため、岐阜県医学校は明治19年（1886）に廃校となった。昭和19年（1944）に県立女子医学専門学校が設立されたが、翌年の岐阜空襲によって、校舎と付属病院の建物は焼失した。1947年、女子医専は岐阜県立医科大学となり、岐阜医工科大学、岐阜県立大学などと名称を変え、1964年に医学部となった。

たこ足大学から統合大学へ

　戦後の新制岐阜大学は、岐阜市長良に学芸学部と教養部、岐阜市司町に医学部、各務原市那加に農学部、工学部、大学本部などを持ち、俗に「たこ足大学」と揶揄された。このため、岐阜市黒野地区（後の柳戸）の広大な土地に統合され、1981年から順次移転がおこなわれた。大学の長良跡地は長良公園に、那加跡地は各務原市民公園と各務原市立中央図書館および学びの森に、司町跡地はぎふメディアコスモス、岐阜市役所新庁舎建設地として生まれ変わった。

図11　岐阜大学那加キャンパス（1980年）農・工学部（『岐阜大学の五十年』）

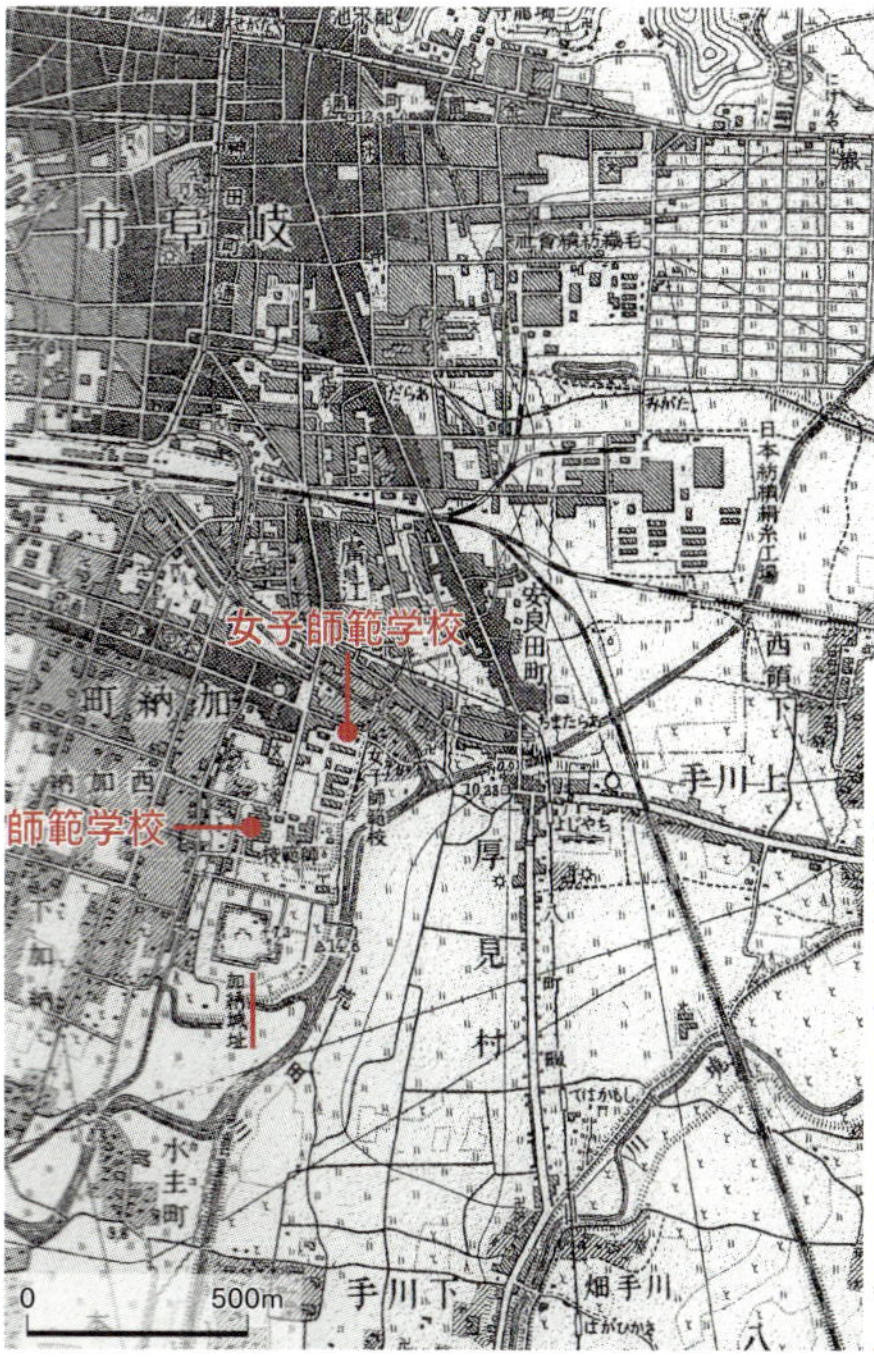

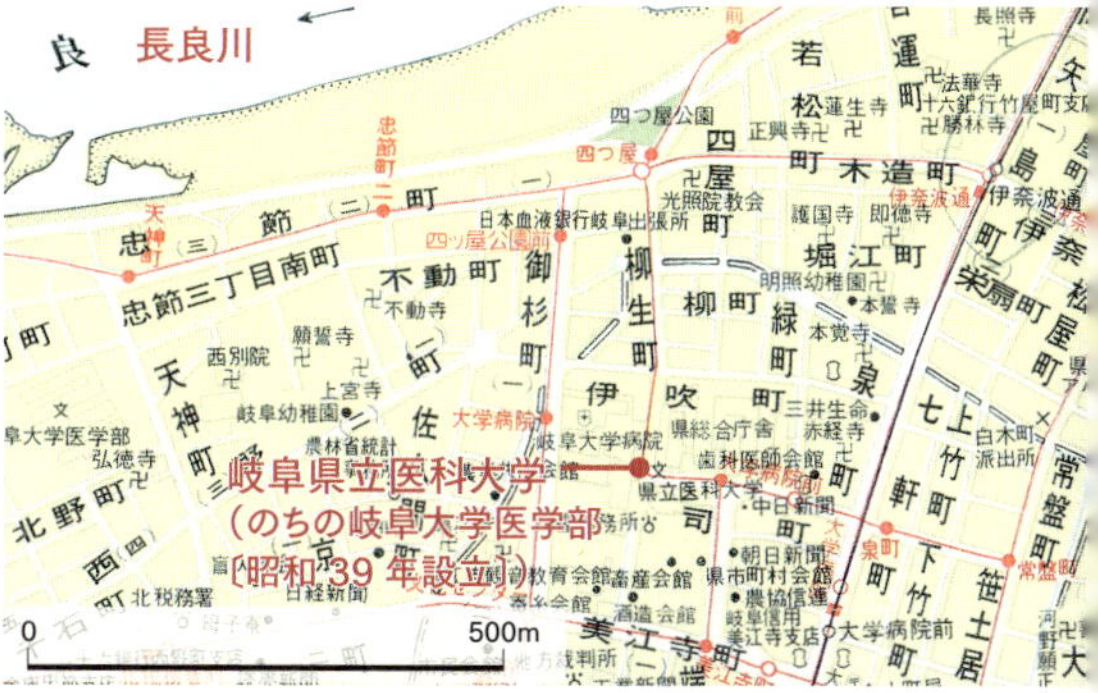

図 12-1（上）　岐阜師範学校　1/2.5 万「各務原」昭和 22 年（岐阜県図書館所蔵）
図 12-2（中）　岐阜医科大学　精密岐阜市街図（昭和 45 年）（個人所蔵）
図 13（下）　高等農林学校　1/2.5 万「各務原」昭和 22 年（岐阜県図書館所蔵）

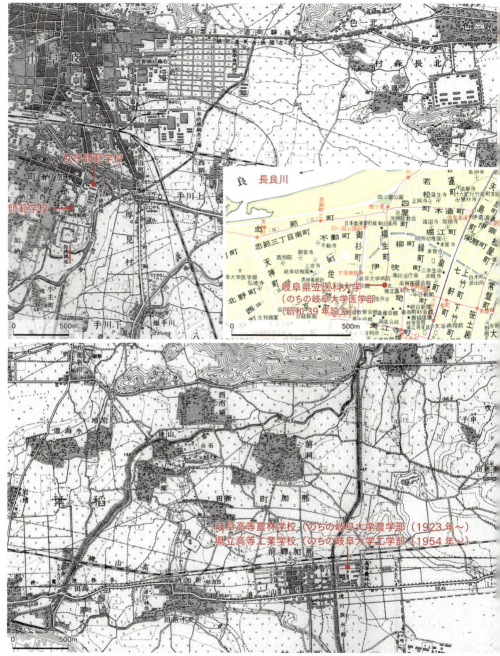

◉かつての河川の跡がいまや繁栄の拠点に！

廃川地、その今がおもしろい

高橋幸仁

かつて存在したものがなくなればそこには別物が登場する。こうして価値ある場所には変化が生じ、新たな土地利用を確認することができる。われわれはその変化に目を奪われ、そこはかつて何だったのだろうと気にかかる。

ところで歴史上、河川改修が広くおこなわれた時代があるので、ほぼ同時期にいくつかの廃川地事例に当たることが可能である。岐阜県のような内陸県においては、平野のなかでも扇状地にその例がめずらしくない。扇状地は比較的水はけがよく、土壌よりも砂利（場合によっては礫）からなって、農地としてよりも都市化に向いていることなどが、今日的な利用に関心をもたれる要因なのであろう。そこでの新しい姿には、とくに時代や地域の要請が反映する。

廃川地では人間生活の歴史が浅いがゆえにしがらみも少なく、いたって変化は旺盛だ。そんな事例を県内から四つ拾った。

糸貫川（根尾川）の移り変わり

根尾川扇状地をつくってきたかつての糸貫川は、歌も多く詠まれた大河であったが、享禄3年（1530）の大洪水でその主流が糸貫川の流路から今の根尾川の流路に移動した。これが1回目の（自然による）変化である。

その大洪水によって、主流を担う藪川（現根尾川）

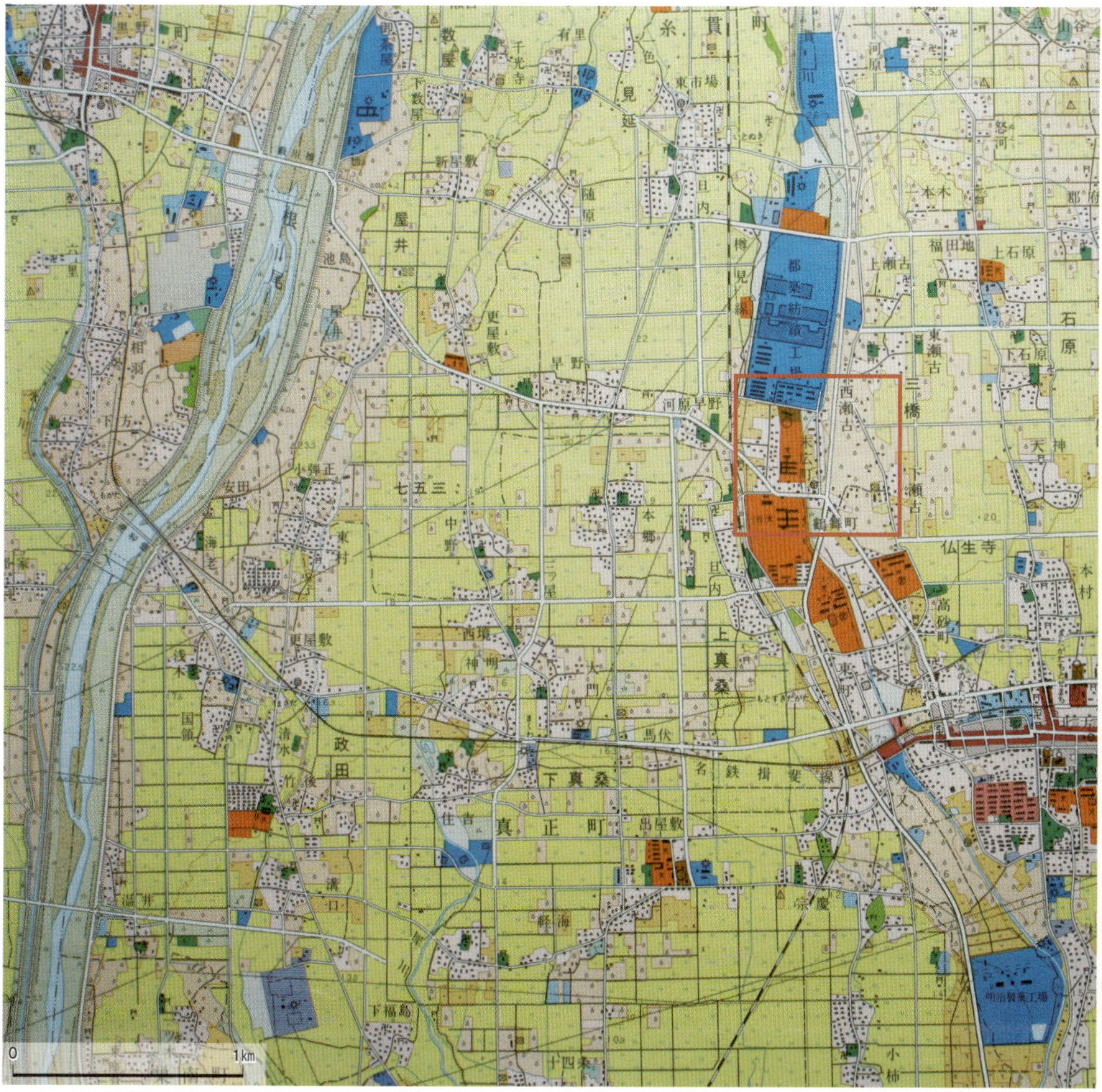

図１　糸貫川廃川地が中央部を南北に貫く（1/2.5 万土地利用図「北方」昭和 48 年〔1973〕）
特徴的な土地利用として、文教地区（橙色）・工業地区（青色）・一般住宅地区（薄桃色）・田以外の農地などが見られる。赤い四角は図 4 の場所を示す。

が誕生したので、糸貫川は洪水時にこそかなりの流水があったものの、普段は量が減ってしまった。とくに扇状地では伏流現象が起こるので、ますます水量は少なく、なかでも扇央では、水がほとんど流れないところが広い面積で存在することになった。

その後、昭和10年代の河川改修工事で上流が完全にせき止められたことにより、二回目の（人工による）変化が発生した。これ以降、この地域（糸貫川廃川地）は人間生活が展開する「普通」の地域に向けて歩むことになり、結果的には普通をはるかに越える変貌ぶりを呈した地域となって現在に至っている。

入会地であった糸貫河原

一回目の変化の結果、これまで流水があった部分のなかには、草の生えた土地（草生地）や砂礫地が扇央を中心に広く出現することとなった。また、糸貫川から取水して水田耕作など生活用水を確保していたところでは、水不足現象が際だってきた。

すなわち、糸貫河原では条件のよい場所には畑ができ、多くの部分では秣《まぐさ》や肥料として田に鋤き込む草の採取地として利用されることになったが、その現象が拡大していくと隣接地域との衝突が発生した。この事態を収束するために幕府の裁定が入って、具体的には入会地として運営されることで収まり（図2）、糸貫川両岸8カ村（後の大字）の共同管理とされた。

その後二回目の変化が訪れて糸貫川が締め切り（廃川地）になり、本格的な開発が期待される時期がおとずれた。昭和15年（1940）ころになって、実質水の流れがなくなると、廃川地は多くの希望者に利用しやすいよう区割りされることになった（表1）。おりしも戦争が迫り、食料増産の要請もあってサツマイモなどの作付けが始まった。施設としてはまず学校が登場したが、公共用地や工場その他の利用は戦後196

表1　糸貫川原入会地旧八ヶ村面積と開発の進歩

	旧村	入会地面積（明22）	開発済面積（昭7）	開発済（昭17）
右岸	見延	22町1反	3町0反（13%）	8町7反（39%）
	早野	14町9反	3町3反（22%）	5町2反（34%）
	上真桑	34町4反	5町8反（16%）	12町0反（34%）
	下真桑	不詳		
左岸	三橋	45町2反	2町1反（4%）	4町4反（9%）
	仏生寺	19町3反	1町5反（7%）	4町1反（21%）
	加茂	1町4反	0町5反（35%）	1町8反（128%）*
	北方	5町0反	0町2反（4%）	2町2反（44%）

資料：高橋常義『糸貫川廃川史』昭和57年（1982）、35・36ページ
旧八ヶ村入会地「掟米用略図」昭和7年（1932）・昭和17年（1942）
＊100%を超え、誤りがあると考えられる。

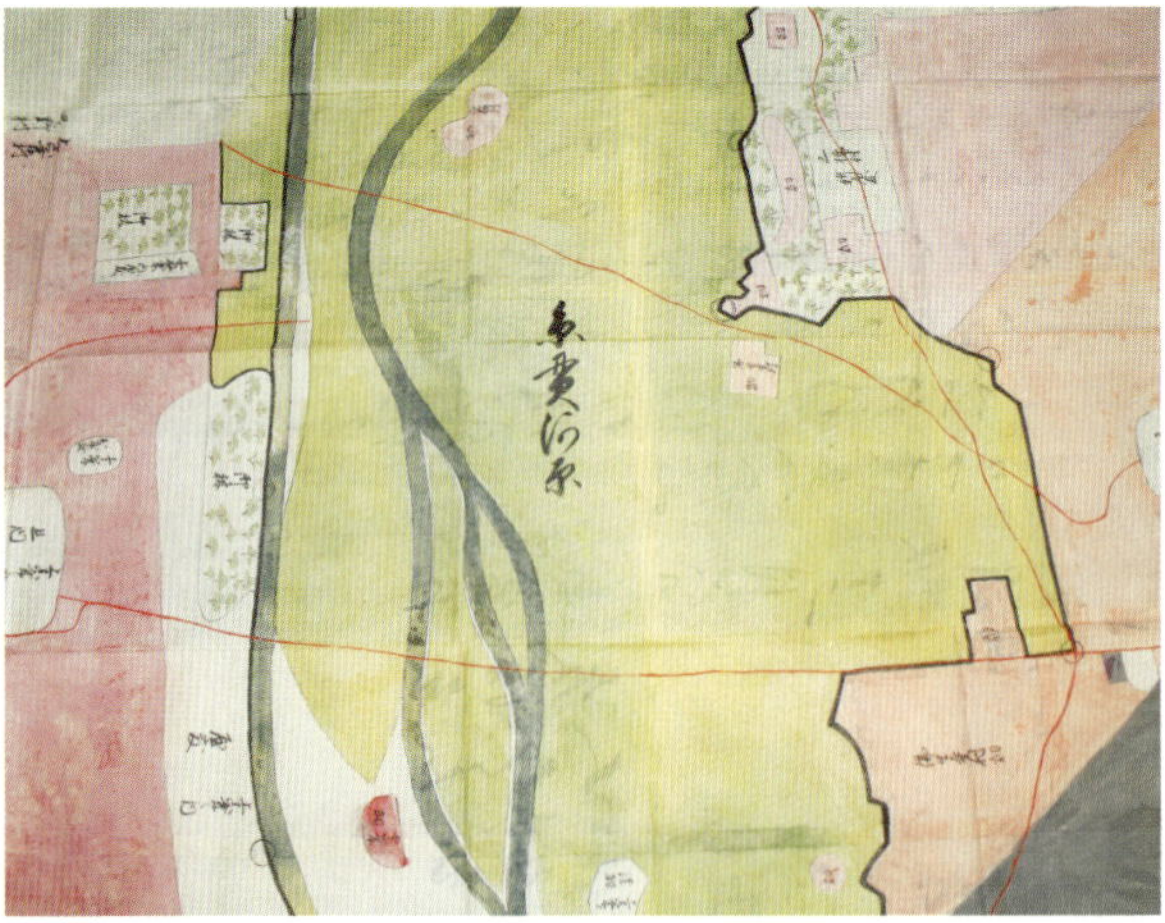

図2　延宝8年（1680）裁定の入会地（中央の黄色）安永2年（1773）写
美濃郡代笠松陣屋堤方役所文書（岐阜県歴史資料館所蔵）

図4　最後に残った入会地の一部（2015年）

図3　紡績工場を経て商業施設に

図5　現在の糸貫川と本巣橋

0年以降になって本格化し、高度成長期まっただ中にあたる1970年前後になると建物ラッシュをみることになった（図1・3）。

この時期当初は公共関連や大規模な工場などの施設は入会地から除外されたが、それ以上に除外は進まなかった。しかし、都市化が近隣地域より急激な廃川地では入会地であることに不都合との指摘も増え、残された地区も全面的に入会地の完全私有化が進められることになって、2017年までに入会地は姿を消した。振り返れば、延宝8年（1680）に始まって330年を越える長い歴史に、終止符を打つことになった（図4・5）。

水事情

主流が糸貫川から根尾川に移り、糸貫川から取水していた地域に水不足現象が発生すると水争いが起こった。とくに日照りが続くと、その対策としては席田用水と真桑用水の水量比を灌漑面積その他事情により6：4に定め、交互に取水するとの番水制度で対応した。このような苦労をして用水を確保し、下流地域の水田まで水を行きわたらせた。

このような偉業への感謝の意味を込めて、それぞれの用水地区に伝統行事が発生し現在まで続いている。席田地区仏生寺本村の春日神社で「米かし祭り」、真桑地区上真桑本郷の物部・八幡神社では「真桑文楽」が、ともに春分の日に奉納されている。これら仏生寺・上真桑の2地区は用水にかかわる統率者の存在もあったが、根尾川扇状地の扇端にさしかかる地点（ともに標高ほぼ19m）という共通点こそが、まことに興味深い。

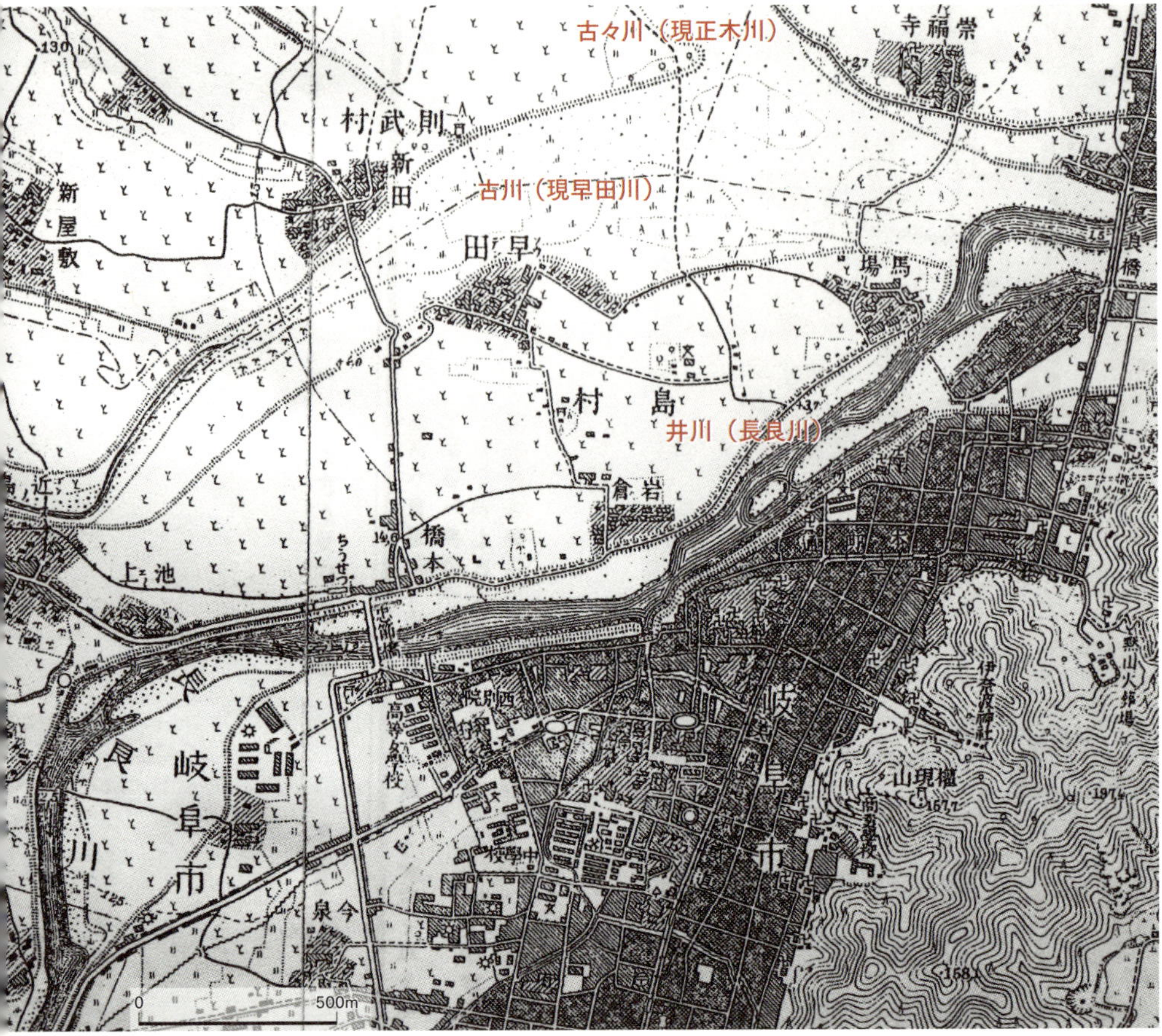

図6　長良川が3流路時代の岐阜市と北郊（1/2.5万「岐阜」「北方」大正9年〔1920〕）

長良川廃川地のその後

古くからの岐阜の町は長良川扇状地扇央にあり、北西を長良川、南東を金華山に限られ、南西方向へ拡大した市街地となっており、将来の発展に面積が十分確保できない状況にあった。

長良川改修前の姿を知るため大正期の地形図をみると（図6）、長良川は長良橋を過ぎると、広い濃尾平野へと流れ出る。そしてこれより網状流となる。

地図でもわかるように、三つの流路（北から古々《ふるふる》川〔現正木川〕、古川〔現早田川〕、通称井川〔長良川〕）になって西方へと向かっている。

これら3本の長良川地区は洪水時には広く水が流れ、

本来の河川敷のみならず輪中の中へも浸水することが多く、広く遊水地としての役割をも演じた区域であった。

締め切りで1本化される長良川

3本のどれを残して1本化するか検討の結果、その時期に通常流をみせていた井川を1本化した長良川の流路とし、川幅を拡幅して他の2本（古川・古々川）を廃川化することに決定した。昭和12年（1937）着工、翌々年竣工で進められたこの事業は（図7）、廃川によって広大な面積の土地利用が可能になった。長良川北岸地域を連年の水害から救う契機になったことの意義も大きい。

図7　長良川改修記念碑

旧古川には公共施設が成立

明治以降、県庁所在都市として発展を見せてきた岐阜市街は、旧井川と金華山に挟まれて狭く、昭和10年（1935）ころにはとくに市民や児童生徒の体育大会開催にも事欠く状況が発生していた。そのため岐阜市では、昭和13年から3カ年計画で長良川（井川）の対岸（古川）河川敷に総合的な運動施設を開発する機運が高まった。その後この計画は戦争を挟んで実現され、現在では岐阜メモリアルセンターとして利用されているほか、学校や公園などとして特別な地域を形成している（図8・9）。

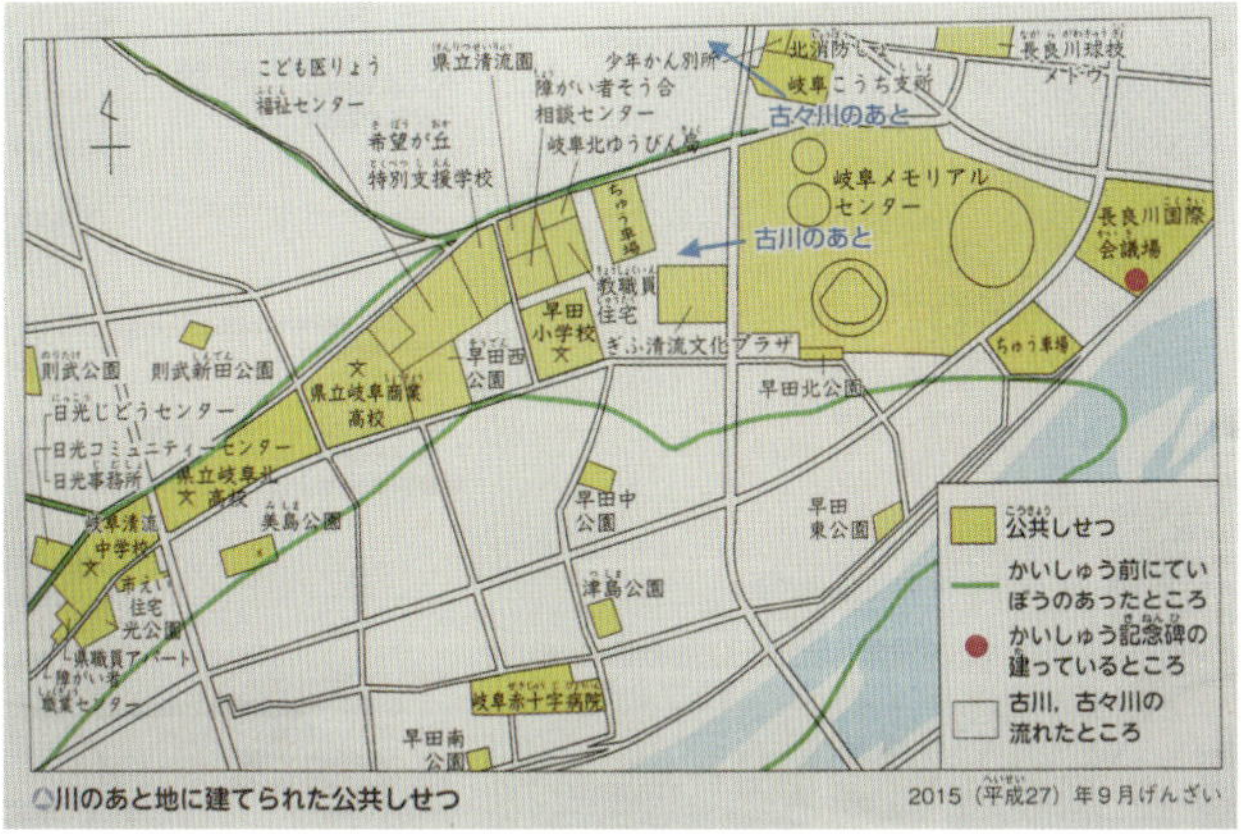

図8　長良川廃川地の公共施設（小社研『わたしたちの岐阜市』）

図9　岐阜メモリアルセンター

その他県内のおもな廃川地

生まれ変わった揖斐川呂久地区

大正期に始まる上流の改修工事としてはいち早く、しかもすみやかに進んだ例として知られる。大正12年（1923）の計画図（図10）が示すように、扇状地を過ぎた揖斐川が根尾川を合流し、さらに大垣輪中堤に行く手をふさがれた平野井川も合わさって、揖斐川は水かさが増える位置である。呂久《ろく》は中山道が揖斐川を渡る重要な地点でもあるが、揖斐川の屈曲があるため流れが滞り、たびたび水害が発生した。

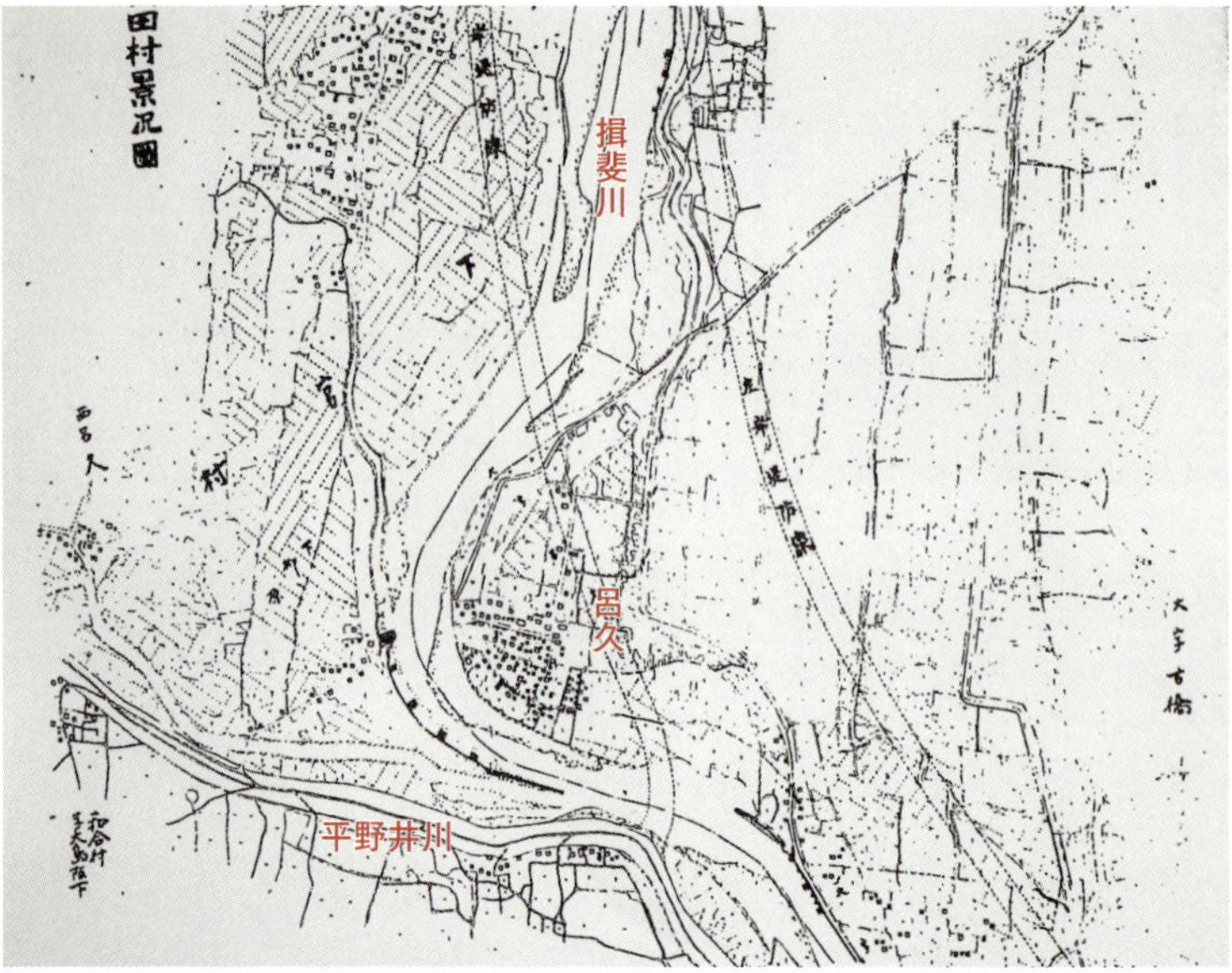

図10　揖斐川呂久地区改修計画図（大正12年〔1923〕）（『巣南町史』）

図11　揖斐川廃川地を横断する中山道

　このため呂久地区では、かつて渡しの船頭業務に就いた馬渕家をはじめ、集落は自然堤防を利用した立地を見せていた。なかでも、中山道沿いには濃尾地震を契機に水害対策を施した家屋もあって、ひときわ高く積まれた石垣の宅地が往時を物語る。瑞穂市から神戸《ごうど》町への境界付近では、道路が低くなったところに豊後《ぶんご》川が旧揖斐川の流芯を流れており（図11）、南側には工事の竣工を記念した小簾紅園《おずこうえん》が昭和4年（1929）にできている。

　呂久の上流側（神戸町斉田地区）に多くの砂質土壌が堆積しているのは、この一帯でたびたび揖斐川が氾濫した痕跡である。ハウスが連なり、野菜・花卉の産地になっている。

木曽川扇状地扇央の川島地区

濃尾平野における木曽川は、その大部分の場所で岐阜・愛知両県の県境になっている。しかし、流れの大部分が岐阜県に属する地点として唯一、各務原市川島地区をあげることができる。前記糸貫・長良・揖斐川同様、大正～昭和戦前期にその骨格が形成されたところである。

大正13年（1924）ころの地図（図12）によると、その乱流ぶりがよくわかる。笠田島の北を迂回していた主流を同島の南に移し直線化して流れをよくし、通常流を中央の本川と南派川で受けた。一方北派川入口には締切堤（乗越堤）を築き、大洪水時には北派川でも水流を受けるという三派川体制を確立した。

小規模な島（中州）は整理されたが、中でも三斗山島の集落30戸の立ち退きは一大事であった。

その結果、北派川では北部から流入する新境川が通水されるものの、その大半では通常流水のない状態（準廃川地）になった。よって、かさだ広場・3本の実験河川（図13）・河の森・グランドなどが置かれ、実験河川を除けば多くの河川敷に見られる利用が確認される。なお、ほぼ堤防で囲まれた笠田地区へは堤防乗越道路でつながっている（図14）。

北派川左岸堤の南（笠田地区）では、上・中流部には集落が見られたものの、下流部には集落がなかったので開発がなされ、河川環境楽園が建設された。下流側にも築堤され水害対策がなされたことで、本格的な観光地につくりあげられた。一般道のみならず自動車道（東海北陸）通行車両も利用できるような整備がなされた効果は大きく、利用者も着実に増えている。

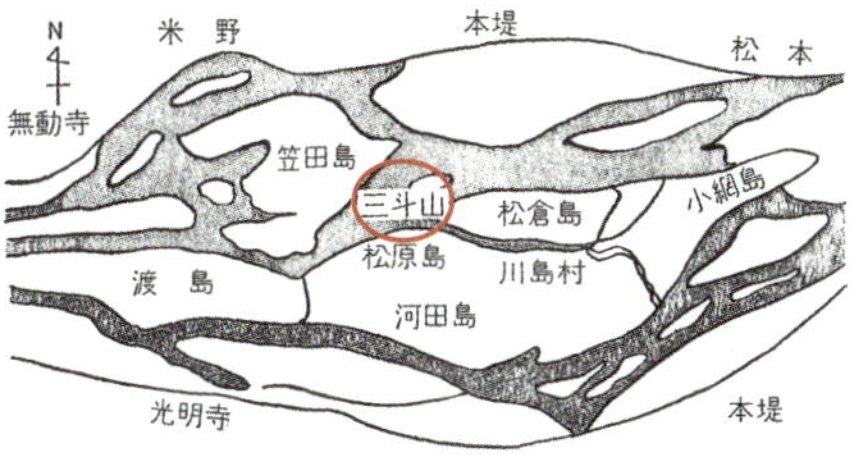

図12　改修直前の川島地区木曽川（『川島町史』）

図13　北派川にある３本の実験河川（自然共生研究センター提供）

図14　北派川から見る河川環境楽園

◉岐阜ゆかりの文人とその作品

飛騨美濃の文学散歩

林　正子

清流、長良川のドラマ

岐阜県の自然風土を表現する言葉として、「飛山濃水」という言葉が挙げられる。飛騨は山国であるがゆえに、交通の不便や土砂災害や豪雪に悩まされ、美濃は輪中地帯を中心に、木曽三川による水害に苦しめられたという、かつては必ずしも肯定的な意味の言葉ではなかったが、現在では、山に恵まれた飛騨と水（川）の豊かな美濃という、岐阜県の自然を明快に表現する言葉として用いられている。

松尾芭蕉『奥の細道』（元禄15年（１７０２））をはじめ、岐阜・美濃ゆかりの文学作品の多くに「長良川」が描かれている。近現代の小説作品としても、森田草平『煤煙』（１９０９年）、川端康成『篝火』（１９２４年）、丹羽文雄『鮎』（１９３２年）、舟橋聖一『白い魔魚』（１９５５〜５６年）、杉本苑子『孤愁の岸』（１９６２年）、豊田穣『長良川』（１９７０年）、水上勉『その橋まで』（１９７０〜７２年）、山田智彦『水中庭園』（１９７６年）、小島信夫『美濃』（１９８１年）、角田茉瑳子『鵜よ、清流にはばたけ』（１９８９年）、高橋治『春朧』（１９９２年）、松田悠八『長良川——スタンドバイミー一九五〇』（２００４年）など、長良川を舞台とする小説は枚挙にいとまがない。

ノーベル文学賞作家・川端康成（１８９９〜１９７２）の場合には、旧制第一高等学校時代の22歳の時、岐阜を訪れた折の体験が作品に投影している。『篝火』（１９２４年）には、東京のカフェで少女給仕として働き、後に岐阜市加納の西方寺の養女となった伊藤初代との長良河畔の宿での結婚の約束が描かれ、『非常』（１９２４年）には初代からの婚約の破棄が記され、『南方の火』（１９２７年）には初代と結ばれる美しい夢が綴られている。これらの自伝的な作品の記述から、大正10年（１９２１）秋、川端の三度の岐阜訪問の足跡をたどってみよう。

第一回の岐阜訪問は、９月16日と17日。親友の一高生・三明永無とともに、帰省していた関西から上京する途中、岐阜で下車し、三明が西方寺に初代を迎えに行く。川端は名和昆虫博物館を見学して、港館（現在の

図1　吉田初三郎　ながら川の鵜飼（岐阜県図書館所蔵）

図3　長良橋と市電（大正14年〔1925〕）（岐阜県図書館所蔵）

図2　港館（岐阜市歴史博物館所蔵）

ぎふ長良川温泉ホテルパーク）へ。夕食後、三人は港館を出てタクシーで岐阜駅前に向かい、初代は西方寺に帰る。その夜、川端と三明は岐阜駅近くの濃陽館支店に宿泊し、翌17日に東京に向かう。

第二回の岐阜訪問は、3週間後の10月8日と9日。8日、川端と三明は濃陽館支店で朝食を取り、西方寺の初代を訪問。川端、三明、初代の三人は中山道に出て加納天満宮の境内を通り、東陸橋を渡って、現在のJR岐阜駅前から市内電車（路面電車）で港館へ。この時、港館は台風の被害により営業していなかったため、長良川を渡って鐘秀館（現在のじゅうろく長良川保養所）に宿泊。川端は初代と結婚の約束をし、夕食後、鐘秀館の二階から長良川を下ってくる鵜舟を眺める。その後、三人は市内電車に乗り、

図4　鐘秀館（「鐘秀館御案内」）（岐阜県図書館所蔵）

三明は柳ケ瀬で降りて遊郭へ。川端は初代を岐阜駅まで送り、車に乗せて西方寺まで帰す。翌9日、昼過ぎに鐘秀館を訪ねて来た初代とともに瀬古写真館（岐阜市役所前）に行き、三人で写真撮影をした後、川端と三明は柳ケ瀬で菊人形を楽しむ。

図５　柳ヶ瀬町 岐阜菊花園菊人形　岐阜市歴史博物館所蔵

第三回の岐阜訪問は、それから一カ月後の11月9日。結婚できなくなったという内容の手紙が初代から届き、川端は即刻、岐阜にやって来る。濃陽館支店で食事を済ませた後、西方寺を訪ね初代に会うが、理由は不明のまま、初代の心変わりを目の当たりにする。後日、初代は川端に宛てての手紙で婚約破棄を伝えることになる。

　大正10年、川端の三度の岐阜訪問はこのような経過をたどっている。川端と岐阜の縁故は、伊藤初代という少女を題材とした前掲の小説作品に尽きると言ってよい。しかし、川端にとって、初代との婚約と破談という岐阜の街での体験が、いかに痛切で根源的なものであったか――初代との岐阜体験は、初期の代表的作品『伊豆の踊子』（1926年）をはじめ、川端のその後の創作活動に投影している。

図６　濃陽館表門　個人所蔵

伝統芸能、鵜飼の魅力

　長良川の鵜飼の名場面を印象深く描出する小説作品は、川端康成『篝火』にとどまらない。

　舟橋聖一（1904～76）の「朝日新聞」連載小説『白い魔魚』（1955～56）は、岐阜で十一代続いた紙問屋の老舗「綾瀬」の娘である竜子の成長を描くビルドゥングスロマンである。「綾瀬の店は、長良川に近い元浜町にある。両親の隠居所も、店つづきの奥の中庭を抜けて、更に奥まった別棟で、両隣りの高塀にはさまれた陽のささぬ暗ぼったい間取りである」と記された元浜町は、現在のJR岐阜駅から北の方角に約4㎞、長良橋南西にあたる一角である。

図7　昭和40年代の湊町、玉井町、元浜町界隈　精密岐阜市街図（昭和45年）（個人所蔵）

図8　旧いとう旅館

長良橋の橋詰、すぐ下流にある湊町は、その名前のとおり、長良川の上流で生産された手漉き和紙や木材などの船着場であった。そのため、この湊町に連なる玉井町や元浜町には、多くの紙問屋や木材屋の京風の格子戸が家並みを形成しており、現在もその名残りを留める。

「鵜舟」と題された章に、

「長良橋の下流は、その南岸に、上流は主にその北岸に、鵜飼のための料亭やホテルが、軒を並べている。この宿は、一番下流だから、やや鵜飼する川に沿って西北に面している」という宿は、「いとう旅館」（現在は廃業）がモデルとなっている。舟橋聖一は、1945年に建築されたこの旅館で『白い魔魚』の原稿を執筆し、その雰囲気を作品に映し出した。また、舟橋自身の鵜飼体験にもとづく長良河畔の風情や芸者との交流の叙述は、「朝日新聞」連載時の全国の読者にとって、岐阜の代表的な風物として、大いに興味関心を喚起するものであったにちがいない。

『白い魔魚』の舞台の中心は、竜子が大学生活を送る

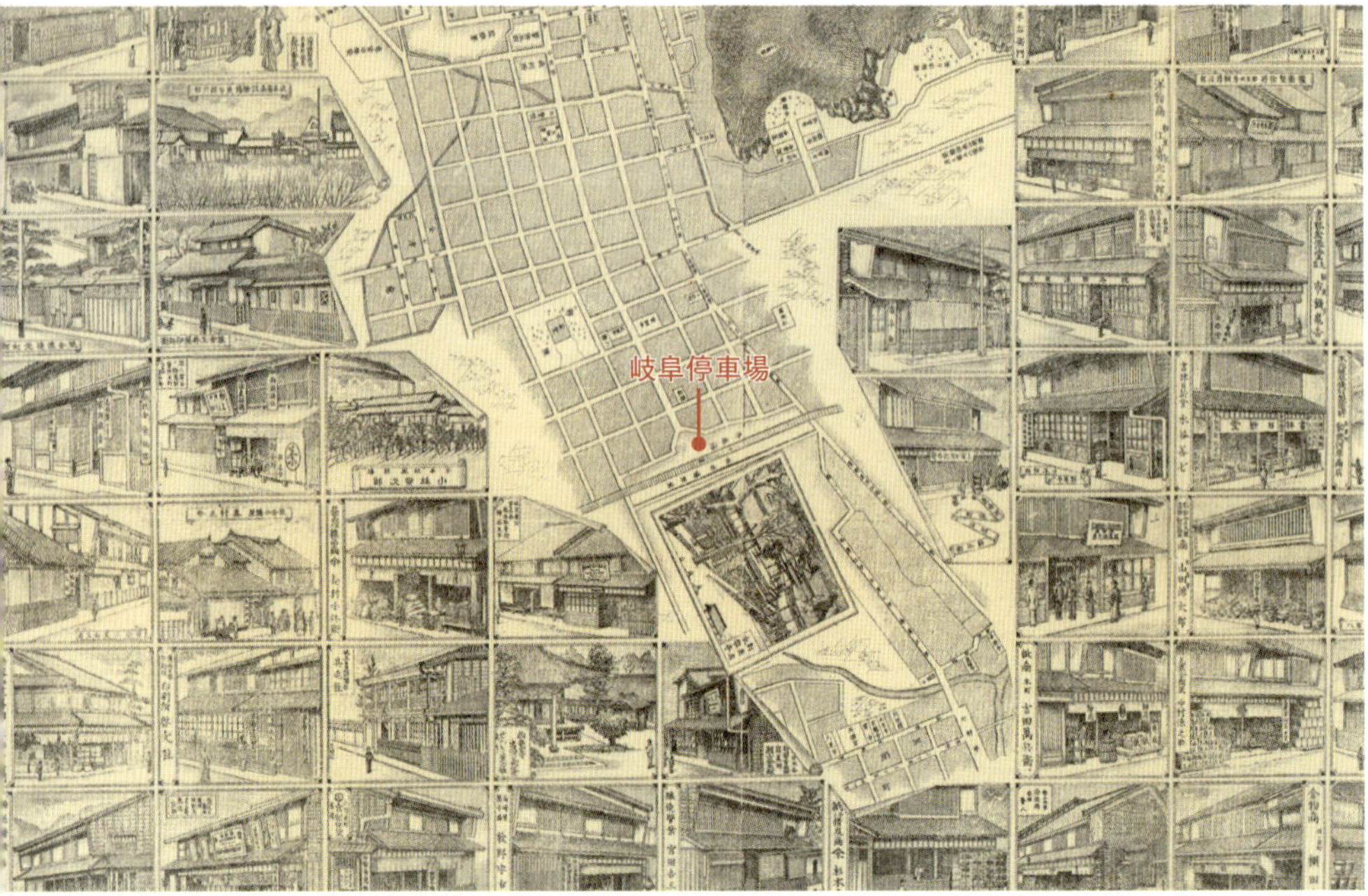

図9　岐阜市街新全図（明治22年〔1889〕）個人所蔵

東京ではあるが、「白い魔魚」のように周囲の人々を魅了する竜子の出身地として岐阜が選ばれていることによって、当時の復興・発展著しい東京のトレンディな風俗と対比的に、作品中に日本の原風景としての岐阜の風土や伝統が脈々と息づいている。

宿命の故郷、明治の岐阜

岐阜出身の作家・森田草平（1881〜1949）の自伝的小説『煤煙』（1909年）は、妻子ある漱石門下の文学士・森田草平と女子大卒業の会計検査官の娘・平塚明子（らいてう）によって、明治41年（1908）3月、塩原尾花峠で引き起こされた心中未遂事件を扱っている。「煤煙」という題名は、草平とらいてうが想起される主人公の小島要吉と眞鍋朋子が生きる都会の文明の象徴であるとともに、静謐《せいひつ》なかに猛烈なエネルギーをはらむ、朋子という女性の内面を象徴する言葉でもある。

作品は次のような岐阜駅の描写で幕を開ける。

日が落ちて、空模様の怪しくなつた頃である。東海道線の下り列車は、途中で故障を生じたので、一時間余りも遅れて岐阜駅へ着いた。車掌が「ぎふ、ぎふ」と呼びながら、一つづつ車輛の戸を開けて行く。その後から、乗客は零れるやうにプラットホームへ降りて、先を争つて、線路の上に架けた橋を渡らうとした。

　小島要吉は三年振りでこの停車場に立つた。今頃故国の土を踏まうと昨日迄も思つてゐなかつた。昨年の夏大学を卒業した時でさへ、帰省して見ようなぞと云ふ心は起こらなかつた。小さい時から都へ出たが、いろいろわけがあつて、故郷へは帰らない。一生帰りたくない。天が下に自分の生国といふものがなければ可いと思ふことさへあつた。それが今度止むを得ない事情で、突然帰つて来て、早くも聞きなれた土音を耳にし、見慣れた風俗を眼にすると、いくら永く他国に放浪して自分だけは他所の人間に成り済ましたつもりでゐても、矢張此処の土と水とで出来た人間だなと云ふ感じが俄に強くなつた。


　要吉と朋子の塩原尾花峠への死の逃避行がクライマックスとなっている『煤煙』において、岐阜の風景描写は全34章のうち第7章までにとどまっている。しかしながら、自らの出自の意味を問う要吉のこだわりは、全編随所に表現されており、第3章では、要吉にとって岐阜という故郷の宿命的な意味が、道三塚をめぐる印象深い思い出として語られている。

「土俗道三の首塚称へて、要吉が小児の自分には、稲葉山の麓のおぼろが池と共に諸人恐れて近寄らなかつた」「只この藪には道三の執念が何日までも残つてゐて、若し過つて足を踏み入れた者があれば、直に恐ろしい祟りがあると言伝へてゐる。それも要吉が子供の時分の話で、それから十四五年も経つた今日でも、小学校へ通ふ子供達が道草を喰ひ過ぎて、夕暮れ人顔の朧に見え出した時など、矢張この藪蔭を袂で頭を隠して駈け抜けるか何うか分らない」という、道三塚をめぐる記述である。

『煤煙』という小説には、主人公ひいては作家の記憶と繋がる時間である歴史、場所を指示する空間である風景、衣食住の生活文化、感情表現と結びついた言葉（方言）という、故郷の風土を規定する要因がすべて書き込まれている。すなわち、故郷とは生きた環境としての自然にとどまるのではなく、自らが存在してゆくうえで、決して逃れることのできない宿命そのもの——人間存在の根源的なあり方と無縁ではないという主人公の認識が、確固として表現されているのである。

図10　歩兵第六十八連隊岐阜停車場出発ノ光景（明治41年〔1908〕）2代目岐阜駅が写っている（『線路はつづくよ　岐阜、鉄道のあゆみ』岐阜県博物館）

白川郷合掌集落の女の一生

「飛山濃水」のうち飛騨を舞台とする文学としては、江馬修『山の民』（第一部〜第三部　1938〜40年）をはじめとする大作の数々が挙げられる。ここでは、吉城郡神岡町（現在の飛騨市神岡町）出身の江夏美好による『下々の女』（1971年）の舞台をたどってみよう。江夏美好の母を主人公とする『下々の女』は、明治・大正・昭和の激動の時代、「下々の国」の「底辺の女」の一生を縦糸に、白川郷の大家族制と神岡の鉱山労務の日常生活を横糸に丹念に織り上げられた長編小説である。

　大野郡白川村平瀬部落の旧家たろえもの末子として生まれた主人公・森下ちなは、少女期を合掌家屋の大家族とともに生活するが、18歳になったときに、しがらみを感じないではいられなかった人間関係からの解放を求めて生家を出奔《しゅっぽん》する。

　ちなは、高山に住む姉ふでを頼って家出し、合掌部落の大家族制とはまったく異なる「町の生活」を体験する。家出した娘に対して厳しく応じた両親のもとに帰るわけにはゆかず、悲嘆のうちにも、明治37年（1904）、19歳のちなは、かつて胸をときめかせた青年、大野郡白川村荻町出身の藤作大工の次男、福地今治と結婚し、どべら（岩盤掘り）として働く彼にしたがって、高根鉱山へと移り住む。その後の長い流浪生活の幕開けだった。

図11　管許飛騨国全図（年代不詳）（岐阜県図書館所蔵）

　その今治とちなが、吉城郡神岡鉱山の下之本坑山の社宅に住むことになったのは、明治44年（1911）、ちな26歳の5月のこと。それ以降、今治が退職する昭和10年（1935）までの四半

図12　荻町全景（昭和17年〔1942〕）（『伝えたい　心に残る古の白川郷』）

世紀の間、厳しい自然、地理的環境と生命の危機、経済的貧困の押し寄せる鉱山生活のなかで、四男三女を育てる。故郷を離れ、奥飛騨の厳しい自然のなかで生きているうちに、ちなの心には、かつて生活した合掌造りの家を建てたいという夢が、次第に高じてゆく。

そのちなが、今治の退職金で白川郷荻町の合掌造りの家屋を手に入れ、今治と末息子の鉄とともに故郷にかえって住むことになったのは、昭和13年（1938）のことだった。しかしながら、没落した親戚筋である松村の旧家を金銭がらみで入手する経緯や鉄の引き起こした火事などによって、一家は村八分の扱いを受けることになる。頼みの長男であった富男は第二次世界大戦で戦死、次男の康秀も負傷して復員し、その後も子どもたち一人ひとりの幸薄い人生を自らも背負い込み、同居した三男、三郎の嫁ともこころを通わせることができないなか、半世紀を連れ添った今治にも先立たれたちなは、長男の遺児である孫の剛の成長だけに全幅の期待をかける。しかし、その晩年の数年の日々にもちなのための安穏はなく、1962年、電源開発の波が押し寄せ、御母衣ダムが建設されようとしているさなか、その波乱の生涯を閉じる。

『下々の女』という作品の中核には、白川郷から出奔する際の主人公の心理的な葛藤と、そもそもその根源的な要因である合掌造りの家屋と大家族、奥飛騨の自然がある。その奥飛騨の地理的条件がもたらす隔絶感というものが、地域の閉鎖性、そこに生活する人々の孤立感として描かれ、それは「飛騨エゴイズム」と呼ばれる気質や、「身分相応」であることの強制・諦念《ていねん》として表わされている。だが、その郷里への拘泥《こうでい》とともに作品を貫流するのは、憧憬の念を抱いて出てきた都会である高山での生活、一家で渡り歩いた長い鉱山生活の途上、主人公の心に募っていったやみがたい郷愁の念、その要因になっているのもまた、白川郷合掌造りの家屋と大家族、奥飛騨の豊かな自然であった。

図13　下之本鉱山、岩井谷社宅（『開校百年のあゆみ　下之本学校』）

ぎふ「盛り場」紀行

◉地図で歩くもうひとつの長良川

安元彦心

〈水の辺〉の盛り場

「盛り場」とは、人が盛《さか》るところ。不特定多数が集まるところで、商売も盛る。つまり所繁昌《ところはんじょう》の街区のことである。なぜ人が集まるのか。何かいいことがあるから。つまり、楽しめるから。たとえば、祭りや花火。そこには、山車や神輿や花火などの華があり、露店が並び老若男女が楽しめる。

日本の都市には必ず日常化した飾り、遊び、戯れる祝祭空間があり、見知らぬ人が交流するサード＝プレイスとしての「盛り場」が存在する。人は、とびきり華やかなところに集まる。人は、とびきり怪しげなところに集まる。そして、そこでの消費をいとわない。その不思議な行動様式が「盛り場」を成り立たせているのである。

岐阜市中心市街地の盛り場の多くは、長良川扇状地を流れる網状河川の〈水の辺〉に立地した。図2の中央部、金華山に入り込んだ谷に赤色で示された伊奈波神社の参道に、天正10年（1582）織田信長は武田勝頼を滅ぼし、信州善光寺の阿弥陀如来を安置した。参道のカオス空間では出開帳や勧進相撲がさかんに行なわれ、やがて参拝者をあてこんだ興行が集積する庶民のアミューズメントパークへと変容する。岐阜で最初の劇場である「岐阜劇場」は、伊奈波神社参道のカオス空間で営業していた「明治座」が、大正10年（1921）に柳ヶ瀬に移ったものである（図1）。

都市民俗学においては、水は穢《けが》れをおとし神に近づく媒体と考えられ、寺社は日常空間と非日常のカオス空間との境界を意味すると考える。時の為政者たちは、都市のフリンジ（周辺部）の開発にあたって、網状河川の〈水の辺〉に聖なる宗教施設をランドマークとして建設し、周辺のカオス空間に盛り場、芝居小屋、水茶屋などの集客装置を組み

図1　昭和5年（1930）ころの岐阜劇場（岐阜市歴史博物館所蔵）

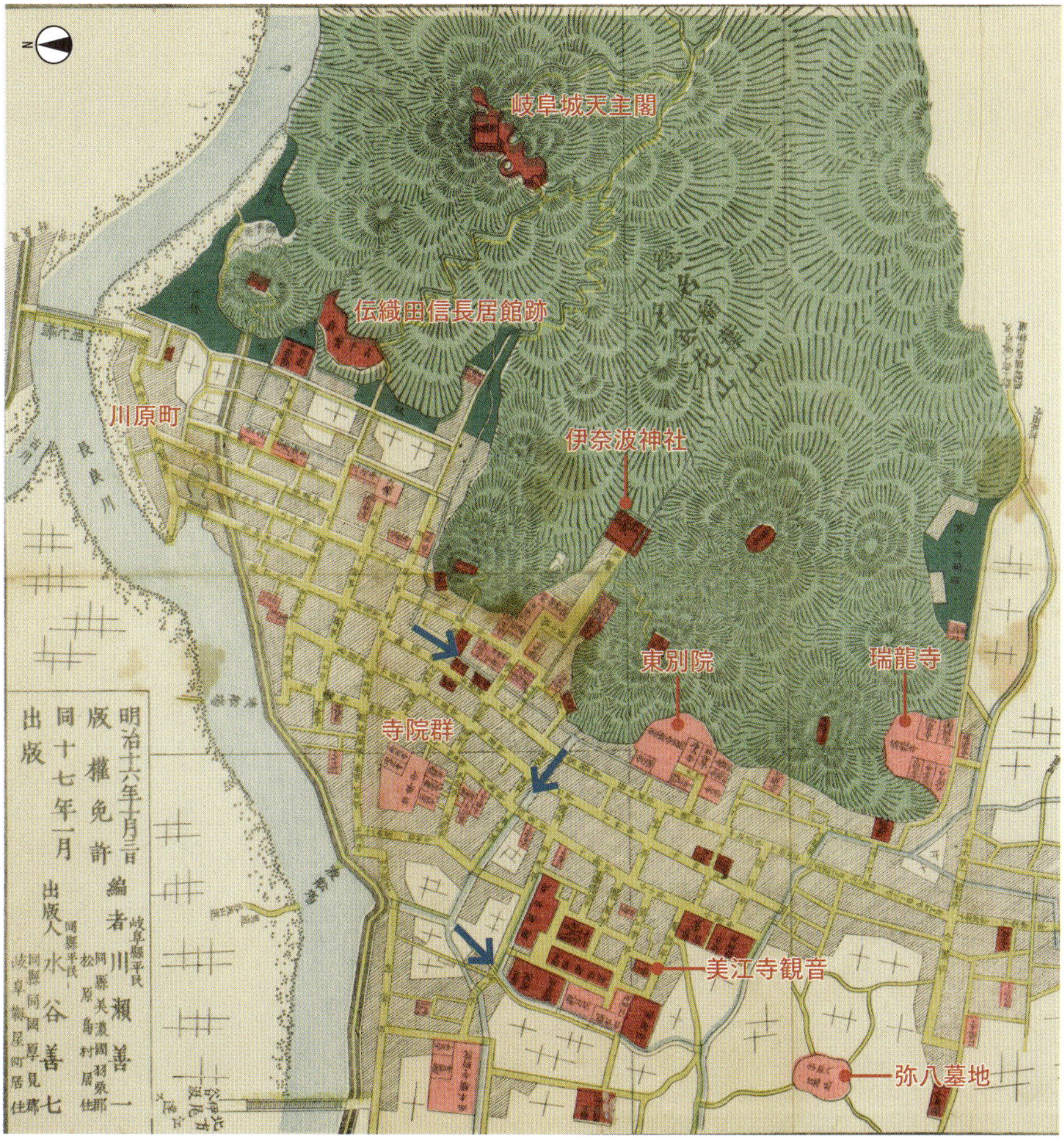

図2　旧岐阜町を流れる網状河川（青矢印）美濃・岐阜市街全図（明治17年〔1884〕）（岐阜県図書館所蔵）

込むことで都市域の拡大を図ってきた。

　伊奈波神社の参道を通過した用水は、惣構《そうがまえ》として利用された御堀に沿って、美江寺観音、弥八地蔵という下流のカオス空間に向かう。

博覧会と都市計画

　大正14年（1925）、大正天皇の銀婚式を記念した『銀婚式奉祝国産共進会』が岐阜市で開催された。岐阜停車場前には「岐阜市の実力をみせる意気込み」を示す凱旋門が建ち（図4）、市内3会場には物品陳列、展覧会、興行施設を備えたテーマパークが設置された。大正14年（1925）に発行された『岐阜市商工案内図』（図3）の美江寺観音の南には、刑務

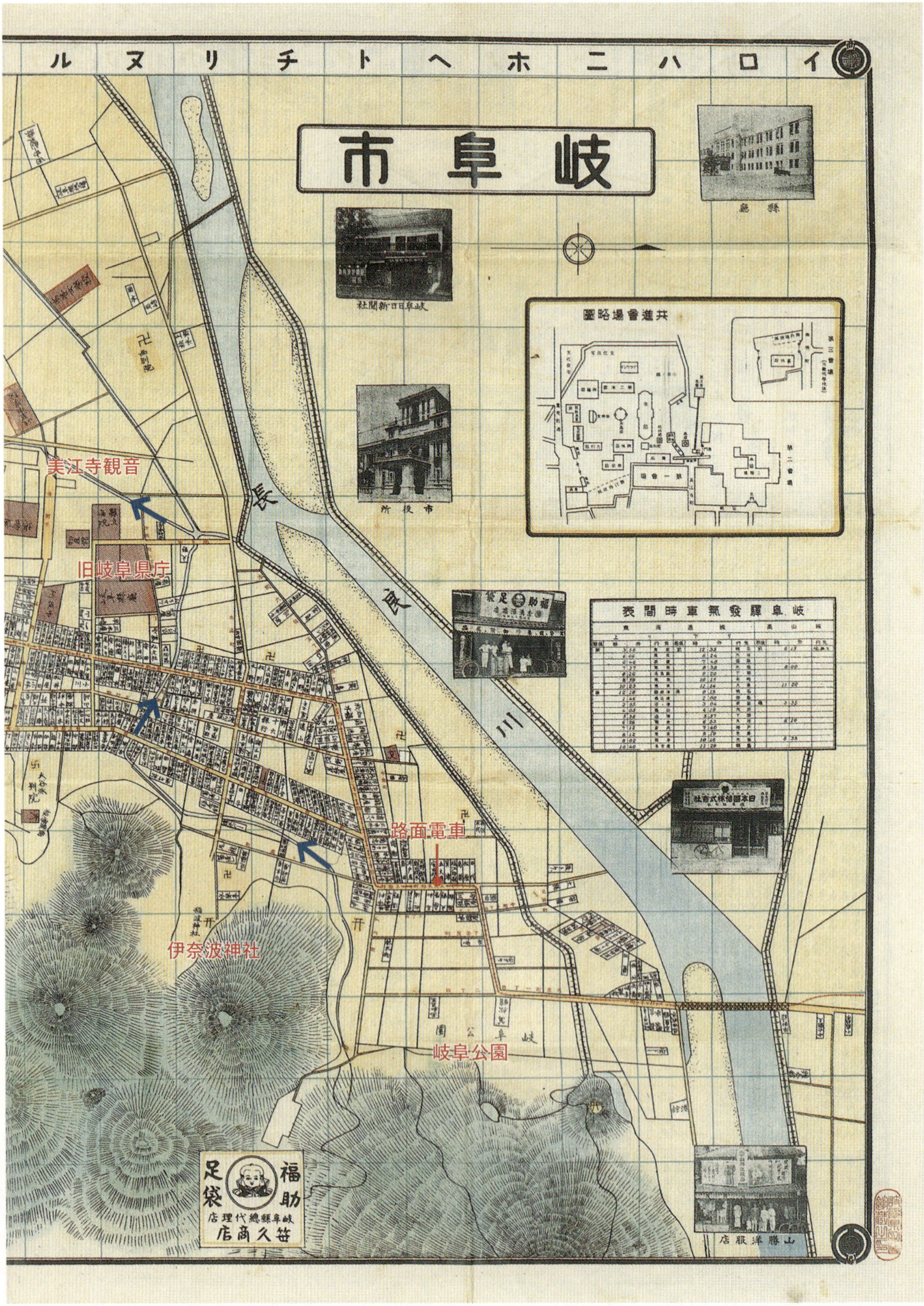

右方向が北（岐阜県図書館所蔵）

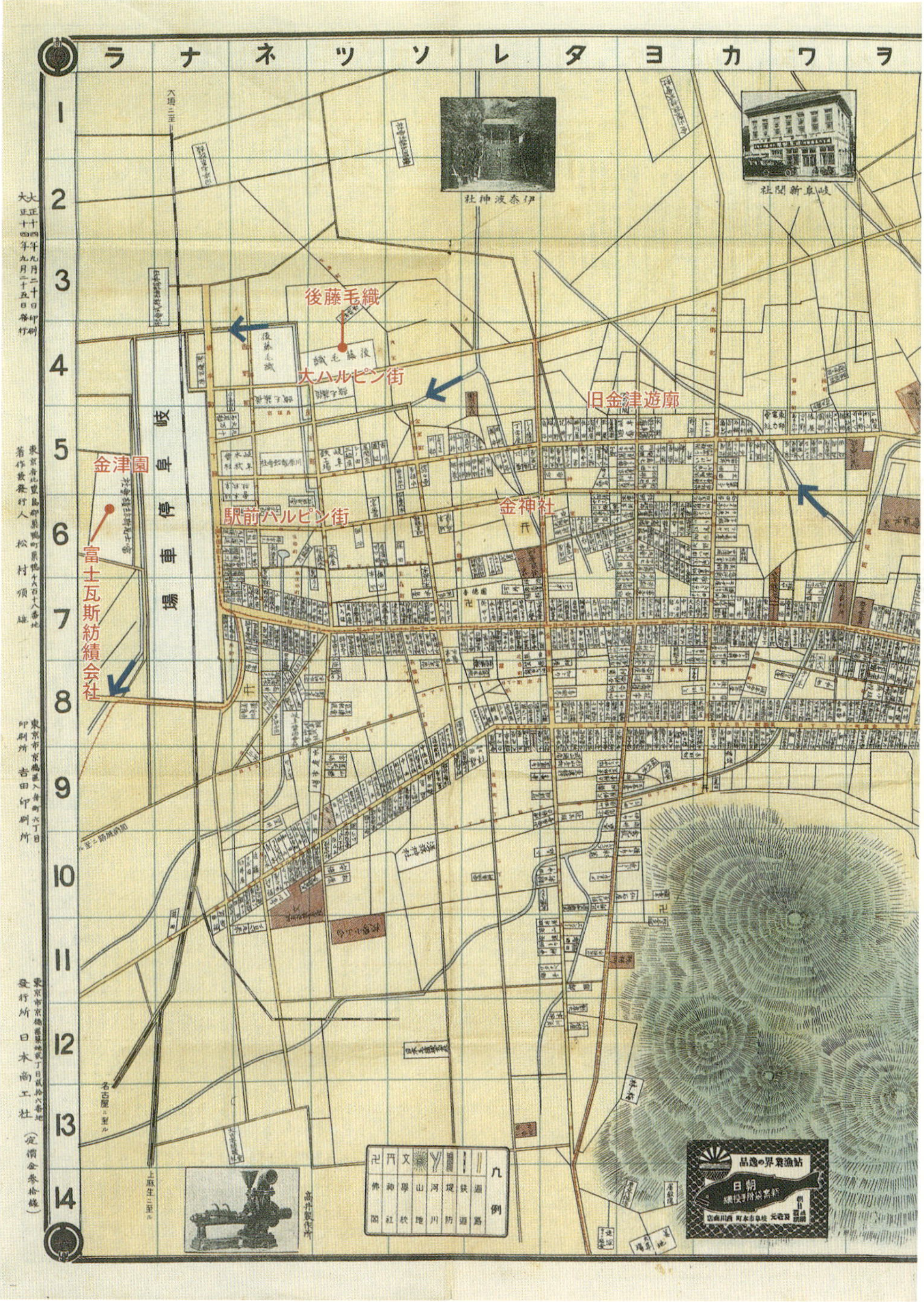

図３　岐阜市中心市街地を流れる網状河川（青矢印）岐阜市商工案内図（大正 14 年〔1925〕）

図4　岐阜駅前の凱旋門
祝祭気分を盛り上げるための空間の演出がなされた〔図版の汚れは落書きによるもの〕（岐阜市歴史博物館所蔵）

図5　第一共進会場内の「子供の国」
共進会後、公会堂が建設された（岐阜市歴史博物館所蔵）

九月十六日（水曜日）　大阪朝日新聞　第一萬五

いよ〳〵蓋をあけた
國產共進會
開會式は十五日午前十時半から
盛大に擧行された

岐阜刑務所跡の空地一萬五千坪を始め岐阜縣物產館、徹明小學校跡地を利用して十五日から向ふ四十五日間開催の岐阜市主催國產共進會は十五日よりいよ〳〵蓋をあけた同日午前十時半から第一會場で盛大な開會式を擧行した式場は幔幕を張廻し音樂堂を式壇とし國旗その他で美々しく飾られた、これより先午前十時各務ケ原飛行機より飛行機九台が三編隊を作り共進會場の上空に飛來し高等飛行や低空飛行の妙技をふるひ景氣を添ね參會者は二千五百餘名に達したやがて定刻となり權現山から三發の號砲が全市に響渡るや岐阜縣知事白根總裁、岐阜市長松尾會長、岐阜商業會議所會頭野々村共進會協贊會長を始め大阪、京都、名古屋その他各地よりの參會者は定めの席に着し式は玉田岐阜市助役の挨拶にはじまり瀏喨たる君が代の奏樂ありて松尾會長の式辭白根總裁の告辭野々村協贊會長の祝辭安田京都、田阪名古屋市長、稲畑大阪、濱岡京都の兩商業會議所會頭以下それ〳〵祝辭を述べ各縣知事その他の祝電を披露し出品人總代の答辭あり式をゝはり一同は出品物を縱覽した後岐阜藝妓の斡旋で各接待店を開き午後一時から第一會場の演藝館で呼び物の岐阜藝妓の舞踊を觀た

店頭裝飾競技會
審査員決定

岐阜商業會議所主催の店頭裝飾競技會は十五日から十月三十一日までを期間とし審査の日はこれを發表せず、申込者二百五十に達しその結果は多大の期待をもつて迎へられてゐる審査員は左の如し
審査長京大教授武田五一博士▽審査委員東京電氣技師小西茂騰岐阜縣工業試驗場技師永野秀五郎、名古屋工藝學校教諭香取五郎、同香川正二郎、東邦電氣技師菅井武亮

図6　『銀婚式奉祝国産共進会』の開催を知らせる新聞記事
大正 14 年 (1925) 9月 15 日より 45 日間、岐阜刑務所跡地の空き地 1 万5千坪、岐阜県物産館、旧徹明小学校跡地を会場に開催された。店頭装飾競技会において京都帝国大学教授の武田五一が審査委員長を務めている。（岐阜県図書館所蔵）

所の跡地を利用した「第一共進会場」があり、余白の会場略図には、東京館、名古屋館とならんで朝鮮満蒙館もあり、当時の中国大陸への関心が伺われる。虎や象のハリボテで飾られた「子供の国」の跡地には、公会堂（現岐阜市民会館）が建設された（図5）。

各会場を結ぶ交通インフラとして明治44年（1911）に美濃電気軌道株式会社により敷設された路面電車が描かれているが、2005年に廃線となった。余白部には、東海道線と高山線の岐阜駅発車時刻表が掲載されており、鉄道時代の到来を感じさせる。

裏面の広告には、岐阜市の概要および主要官庁・学校、企業が記載されており、人口75，494人、製品出荷額10万円以上の主要産物として、織物、生糸、雨傘、提灯と並び鮎の文字もみられる。さらに、日本毛織、片倉製糸紡績、鐘淵紡績、森永製品販売所などの記載があり、県外資本による工場進出がみられ、盛り場「柳ケ瀬」も賑わいをみせた。このような地方博覧会の開催は、集客による観光収入をもたらすだけでなく、民間活力による都市計画プロジェクトを推進する役割を果たしたのである。

孵卵器としてのハルピン街

図７　駅前ハルピン街（1947年ころ）
（『岐阜市史』史料編 現代）

　都市にとって駅や港は、日常空間とは異なる未知なる空間から人や物が入り込んでくる異界へのエントランスである。日本の多くの都市では、鉄道の駅は為政者からみれば問題のある悪所につくられた。列車から吐き出される煤煙や騒音は住民にとっては厄介者で反対運動も必至であることから、〈水の辺〉のカオス空間に立地した。

　昭和20年（1945）7月9日の岐阜空襲で焼け野原と化した国鉄岐阜駅前。このカオス空間にはいつしか満州（中国東北部ハルビン）からの引揚者により、古着や軍服の衣類を集めて販売するバラックが数十軒ならぶようになった。1946年、引揚者たちは、国鉄岐阜駅前に高井勇をリーダーとするブラックマーケット（闇市）の建設をはじめた。これが、岐阜繊維問屋街の孵卵器となった「ハルピン街」である。

　花登筐氏の小説『問屋町の女（上・下）』（集英社刊、1983年）には、戦後の混沌とした状況に翻弄されながらも、この「ハルピン街」でたくましく生きる民衆の活力と優しさが見事に描かれている。主人公である原木瀬利子は、夫の出征を見送ろうと満州に渡るが終戦を迎え、2人の子供を抱え必死の想いで帰岐する。母として瀬利子は生きるがために古着商をはじめる。やがて周囲からの圧力を感じながらも、一宮から生地を仕入れ既製服を製造販売することで生計を立てるようになる。

　ハルピン街にはじまる岐阜繊維問屋街は、戦後の荒廃にあって「前売り」とよばれる個人経営の店頭販売にはじまる、尾州産テキスタイルを背景とする新産業・アパレルを創造したベンチャービジネスの産業遺産である。その後、高井は、1947年、駅前ハルピン街の北西の［図3の後藤毛織にあたる］工場跡地に、大ハルピン街（木造2階建て八軒長屋900戸の共同住宅）を建設する新たな構想を打ち出す。しかし、駅前ハルピン街の住民はすでに衣料取引の事業家として自立しつつあり、高井の新規住宅開発事業への労働力や資本の提供はもはや障害になっていた。反高井派は、1951年、「岐阜問屋街町建設会」を結成し、全国的アパレル産地としての礎を確立するのである。

「ハルピン街」は、金神社の北側を西流したのち直角に南下し清水川へ合流する用水の〈水の辺〉に立地する。住田町の中央には、扇状地の扇端部であることを示す湧水池も確認できる。戦後、金神社の境内にも闇市「国際街」があり南北を結ぶ一大カオス空間が形成されていた。明治期の柳ケ瀬「金津遊廓」は、戦時中は岐阜市郊外の手力に特殊飲食街として移転、1950年に岐阜市加納水野町の（図3の富士瓦斯紡績会社にあたる）工場跡地に新生・金津園として復活して現在にいたる。

もうひとつの長良川

カオス空間の立地を長良川扇状地上に描いてみると、「もうひとつの長良川」ともいえる用水ネットワークの存在を確認できる。岐阜市中心市街地の形成は、金華山の山麓つまり扇頂部にはじまり、扇央部を流れる網状河川の形成した自然堤防の微高地に沿って拡大しつつ扇端部にいたる。この〈水の辺〉に形成された微高地は、繰り返される長良川の河道変遷にともなう洪水に対して、人びとの命綱として機能するとともに、まちづくりの基軸となってきた。時々の為政者たちはこの微地形を熟知しており、都市のフリンジの開発にあたって、この〈水の辺〉に聖なる宗教施設をランドマークとして建設し、参道のカオス空間に盛り場、演劇空間、遊興空間などの集客装置を組み込むことで都市域の拡大を図ってきた。

戦国城下町―柳ケ瀬―ハルピン街を地図上にプロットすると、〈水の辺〉の宗教施設である伊奈波神社―美江寺観音―弥八地蔵―金神社という宗教施設を結ぶ「カオスロード」ともよべる動線が浮かび上がる。この動線は、長良川扇状地の扇頂－扇央－扇端、川上の忠節用水から川下の清水川へと南流する用水ネットワークによって結ばれる。この用水ネットワークは、都市空間に停滞する悪水というエントロピー（穢《けが》れ）を排水するためのフィジカルなインフラストラクチャーであると同時に、忘れられた都市開発の軌跡を示しているのである。

岐阜市中心市街地の都市計画は、長良川扇状地を上流から下流へ流れるこの「カオスロード」ともいえる網状河川や用水ネットワークに沿った〈水の辺〉の都市計画といえる。時の為政者たちは〈水の辺〉の微高地の宗教施設に、場を形づくる力をインプットした。その力は聖なる空間として住民からの信仰を集める一方、カオス空間として勧進相撲、芝居小屋、遊廓、博覧会、闇市、映画館、デパートなどさまざまな集客装置を組み込むことで、賑わいと活力に満ちた都市空間を創出してきた。これをどう理解し評価するのか（図8）。

日本の都市空間には、ヨーロッパのように秩序立てられた計画に基づいた都市建設の痕跡は見つけにくい。日本では時の為政者によって推し進められた都市計画の網の目から抜け落ちながらも、カオス的次元で生き続けてきた原風景を随所に見つけることができる。人が蠢《うごめ》きあう盛り場、鬱蒼《うっそう》とした森にたたずむ寺社、水辺の河原や土手。混沌とした人間の感情を流し込むことのできる生命感にあふれたカオス空間を随所に組み込むことで、都市の魅力は演出されてきたといえる。

地図は都市空間の履歴書であると同時に、住民にとってはかけがいのない生活のアルバムでもある。地図に混沌とした人間の感情を流し込むこと、生命感にあふれたトポスを解読することは、活力あるまちづくりのアイデアを学ぶことでもある。失われつつあるカオス空間に息づいてきた活力を再評価したいものである。

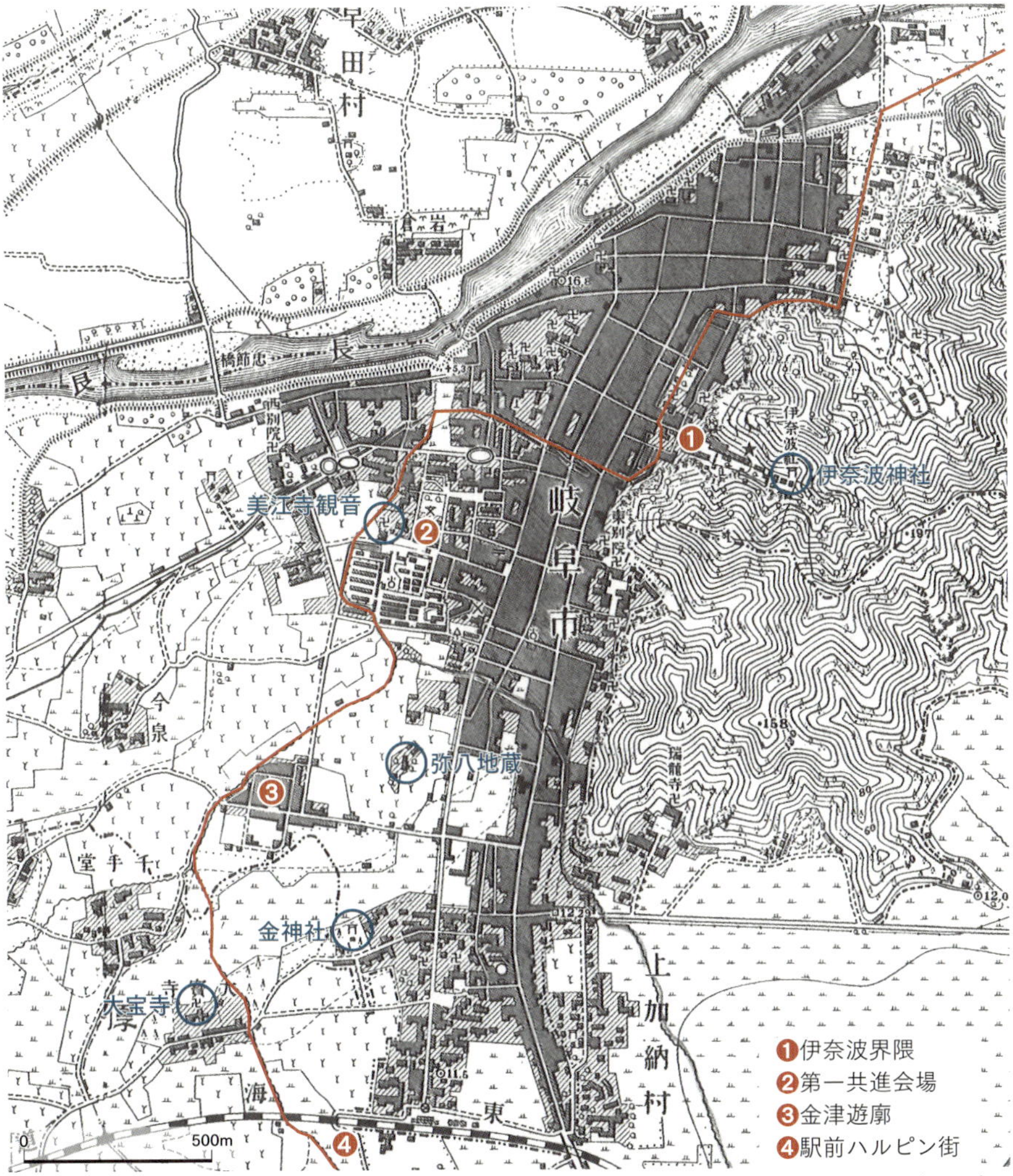

図８　岐阜市中心市街地における「カオスロード」（赤線）　1/2 万「岐阜」明治 43 年（1910）

◉先祖代々続く店のものがたり

老舗の立地とその周辺を読む

木村 稔

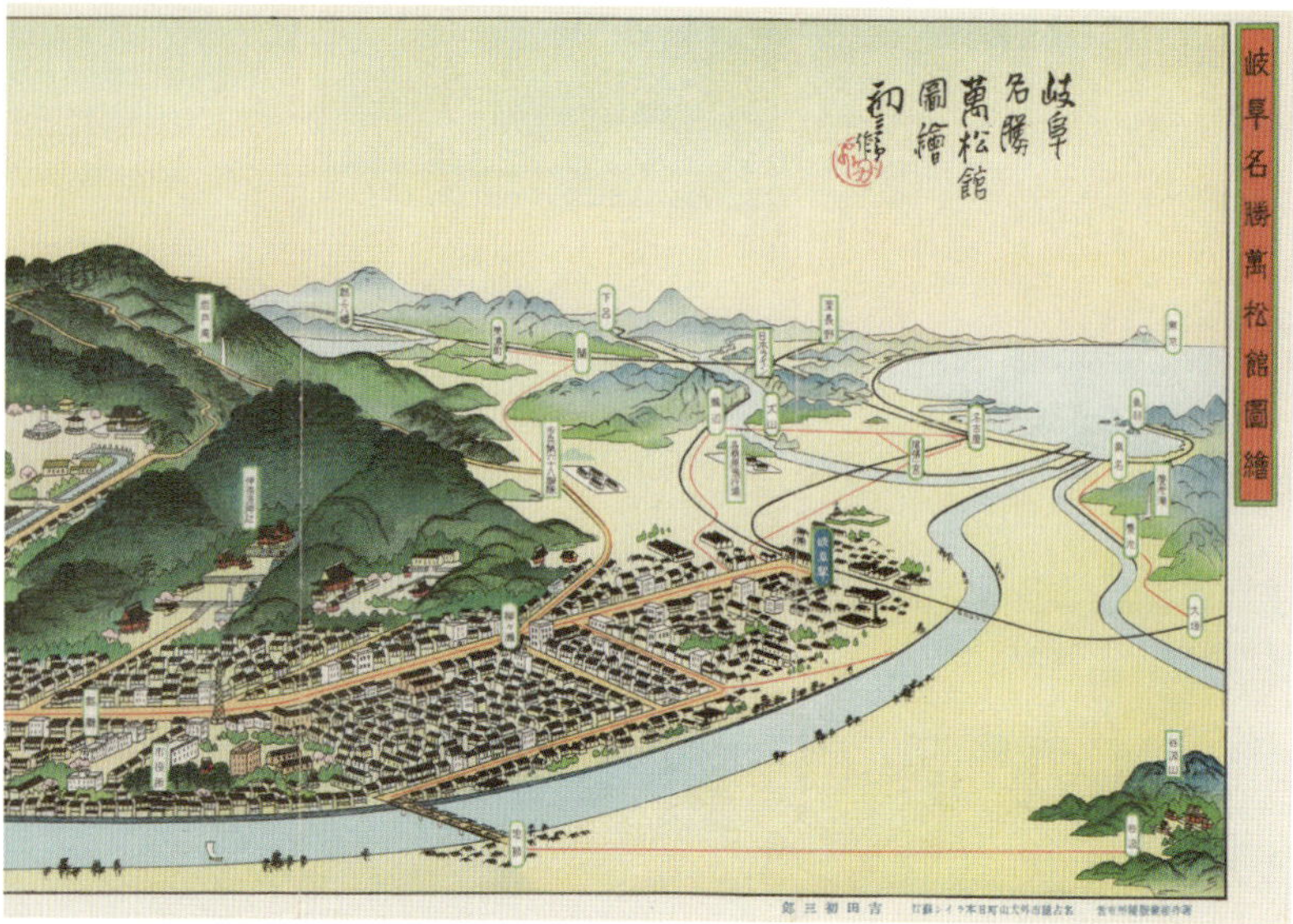

岐阜の老舗

岐阜最古の伝統料亭　萬松館

萬松館《ばんしょうかん》が岐阜市域のほとんどを占めるように描かれた『岐阜名所萬松館絵図』(吉田初三郎作)。金華山と岐阜城、長良川と鵜飼い、斎藤道三と織田信長が築いた岐阜城など、自然と歴史文化が一幅の絵図に格調高く描かれている。

岐阜最古の伝統料亭萬松館は、数奇屋造りの離れと三千坪の日本庭園が多くの来客者を魅了し、明治、大正、昭和、平成と皇室や要人の常宿として利用されてきた。萬松館を出て北に歩くと5分たらずで長良橋の橋詰めの鵜飼観覧船事務所に着く。長良川の鵜飼いは毎年5月11日から10月15日まで開催され、鵜飼観覧者はこの事務所で申込み鵜飼船に乗り込む。長良橋のたもとにあるこの付近は、湊町、玉井町、元浜町からなり、『岐阜名所萬松館絵図』では小さく描かれているが、江戸時代より長良川の重要な湊町として機能しており、長良川やその支流の板取川《いたどり》などから米、木材、木炭、美濃和紙などの陸揚げが多く、それを扱う問屋

図1　吉田初三郎　岐阜名勝萬松館圖繪　岐阜県図書館所蔵
赤丸のあたり、左から湊町、玉井町、元浜町
青丸のあたり、篝火をつけた鵜舟が川幅いっぱいに横一列になり、「総《そう》がらみ」という漁法で鮎を浅瀬に追い込んでいる

が軒を並べ栄えてきた（図1）。和紙からこぼれる灯りが風雅な岐阜提灯、熟練の技が凝結された岐阜和傘、全工程手作業の岐阜うちわは、岐阜市の重要伝統工芸品である。美濃和紙と竹で作られた芸術作品をぜひ手にとってその感触を確かめてほしい。

高山古川の老舗

八ツ三館《やっさんかん》と野麦を越えた女性達

映画『君の名は。』で一躍有名になった飛騨古川。飛騨古川駅の跨線橋から撮った写真に見覚えのある人は多い。同駅を訪れる観光客の絶好の撮影ポイントであり、近くには映画やドラマなどロケ地として登場したスポットがたくさんある。

飛騨古川駅を降りると左側に金森氏が築いた増島城跡が見えてくる。古川も高山も戦国時代金森氏が築いた城下町で、その町割りはきわめて類似している。金森氏は町人の住む町屋を、古川・高山ともに、城に近いほうから壱之町、二之町、三之町（古川）、一之町、二之町、三之町（高山）と名づけた。

増島城跡から荒城川（旧吉城川）沿いに、創業が安政年間とされる料亭『八ツ三館』がある。ここはかつて飛騨の工女たちが諏訪を目指して集結した老舗の旅館で、『あゝ野麦峠』の舞台にもなった。明治時代、現金収入の少なかった飛騨の農家では、若い娘たちが野麦峠を越えて信州の岡谷や諏訪の製糸工場（キ

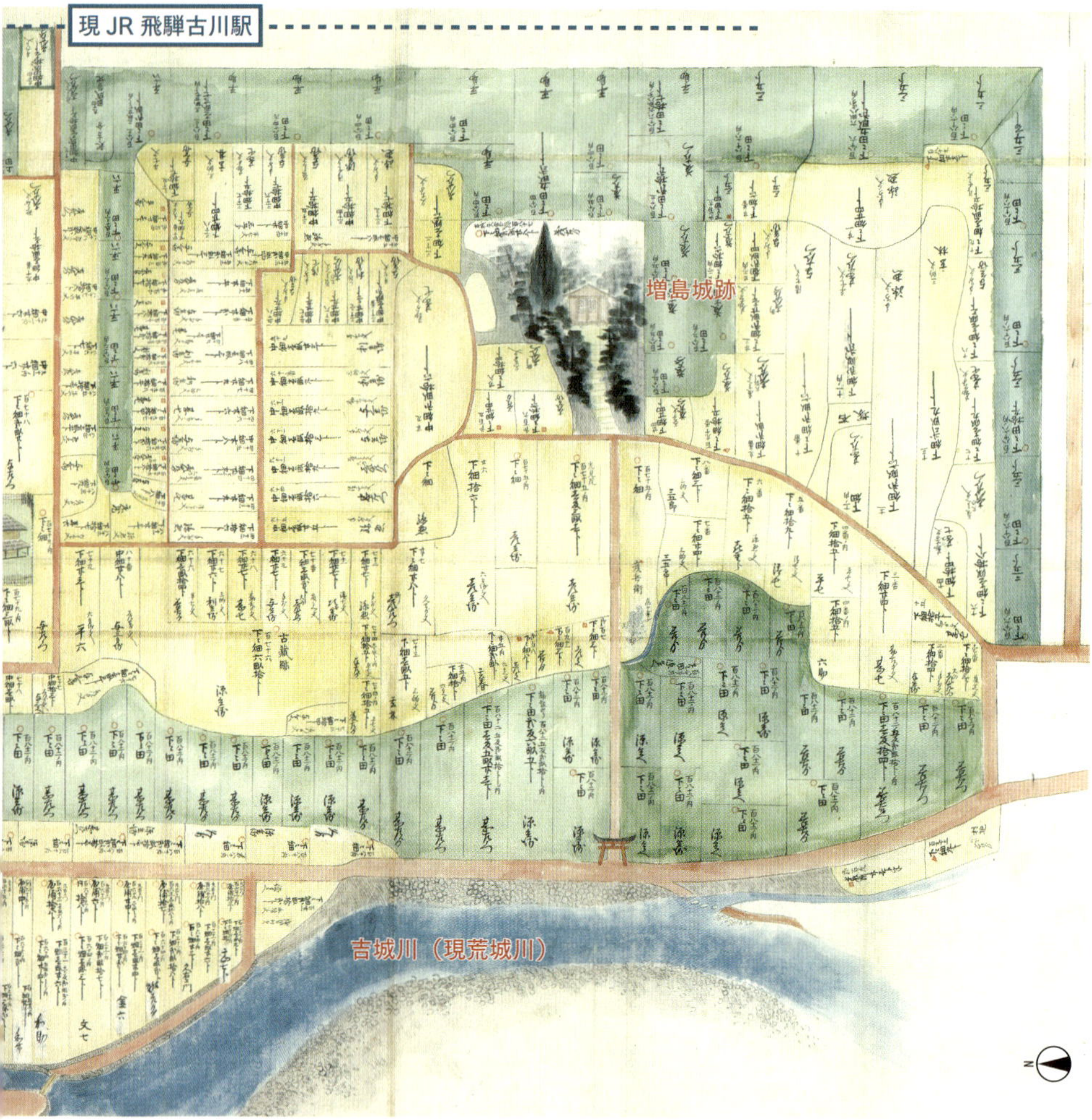

カヤ）へ糸ひきの出稼ぎに行った。娘たちは八ツ三館に1泊し、高山、美女峠、野麦峠、塩尻峠を経て岡谷、諏訪まで歩いたのである。「女工哀史」などで悲哀さだけが強調されがちだが、彼女たちの多くは二等工女、一等工女を目指し、その勤勉さが当時の我が国の輸出総額の3分の1を占める基幹産業の製糸業を支えた。いくつかの習い事も可能で、暮れには現金を手にして帰省し、一升枡に入れて神棚に上げた。家族の笑い声が聞こえてきそうである。

荒城川をはさんで八ツ三館の対岸にある本光寺（図3）は、帰省した彼女たちが1月15日の夜に着飾って勤業し、良縁を求めたとされる「三寺参り」のお寺の

図３　八ツ三館から荒城川越しに本光寺を望む（八ツ三館提供）

図２　天保年代写古川町方村之内旅館田畑屋舗図（『古川町史』史料編　付図）左が北

一つで、境内の「野麦峠文学碑」「工女像」にも足をとめてみたい。三寺の「円光寺」「真宗寺」や、大和和蝋燭を作り続けている「三嶋和ろうそく店」も至近距離にある。

古川めでた

飛騨の祝い事には、「古川めでた」が唄われる。宴会で「めでた」が出る前は自席を立ってはいけないしきたりの名残である。歌詞の「ツイタトテ　ナントセズ　ゼンゼノコ　コリャ　マンマノコ」は、銭が尽きても気にせず、お金もまんま（ご飯）もこの古川では何とかなるという意味で郷土愛、人情味にあふれた温かみのある祝い歌である。

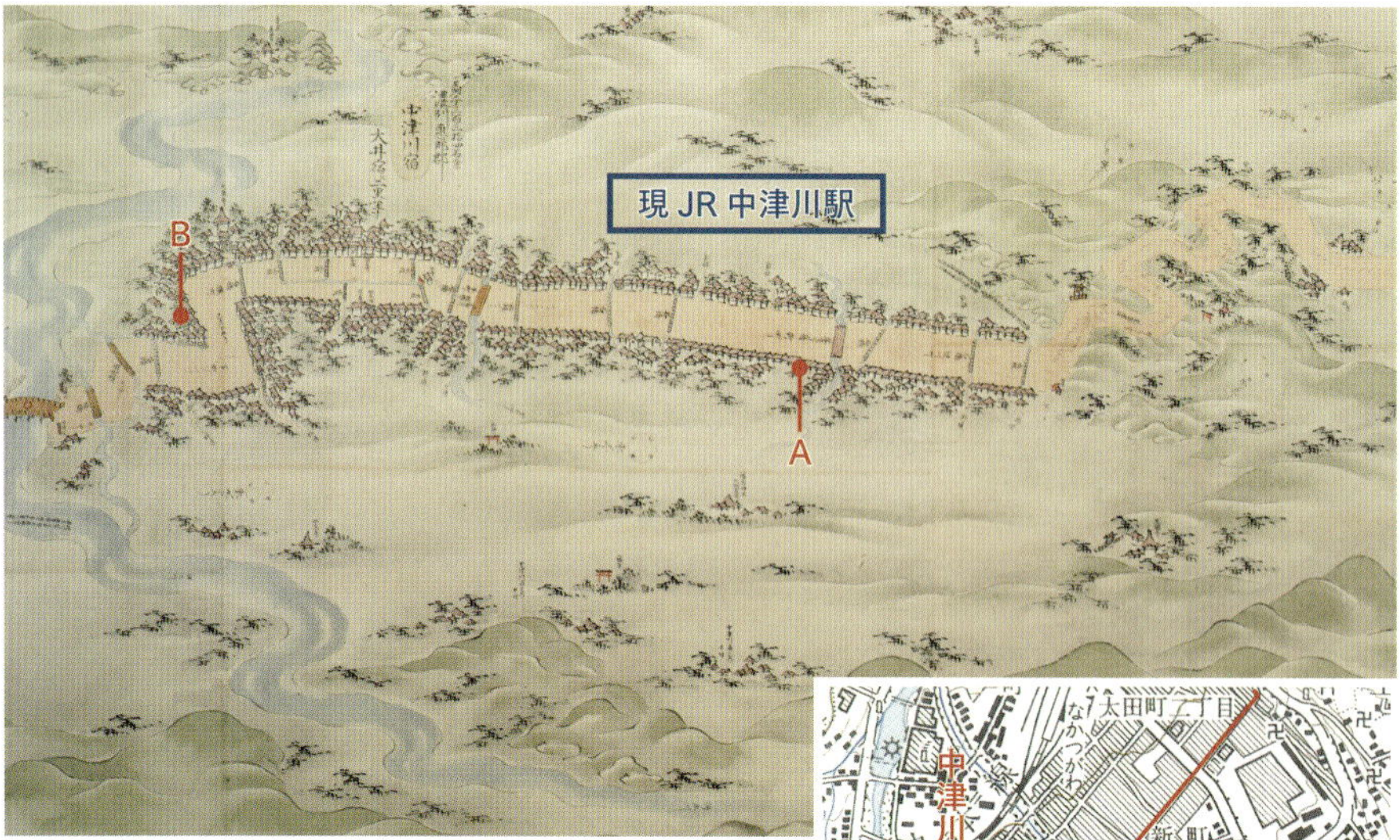

図４　中津川宿　中山道分間延絵図
（東京国立博物館所蔵）
TNM Image Archives

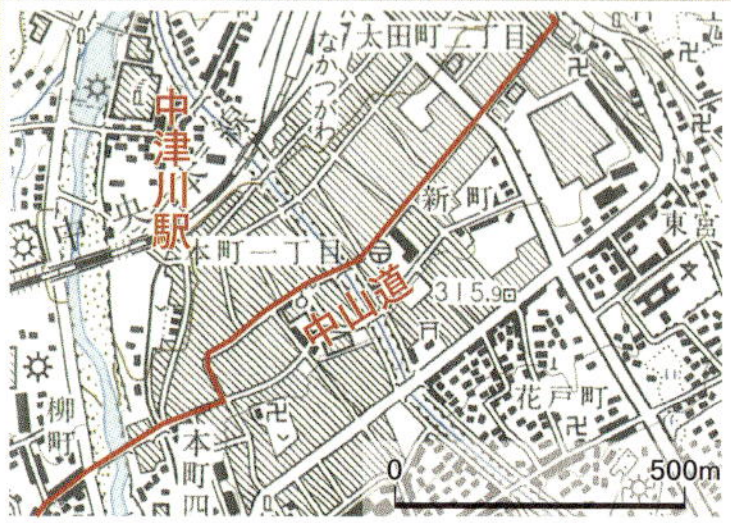

図５　1/2.5 万「中津川」平成 13 年

恵那・中津川の老舗

老舗「すや」と「川上屋」

中津川が発祥の地とされる栗菓子『栗きんとん』。収穫期に合わせて秋から冬にかけての中津川や恵那を中心とする東濃地方の銘菓である。秀峰御嶽山、恵那山とその間を流れる木曽川と木曽谷から続く中津川は古くから交通の要衝であった。

「桃栗3年柿8年」は芽が出て実がなるまでの年月で、何事も成就するまで相応の時間がかかるという故事に由来する。国内生産県別ランキングでは岐阜県は桃9位、栗4位、柿4位の生産高を誇る。（2015年農水省統計）果物生産に適した土壌と河川の恩恵が秋の味覚の王者栗銘菓を産み出す。

歴史は古く「すや」（図4A）が元禄年間、「川上屋」（図4B）が幕末の元治年間で、現在も大都市圏の有名百貨店にまで販路を広げる。

中津川のもう一つの食材といえば「チコリ」である。ヨーロッパの原産の野菜でキャベツやレタスの食感で、中津川インターチェンジ付近のチコリ村では「チコリ」のフルコースが楽しめる。

中津川駅を降りて中津川宿から大井宿（恵那市）まで古地図のとおりそのまま歩くことができる。中津川から恵那までは約12km、江戸時代の旅人になった気分で歩くのもよい。この辺りは標高300mほどの洪積

図6　大井宿　中山道分間延絵図
（東京国立博物館所蔵）
TNM Image Archives

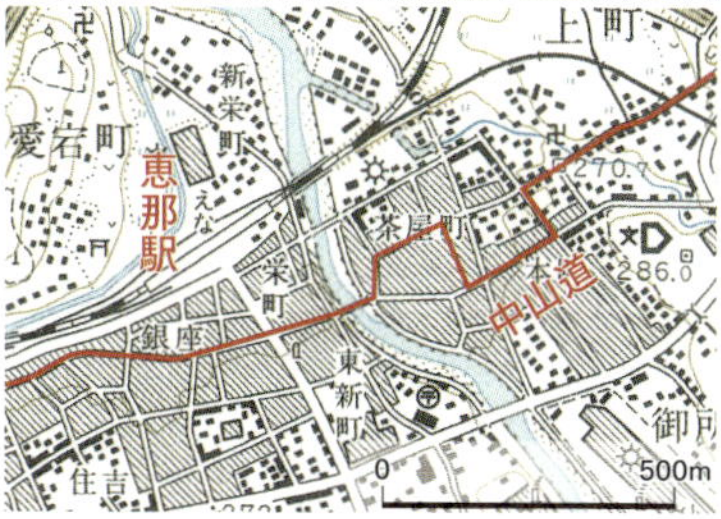

図7　1/2.5万「恵那」平成11年

台地でため池が多く見晴らしもよい。将来リニアの駅や車両基地ができる美乃坂本周辺の地形を確認しながら大井宿（恵那市）へ。恵那駅の南、街道沿いの創業八十余年の老舗「あたりや」（図6C）のうなぎを食べ、疲れた体を癒したい。

加納の老舗

元和6年創業の『二文字屋』

加納の老舗といえば鰻の「二文字屋」である。加納宿のほぼ中央に位置し創業は元和6年（1620）で、今の店主が十三代目という超老舗である。

鰻は江戸が背開き、上方が腹開きで焼き、関東風はあっさり仕上げるが、二文字屋では、深く焼き込み、秘伝のタレをかけて食べる。鰻と濃い目のタレが山道の多い中山道を歩く旅人のエネルギー源となったことは間違いないだろう。

加納宿は中山道69次の宿場の中では高崎と同じ城下町であり宿場町でもある。高崎も岐阜も交通の要衝で、高崎城は井伊直政、加納城は、関ケ原の戦いで勝った家康の娘婿である奥平信昌が城主となった。

加納宿は美濃十七宿の中で最大規模の宿場で、宿場内を6カ所鍵状に折れ曲がるほど大きな宿場町であった。慶長6年（1601）、宿駅伝馬制度がしかれ、以降各街道の宿場町が整備され、加納宿は、中山道53番目の宿場町として現在の岐阜駅より南側に設置された。

岐阜駅の南側に位置する

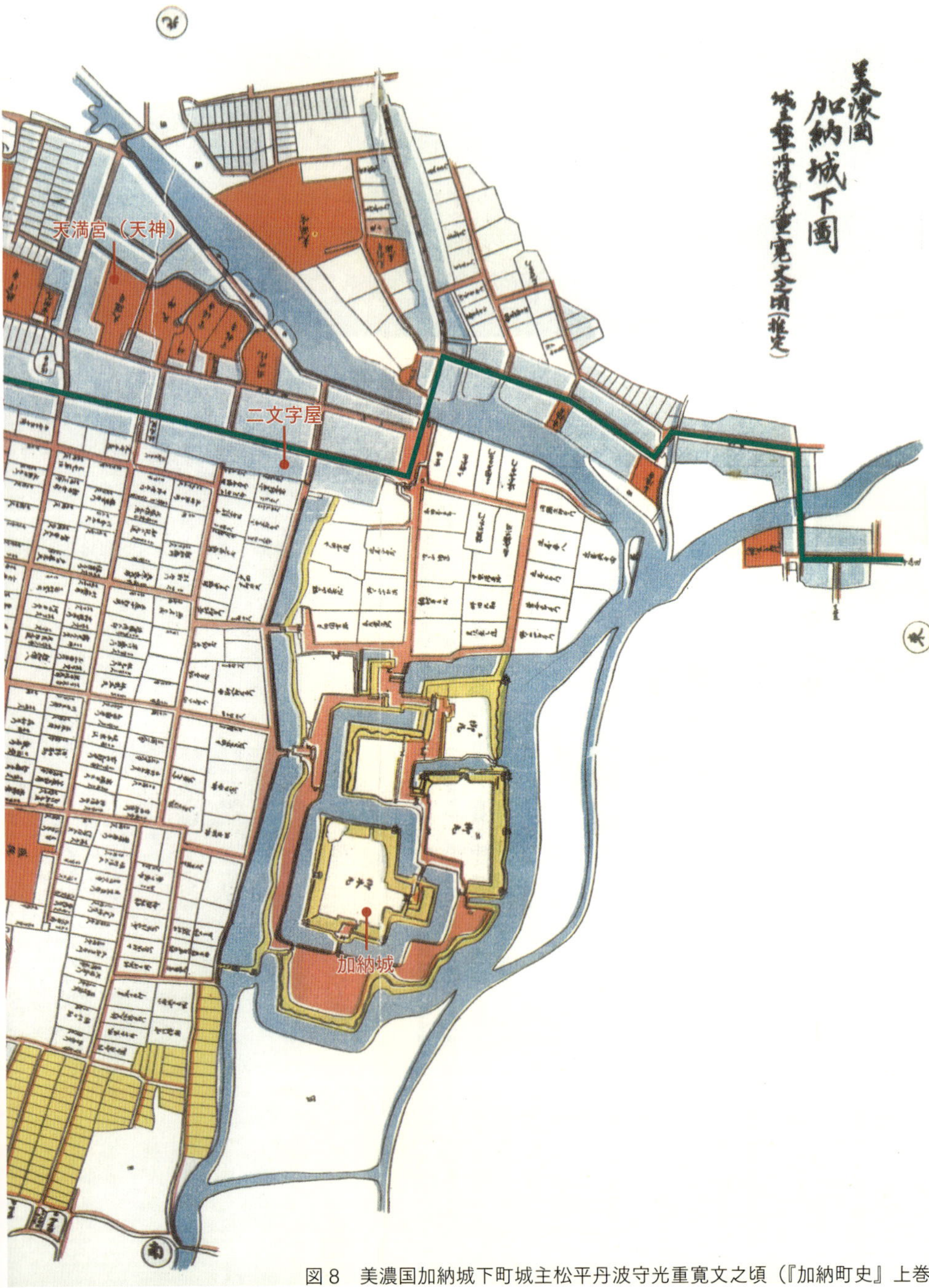

図８　美濃国加納城下町城主松平丹波守光重寛文之頃（『加納町史』上巻）

加納町は、かつて岐阜県稲葉郡の町で、昭和15年（1940）岐阜市に編入され現在に至っている。岐阜駅の南に加納宿が、その南に加納城が清水川と荒田川にはさまれた形で築城され、水城とよばれるほど水利に恵まれた城であった（図8）。

城主は奥平、大久保、戸田、安藤、永井とかわり幕末を迎える。徳川家康の長女亀姫の婿奥平信昌が初代城主で西国大名への睨みのうえで重要な役目を担った。

加納城の守護神として加納天満宮が創建され、さらに加納城の表鬼門として加納八幡宮が、裏鬼門として猿田彦神社が創建された。

加納は加納和傘が有名でありかつては多くの和傘店が軒を連ねていた。加納宿は県都にあって岐阜駅にも近く、多くの人が街道歩きを楽しんでいる。

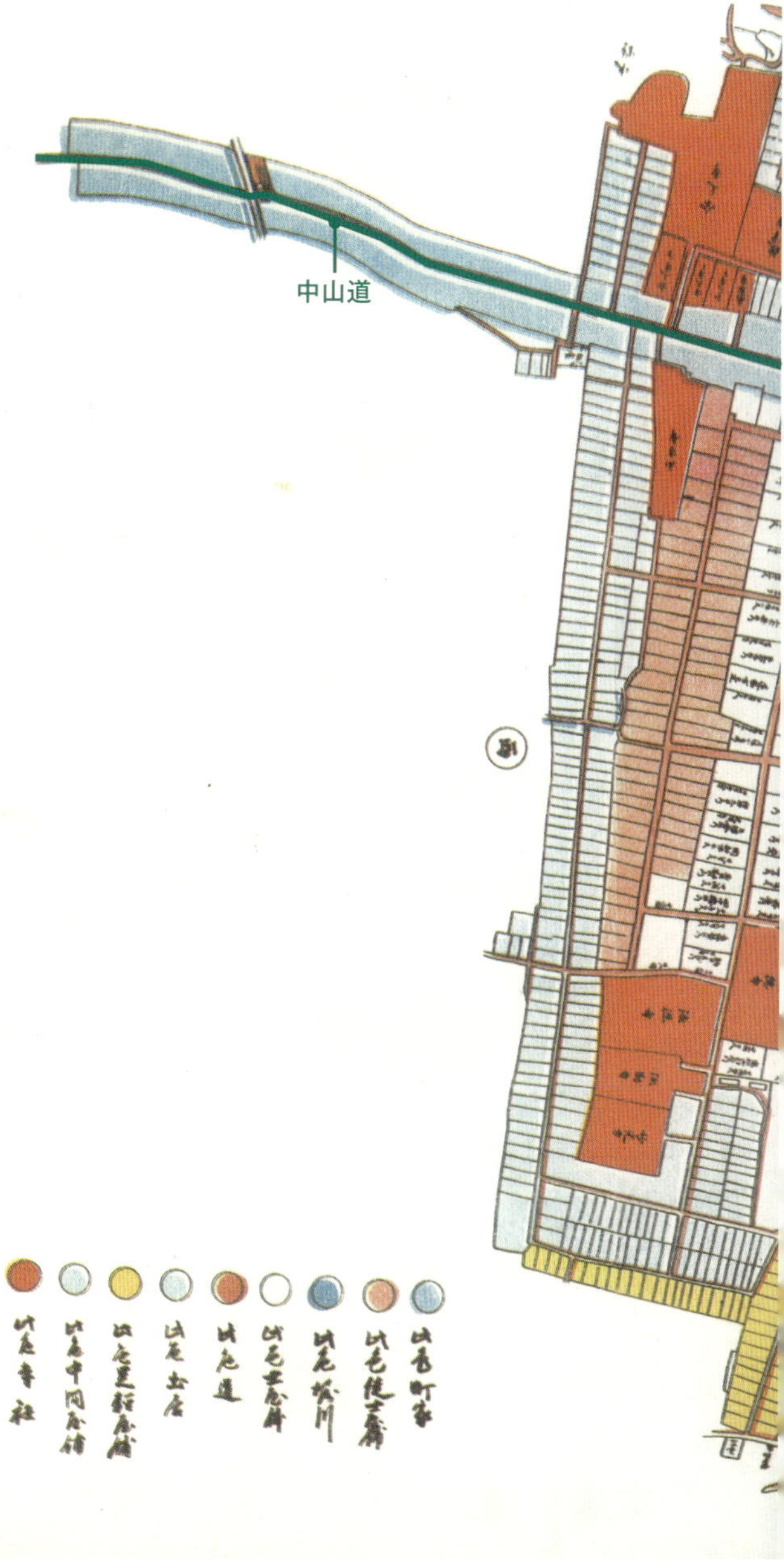

◉意外に知られていない景勝地のエピソード

地図で観る公園・庭園

川村謙二

県内最初の都市公園

大垣城から大垣公園へ

２０１８年は、明治１５０年の節目の年である。明治維新という改革が断行されるなか、大垣藩主戸田氏の居城として封建的象徴であった大垣城は、在城処分とされ陸軍省の所有物となったが、間もなく廃城処分として大蔵省に引き渡された。その結果、二の丸筋《すじ》鉄《がね》門、三の丸太鼓門などは売却され、本丸は中学校（第三拾壱番中学校）建設地として大垣町に払い下げられた。ところが、明治13年（１８８０）、安八郡長らが「中学校所有を解きて一旦返還し、更に公園に供するの儀」を建議し、県より公園設立の認可が下りて、中学校の建設は取り消された。こうして本丸・大垣城は残り、明治2年（１８６９）、二の丸に戊辰戦争に参加した大垣藩士の戦死者を祀るため創建した招魂社（現在の濃飛護国神社）と併せて、明治14年（１８８１）県内で最初の都市公園として大垣公園が開園した。

大垣城は白漆喰《しっくい》の総塗籠《そうぬりごめ》造《づく》りで、全国的にも珍しい「四層四階」の層塔型天守である。大垣城はその風格から巨鹿城《きょろくじょう》または麋《び》城《じょう》（大きな鹿の意）という名で親しまれた。一例として、「巨鹿城製」の銘の入った御庭焼《おにわやき》（城郭内で焼かれた陶器）の蓋付煎茶茶碗などが発掘されている。

大垣市は、２０１８年に市制１００周年を迎えた。大正7年（１９１８）の市制施行祝賀では、大垣城を電飾で祝った。昭和10年（１９３５）には天守を郷土博物館として市民に開放し、昭和11年（１９３６）には天守と艮隅櫓《うしとらすみやぐら》が国宝建造物に指定された。しかし、昭和20年（１９４５）7月29日の大垣空襲で大垣城は全焼した。

戦後になると、１９４９年、公園内に野球場（74年に廃止）、体育館、児童遊

図１　大垣城と戸田氏鉄公騎馬像

図２　大垣城周辺（1987年撮影）（国土交通省国土画像情報）

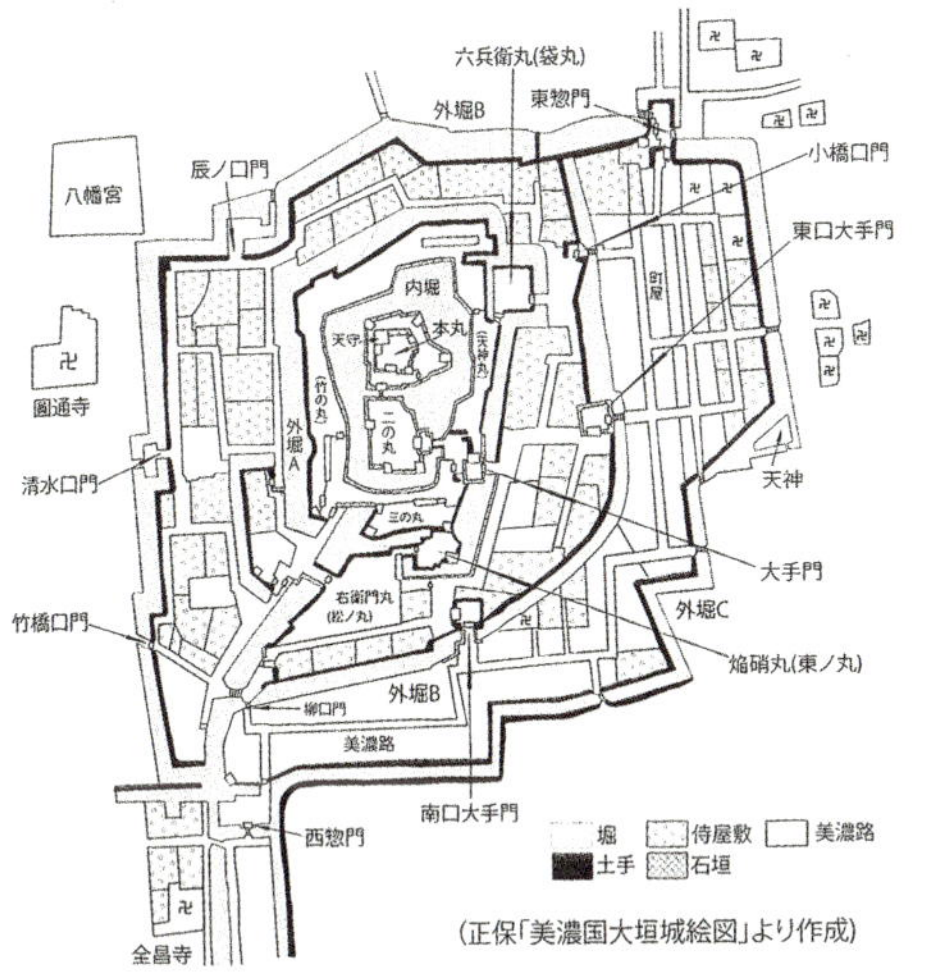

図３　大垣城下図（『大垣市史』考古編）

園、動物舎（04年に廃止）などが相次いで整備された。市制40周年を迎えた1958年には、待望の大垣城再建工事が起工された。

2000年には、関ケ原の戦い（大垣城は西軍の本陣）400年を記念して大垣公園をメインに「決戦関ケ原大垣博」が開催された。

大垣城の石垣

大垣城の石垣は自然石を加工せず、そのまま積んだ「野面積《のづら》み」である。また、全国的にも珍しい石灰岩が積まれている。（他には熊本県八代市の「八代城」にみられる。）

石灰岩の産出地は大垣城から北西約4kmに位置する金生山《きんしょうざん》（標高217m）で、切り出した岩石は、山の東側を流れる杭瀬川の赤坂湊から舟で運ばれた。

金生山は古生代ペルム紀（約2億5000万年前）、低緯度地域の海底が隆起してできた山で、全山が古生物の堆積による石灰岩からなる。明治の初め、ドイツの古生物学者ギュンベルが金生山のフズリナを紹介してから、金生山は日本の古生物学発祥の地といわれるようになった。

このような経緯から、大垣城の石垣に、フズリナ、シカマイア、ウミユリ、サンゴなどの化石をみつけることできる。

『大垣市史』によると、「桜井家文書」には大垣・新町の東で焼かれた瓦が水門川を下って桑名へ送られ、その戻り船で南濃（海津市）の羽根谷《はねだに》産出の河戸石《こうずいし》が大垣城下へ搬入されたとの記録があり、石灰岩とともに、石垣に用いられている。河戸石には○や□などの刻印が刻まれている。なお、羽根谷といえば、明治初期、オランダの土木技師ヨハネス・

デ・レーケの指導により巨石堰堤（巨石積の砂防堰堤）が施工され、現在も機能している。

一方、甚大な水害を物語る「明治二十九年大洪水点」が西北角の石垣に刻まれている。この洪水時に大垣輪中堤防委員長として堤防を切り割り、輪中内の内水を揖斐川へ放出した金森吉次郎の銅像が園内に建てられている。

大垣城の立地に関して、大垣市史編纂で大垣城絵図調査をおこなった坂東肇氏によると大垣城は水門川を外堀として防御に利用していたが、大垣城周辺部は広範囲に沼沢地が占め、小高い土地で河川交通が利用できる箇所に城郭を築いたと指摘している。

古くて新しい高山の観光地

明治6年開園の城山公園

わが国の「公園」の歴史は、明治6年（1873）、太政官布告第16号が府県に通達され、公園地選定に関する手続きが命じられたことに始まる。

岐阜県においては、飛騨の高山城跡を一体とした城山《しろやま》公園（当初は高山公園）および大垣城を中心とした大垣公園が最初に開園した。

城山公園のある高山市の市街地は宮川に沿って南北にのび、城山・東山・中山・北山などの丘陵に囲まれている。

天正16年（1588）、金森長近《かなもりながちか》は高山城の築城と城下町の整備に着手し、宮川と江名子《えなご》川を外堀とし、市街地の東南に位置する城山に平山城を築いた。

江戸時代初期、金森氏が高山藩主として統治したが、元禄5年（1692）、出羽国上山《かみのやま》藩（現在の山形県上山市）移封を命じられ、以後、高山は幕府領（天領）となった。移封後の高山城は元禄8年（1695）、管理を任された加賀藩により破却され、石垣が残るのみになった（図4）。

荒廃した城山は、飛騨郡代の管理において、文化5年（1808）以降、貝塚素牛（飛騨郡代の元締）らにより桜の苗木が植えられた。明治になると、花見や紅葉の散策を楽しみ、また、高山祭など市内各地の祭が終わると、「祭の後《あと》ふき」といって城山公園内の金龍ケ丘などへ登り、御馳走を詰めた重箱と御神酒を持って慰労会をおこなうなど市民の憩いの場となった。

吉田初三郎の「山都高山市景勝観光鳥瞰図」（図5）では、城山公園（図では高山公園と表記）が満開の桜で表現され、東に北アルプスの山々を望み、市街地も眺望できる様子が伝わってくる。

城山公園は市街地の中に

図4　高山城趾（本丸石垣）

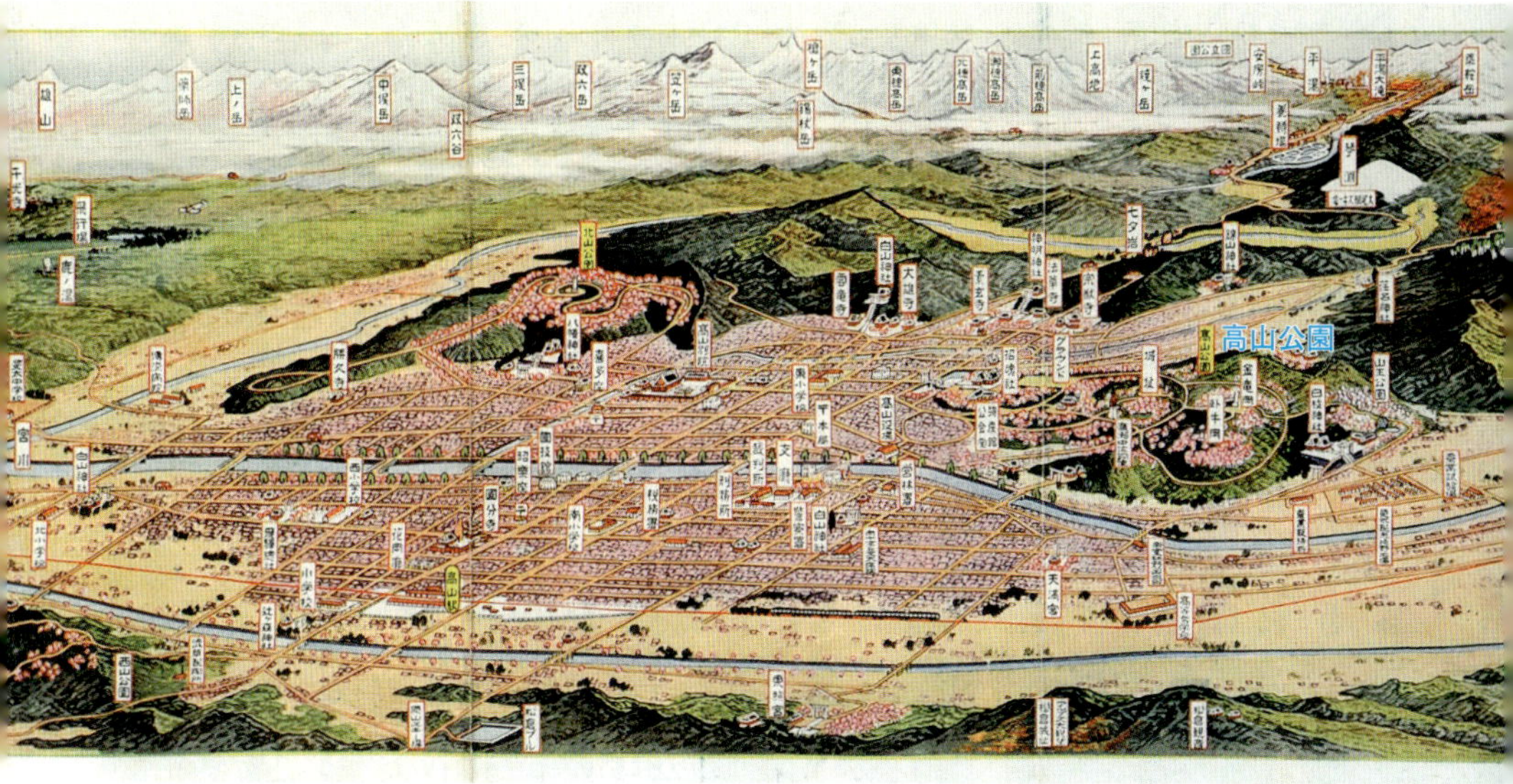

図５　吉田初三郎　山都高山市景勝観光鳥瞰図（昭和８年〔1933〕）（飛騨高山まちの博物館所蔵）

図６　廣瀬武夫銅像

ありながら、市の天然記念物に指定されており、トビ、カケス、ウグイスなどの留鳥やオオルリ、キビタキ、ツグミなどの渡鳥の野鳥観察も楽しめる。

　2018年の大学入試センター試験（地理B）では、高山は観光都市として欧米からの観光客が他の観光地より多いことを指摘した出題があった。欧米からの観光客には、自然豊かな城山公園を組み込んだ「東山遊歩道」が人気のようである。

なぜ、廣瀬武夫の銅像が？

　司馬遼太郎の歴史小説『坂の上の雲』にも登場する人物で、日露戦争における旅順港の閉鎖戦で部下の救命にあたって戦死し、軍人の鑑として崇められた廣瀬武夫中佐の銅像が園内に建てられている（図６）。

　広瀬武夫は明治元年（１８６８）、大分県竹田町で生まれたが、明治10年（１８７７）、父親が高山裁判所長として赴任したため高山へ転居した。明治15年（１８８２）まで高山煥章学校（現在の東小学校）に学び、海軍兵学校入学まで高山で過ごしていることから、明治38年（１９０５）に中佐の同志である高山の有志によって像は建てられた。

　時代は少し遡るが、幕末の三舟の一人と称された山岡鉄舟関連の石碑も城山公園内にある。父親が飛騨郡代を勤めていた関係で彼も少年時代を高山で過ごしている。

元号改元の舞台となった養老

養老公園開設

養老山地は岐阜県南西部に位置し、濃尾平野の西端を北西から南東にのびる標高600～700mの山塊で、東側は急斜面の断層崖、西側は緩やかな斜面の傾動地塊である。養老の滝は、隆起した東側を深く下刻した谷の途中に形成された滝の一つで、落差約32m、幅約4mである。東側の急斜面を侵食した土砂は濃尾平野に向けて運搬、堆積され、いくつかの扇状地を形成している。この扇状地群のうち、滝谷（養老の滝）が関わる扇状地の大部分は養老公園として整備されている。

当地には親孝行の息子が岩間の水を瓢箪《ひょうたん》に汲んで老父にそれを飲ませると酒に代わっており、また、この酒を飲んで老父は若返ったという孝子伝があり、『古今著聞集』『十訓抄』といった説話集や謡曲により紹介され、古来より、文人墨客の来訪も盛んであった。

江戸時代の明和年間には、岡本喜十郎が瀑水（図8・養老の滝）と菊水（図9・養老神社境内の湧水で菊水霊泉のこと）の両水を温め、訪れる人々に憩いの場を提供する「千歳楼《せんざいろう》」を建て、養老公園開発の礎を築いた。

明治12年（1879）、大蔵大輔の松方正義が養老へ来遊し、千歳楼にて県令の小崎利準に太政官布告による公園の開設を要請した。早速、地元有力者で管理運営団体「偕楽社《かいらくしゃ》」を立ち上げ、明治13年（1880）、養老の滝を中心に「養老公園」が開設された。

明治44年（1911）には、京浜急行電鉄創業者の立川勇次郎（大垣出身の実業家）は、郷土の要望を受け養老鉄道を設立し、大正2年（1913）、養老－大垣－池野間が開業し、養老駅は養老公園の玄関口となった。

「養老電鉄沿線名所図絵」（図7）は、文字通り沿線の名所を描いているが、養老の滝は豪快に描かれ、日本二十五勝（大阪毎日新聞社、東京日日新聞社主催で選定された二十五の景勝地）のお墨付きが記されている。

滝から先の滝谷は、典型的な扇状地を流れる川で伏流により地表面は水量の少ない枯れ川の状況で描かれている。養老公園を構成する養老神社、菊水霊泉、養老寺、菊水楼、千歳楼のほか、滝谷右岸には、動物園、つつじ園が確認できる。こちらは現在、ゴルフ場やテーマパーク「養老天命反転地」、児童遊園地「こどもの国」となっている。

元号改元の場所となったのは？

1989年、昭和から平成に元号が改元されたとき、新元号と同じ地名として岐阜県武儀町の平成《へなり》地区（現関市）が一躍脚光を浴びた。その平成も2019年に改元される。

元号改元といえば、20

図7　吉田初三郎　養老電鉄沿線名所図絵（昭和3年〔1928〕）（岐阜県図書館所蔵）

17年、養老町では、養老改元1300年祭が開催され、多くのイベントがおこなわれた。

霊亀3年（717）、孝子伝の噂が奈良の都に伝わり、女帝の元正天皇が多藝《たぎ》の郡多度山（養老山）の美泉に行幸し、老いを養う泉にあやかって元号を「養老」に改める詔を『続日本記』は記している。なお、元正天皇が訪れた美泉については、養老の滝（図8）と菊水霊泉（図9）の二説あり、文化12年（1815）、養老の滝を主張する国学者の田中大秀《おおひで》（高山出身）と菊水霊泉を唱える儒学者の秦鼎《はたかなえ》の間で論争が交わされた。

天平11年（739）、元正天皇に次いで聖武天皇も伊勢を経由し、美濃・近江を巡るなかで、養老に滞在している。この度重なる行幸から、養老は壬申の乱の舞台となった西美濃、伊勢、尾張を結ぶ要所であり、天武天皇（元正天皇の祖父）

図8　養老の滝

図9　菊水霊泉（養老神社境内）

以来の王権の正当性を証明する地域として重視されていたものと考えられている。

国宝建造物はいくつ?

国宝建造物

岐阜県内には多治見市の永保寺（観音堂・開山堂）、高山市の安国寺（経蔵）の2カ所、3件が国宝建造物に登録されている。

正和2年（1313）、土岐頼貞《ときよりさだ》は鎌倉で親交のあった臨済宗の禅僧、夢窓《むそう》疎石《そせき》と法弟の仏徳禅師《ぶつとくぜんじ》を美濃に招いた。

翌年、夢窓疎石らは長瀬山（虎渓山）に庵をむすび、観音堂を建立した。観音堂は水月場《すいげつじょう》と呼ばれ、伽藍のなかでは最も重要な仏殿にあたる。鎌倉の円覚寺舎利殿とともに禅宗様建築の代表的遺産で、平安時代から続いた和様建築の手法を折衷させた建物である。床は土間でなく板張りで、桧皮葺の屋根の大きな軒反りが特徴である。

文保元年（1317）、夢窓疎石が上洛すると、寺は仏徳禅師が守り、暦応2年（1339）には光明天皇の綸旨《りんじ》によって勅願所となって、最盛期は30余の塔頭《たっちゅう》（寺院の敷地内にある小寺院）が建てられた。

開山堂は寺の創始者（開山）を祀る建物で、文和元年（1352）に足利尊氏の寄進により建立された。現存するものでは永保寺開山堂が最古である。絵図では仙壺洞《せんこどう》と記されている。

なお、永保寺は明治期の廃仏毀釈により一時閉単したが、明治天皇巡幸の際、当寺を訪れた侍従の山岡鉄舟がその荒廃を嘆き、復興を指示し、明治14年（1881）に開単し、絵図も発行されたと考えられる（図10）。

観音堂と開山堂は、明治34年（1901）、国宝に指定され、さらに文化財保護法によって1952年改めて国宝に再指定された。

庭園は何を表現しているのか

岐阜県東部を流れる土岐川（愛知県では庄内川）は、長瀬山で屈曲した渓谷のような景観をつくり、中国の景勝地である廬山虎渓《ろざんこけい》に似ていることから虎渓山《こけいざん》と称している。

夢窓疎石は、長瀬山の丘陵と土岐川の流れを巧みに利用して作庭した。

禅寺の庭は、方丈南庭といって通常、方丈（住職の執務する建物）の南側に庭園が位置する。永保寺も方丈「花蔵庵」（図10の中央上）の南面に庭園が配置されている。

絵図で「梵音巌《ぼんのんがん》」（梵音とは仏の声という意）と記される岩山の断崖から下位の「臥龍池」（心字池）に水を落としている。池に

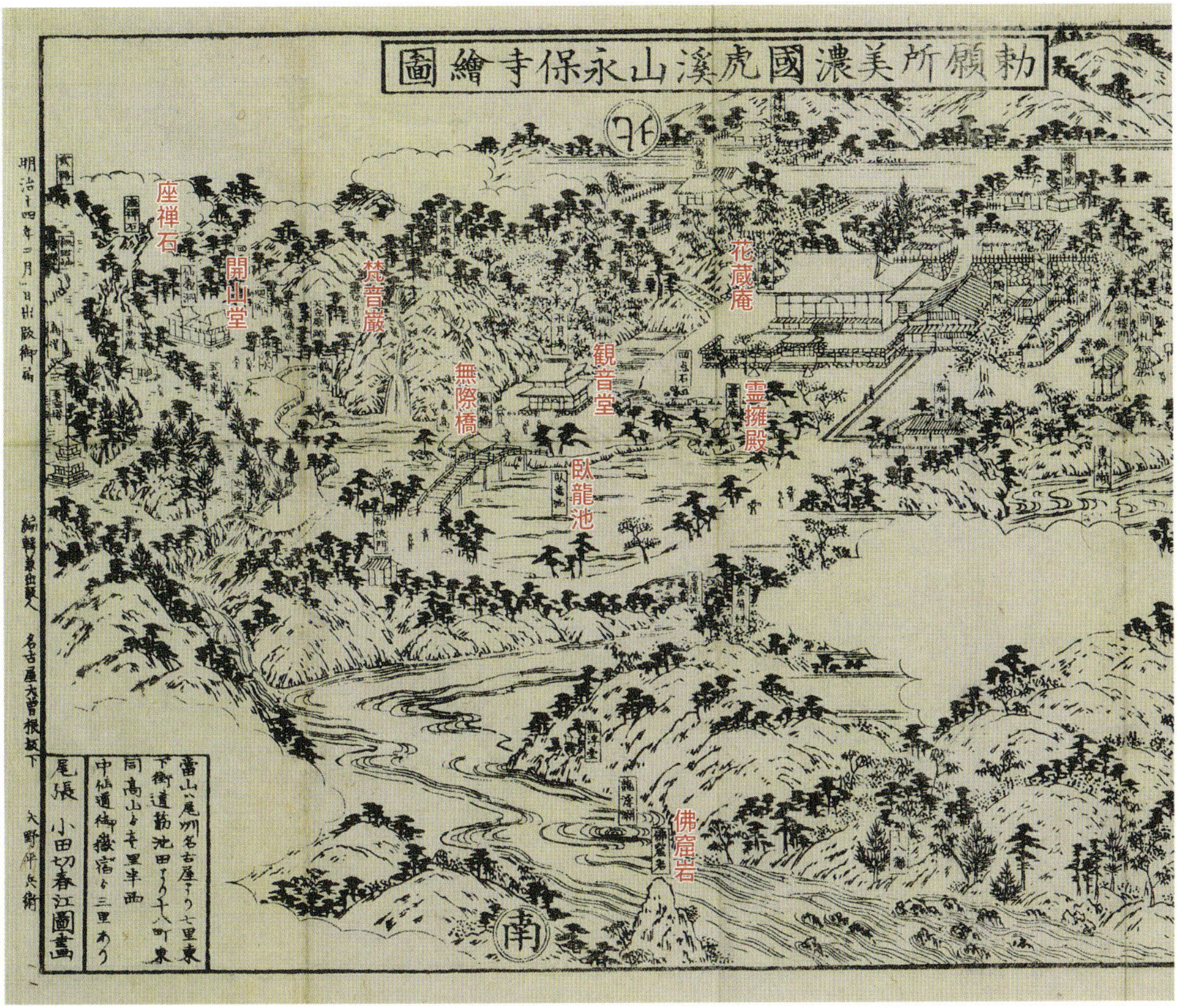

図10　勅願所美濃国虎渓山永保寺絵図（明治14年〔1881〕）（岐阜県図書館所蔵）

図11　永保寺庭園　臥龍池から観音堂（右）、梵音巌（左上）を望む

は「無際橋《むさいきょう》」とよばれる中央部に屋根の付いた反り橋が架かり、対岸には「観音堂」を配置している。これは橋を渡って理想郷に至るという禅宗独特の思想によるもので、「観音堂」を特別のものとして効果づけている。「梵音巌」（図11）上には「霊擁殿《れいようでん》」と記された六角のお堂や西の山腹にある「座禅石」からは素晴らしい庭園の全景を望むことができる。

　また、周辺の地質は美濃帯堆積岩類のチャートで、「梵音巌」や土岐川対岸にある仏像の頭部を思わせる「仏岩塔」（絵図では「佛窟岩」）に利用されている。

絵はがきの中の岐阜①

柳ヶ瀬通りの夜景（個人所蔵）

岐阜公園（個人所蔵）

Part2

地図で楽しむ飛騨・美濃

◉岐阜のまちはどのようにつくられたか？

岐阜のまち今昔

黒田隆志

つわものどもが夢の跡

信長家臣団の屋敷跡

絵図の名にある岐阜御山とは金華山のことである。その西の麓から現在の上下の茶屋町と常在寺の西の水路（梶川堀）を結ぶあたりまでを描いたものである。そしてこの絵図がつくられた江戸時代には、古屋敷と呼ばれていた。

一方、戦国時代の岐阜は、斎藤道三、織田信長そして孫の秀信と歴史にその名を刻む大名が山上に城を構え、その家臣団の屋敷地がこのあたりにあった。

信長の岐阜在住期の永禄10年（1567）から天正4年（1576）は、足利義昭を擁しての上洛、姉川の合戦、長篠の戦など、信長が天下を目指して駆け上る時期と重なり、城下町岐阜の賑わいは全国一番のものであったといえよう。

ところが、慶長5年（1600）の関ケ原合戦の際、秀信が石田三成に与《くみ》して敗北したため、岐阜城は廃城。以後、岐阜は商人の町となり、武家屋敷地は古屋敷と呼ばれるようになった。

元和5年（1619）に尾張藩の領地となるが、その後も岐阜の町は拡大し、古屋敷の西を町場化した。絵図の家並がそれを表している。

その南には、籠大仏の正法寺と覚林寺、そして尾張藩から将軍家へ献上した鮎鮨をつくった御鮨元が並んでいた。さらに南には斎藤道三・義龍の肖像画（国・重文）を所蔵する常在寺、道を挟んで松尾芭蕉ゆかりの妙照寺がある。

ところで、正法寺の建物の絵であるが、現在の籠大仏の御堂に似ている。そうであるならば、この絵図は大仏が建立された天保3年（1832）以降につくられたことになる。

また、正法寺の建物の道を挟んだ北側に2軒の家が建っている（青丸内）。これらは岐阜奉行所の手代や同心の官舎である。現在の場所は、歴史博物館交差点の北西角である。

正法寺の東には畑が御山（金華山）の麓まで広がり、柵が立てられている。これは金華山が、一般の立ち入りを禁止する尾張藩の留山《とめやま》だったからである。

歴代尾張藩主の多くは岐阜に来遊し、鵜飼見物と御山登山を欠かさなかった。

そのなかで、二代藩主徳川光友はここで鹿狩りをおこない、85頭を仕留めている。

柵には、「千畳敷口」「百曲口」「七曲口」の3カ所の登山口が設けられていた。

「七曲口」からの登山道は、現在もっとも整備され、多くの人に利用されている。

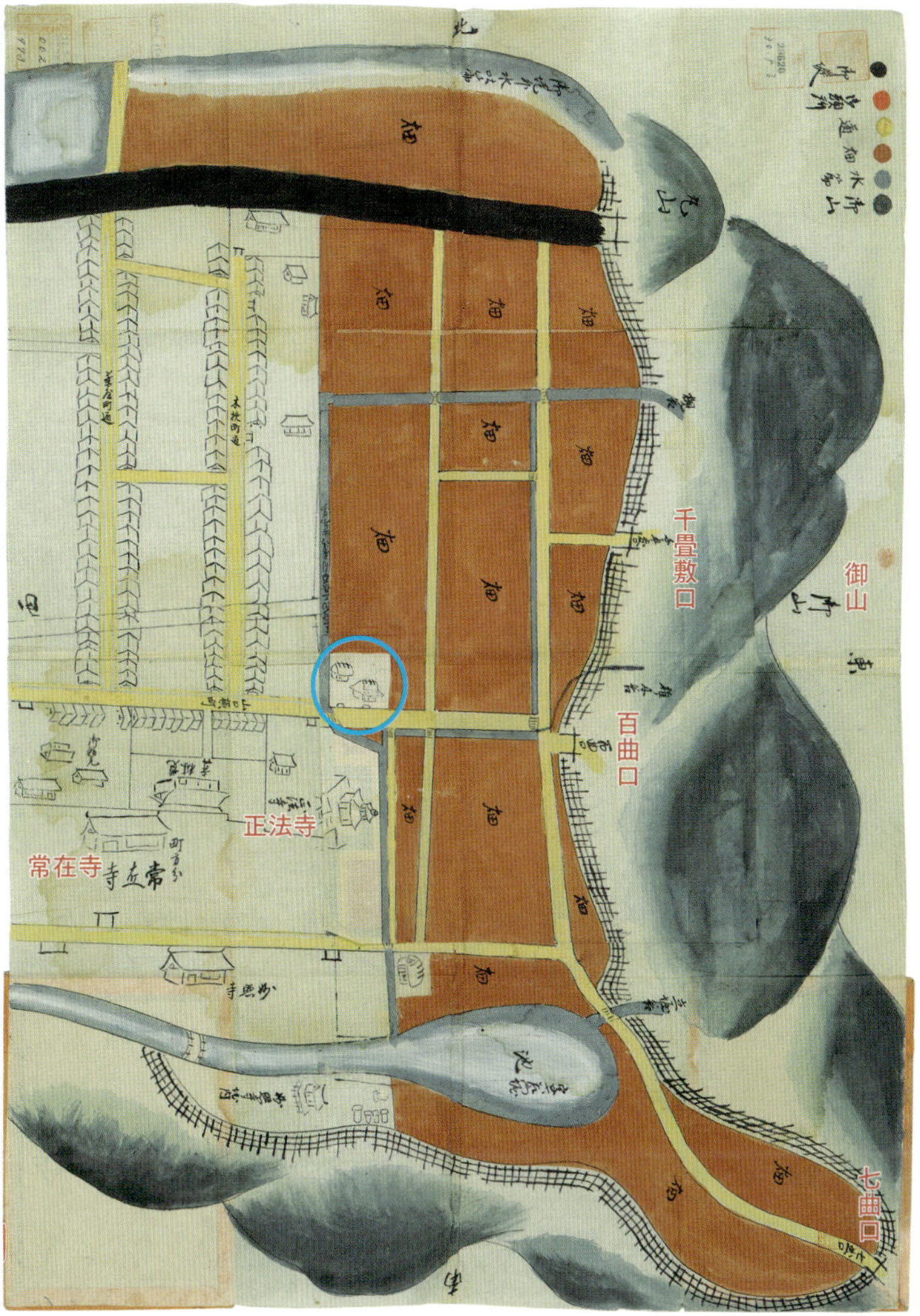

図１　岐阜御山附近図（江戸時代）（岐阜県図書館所蔵）

「百曲口」のすぐ前を南北に走る道は、名和昆虫博物館の東を通る道である。

「千畳敷口」を入ったところに信長の居館があったとされてきたが、近年の発掘調査によると、そこには迎賓館が建ち、庭が設けられていたようである。ということは、信長は山頂の城で起居していたことになる。

その岐阜城から、私たちは今、JR名古屋駅のツインタワーを確認することができる。

信長と同じように岐阜城の天守から四方の景色を眺める時、そのすばらしさとともに、天下取りにまい進する信長の思いを感じることができるのではないか。

江戸時代の柳ケ瀬はどこ?

左の絵図は、江戸時代を通じて加納藩領であった上加納村を主とし、小熊村と加納町の一部を描いたものである。

江戸時代の初め、加納城築城にともなう城下町形成のために村の南側が少し削られ、また、岐阜町に接する北側の一部も小熊村として独立させられ、元和5年(1619)に尾張藩に編入された。そして、村内にある大宝寺も尾張藩の支配下にあった。

小熊村から入って南に延びる道(道は赤色で表示)は、御鮨街道(美園町通りの方が馴染みの深い方が多い?)である。

この道は、江戸時代には岐阜道・笠松道とも呼ばれており、明治時代までのメインロードである。

御鮨街道は、小熊村境からしばらくは閉じたファスナーのように見えるが、これは一軒一軒の家を描いたもので、立派な構えの家が並んでいたことが容易に想像できる。

その両側の薄茶色の部分は「屋鋪方」と説明されているが、農民の住居地である。この家並みは、現在の溝旗神社あたりで一度途絶えるが、道は加納町の北の出入口である北広江へと繋がっている。

ここからまた家並みが閉じたファスナーのように描かれており、城下町・宿場町である加納町の賑わい振りがうかがえる。

御鮨街道の中ほどで西に向かって薄茶色の土地が広がっている。そのなかに「西覚寺」と織田信長の楽市楽座制札(国・重文)を所蔵する「円徳寺」が間を空けて並んでいる。この間を今のメインロードである長良橋通りが通っている。円徳寺のすぐ西に「金前」がある。ここには岐阜市文化センターが建ち、その北が金神社の境内である。

北にある閉じたファスナーのなかほどから、細い道が東へ出ている。橿森《かしもり》神社の参道である。境内には岐阜信長神社(1995年建立)があり、鳥居の前には楽市楽座ゆかりの御薗の榎(岐阜市指定史跡)がある。

ここから目を西に移すと、こげ茶色の土地が見えてくる。そこには「柳瀬」の二文字があり、このあたりが柳ケ瀬である。そして、こげ茶色は「野方」の表示であるが、実際は沼地で季節が巡ると蓮が花を咲かせたと、古くからの住民の話を聞くことができた。

実際、御鮨街道に立ち柳ケ瀬を見ると、随分低くなっていることが確認できる。

そしてここには、織田信長岐阜在城時から仕置場(処刑場)だったという弥八三昧があった。

『美濃雑事紀』には、昔、加賀井弥八という人物が、このあたりの土地八町(約800m)四方を黄金2枚で買い取り岐阜の墓場とした。そして、その印に塚を

図２　美濃国厚見郡上加納村絵図（江戸時代）（岐阜市歴史博物館所蔵）

築き松を植えたとある。

その後、『増補岐阜志略』によれば、安永4年（1775）に、大松の南は尾張藩が関わる仕置者や変死人の取捨場と定められ、大松より北は岐阜町・今泉村・小熊村の墓所と定められた。

霧雨の闇夜には柳のかげから幽霊が出そうな寂しい場所だったのである。

岐阜市が工業都市だった?

左の地図は、岐阜市役所が現状の地図に計画段階の道路（赤色）を書き込み、昭和2年（1927）に発行したものである。

地図の名称に大岐阜市とあるが、岐阜市に隣接する長良村（合併昭和7年）・島村（同9年）・本荘村（同6年）・三里村（同10年）・加納町（同15年）・厚見村（同30年）・北長森村（同15年）の1町6村の一部が描き加えられている。厚見村を除いた1町5村は、岐阜市と昭和15年までに合併しており、地図作成時において岐阜市は将来の合併を前提にしていたのである。

本地図には、12の繊維関係の工場がある（表参照）。そしてそこには1万0553人の職工（工場労働者）がいた。一方、工場のある岐阜市・加納町・本荘村の住人は、合計10万5297人である。つまり、この3市町村では、10人に1人が繊維工場の職工だったのである。今の岐阜市では想像だにできない。

このように工場が集中した理由として、以下のことがあげられている。

①岐阜市は東京・大阪という市場（消費地）の中間にあってしかも東海道本線の沿線にあり交通の便がよい。

②水力発電による電力が豊富で機械の動力源を得ることが容易である。

③工場労働者の供給力に十分な余裕がある。

当時の岐阜市は市街地化が進んでいたため、これらの工場は、隣接町村との境付近に建設された。それは現在の大縄場大橋から都通り沿いを南下し、東海道本線に接したところから線路に沿って東へと続いている。そして、日本毛織⑪と大日本紡績⑫の工場には、高山線からの引込線が設けられていた。

また、これら日本毛織・大日本紡績・鐘渕紡績・片倉製糸等の県外の大資本企業は、この地域で発展してきた製糸・織物業とは関係なく、前述の条件に着目し、工場進出してきたのである。

その結果、岐阜市の工業の構成は激変し、当該業種の生産額は二桁増え、一大繊維工業都市となったのである。

また、工場と計画道路との位置を見ると各工場の近くに幅員20mを超える道路が計画されていることに気付く。岐阜市は隣接町村との合併と工業都市としての発展を道路整備に託していたことがうかがえる。

表　本地図記載の繊維関係工場

No.	工場名	職工数	所在地
❶	片倉製糸	958	岐阜市
❷	金山製糸	602	岐阜市
❸	鐘渕紡績	645	本荘村
❹	日本毛糸紡績	649	本荘村
❺～❽	共同毛織	1,173	岐阜市
❾	日本絹紬	189	加納町
❿	富士瓦斯紡績	1,754	加納町
⓫	日本毛織	1,794	岐阜市
⓬	大日本紡績	2,789	岐阜市

No.は、地図の番号に対応する。職工数は、『岐阜県治要覧』の数値を使用。なお共同毛織は後藤毛織株式会社岐阜工場の後継であるため後藤毛織の数値を使用した。

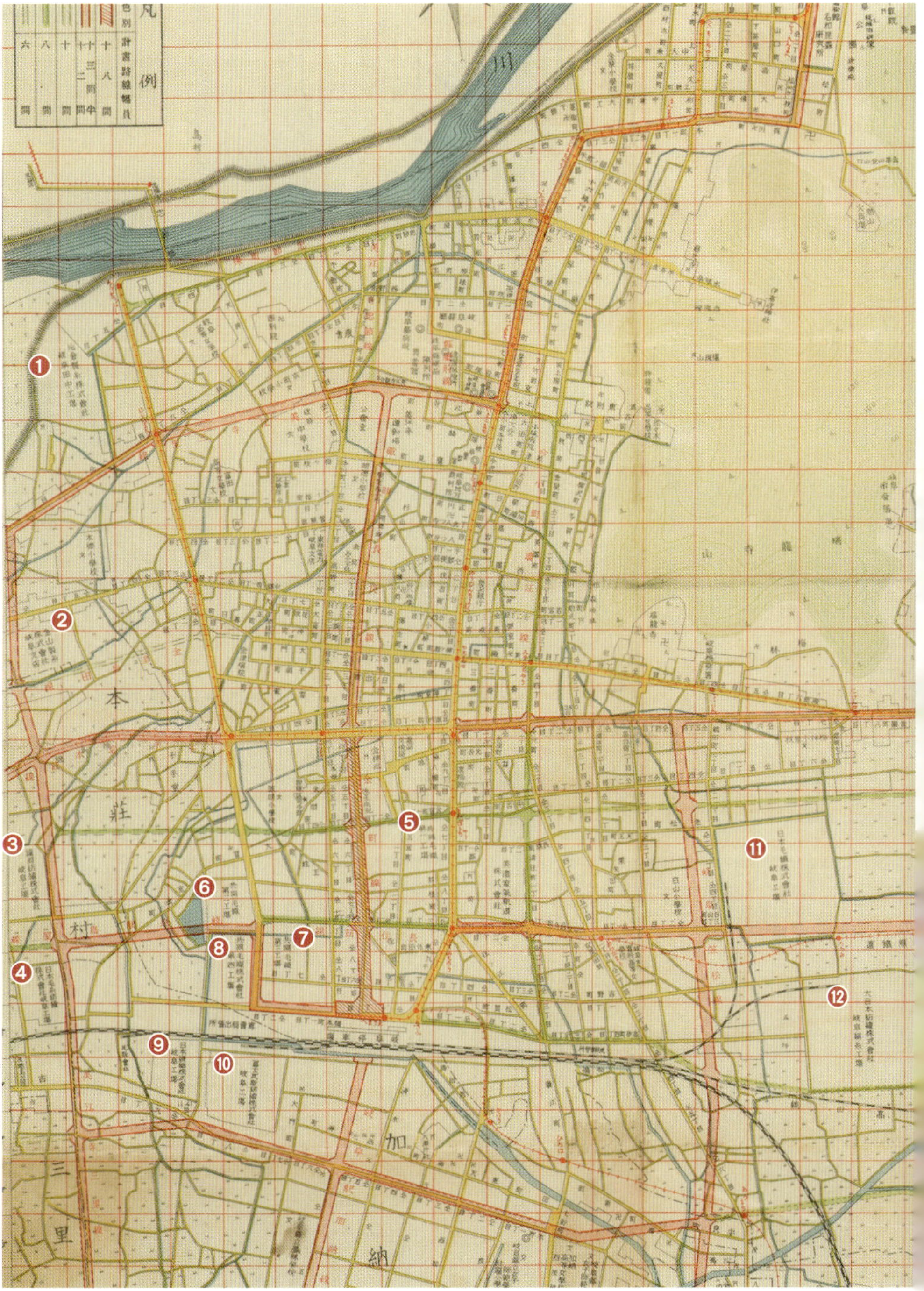

図３　最新実測大岐阜市全図（昭和２年〔1927〕）（岐阜県図書館所蔵）

90年前の市民が見た、50年後の岐阜市の姿

五十年後の岐阜市予想図（以後、予想図と記す）は、岐阜県の都市計画岐阜地方委員会が作成したもので、昭和3年（1928）の岐阜市公会堂の開館に合わせて展示された。

予想図では、50年後の岐阜市の範囲を市の隣接町村はもとより、笠松町・岐南町を含むなど、現在でも実現できていない合併も想定していた。

そして、市内を北から三層に分けて考えていたようである。岐阜県都市計画課の説明を借りれば、

①長良川以北及び日野地区は放射線状の街路が特徴的な良好な住宅地。

②長良川以南で、東海道本線・高山線以北については、昭和40年度まで岐阜県庁舎があった司町と柳ケ瀬付近を核とする既成市街地は、官庁街・商業地区。その東西に広がる地区は既存の集落を中心とした住宅地。

③東海道本線以南は、加納の既存の集落を除いて、区画を大きくとった工業・農業を中心とした産業地域。

である。

予想図には、長良川と木曽川だけで、境川や荒田川などの中小河川が抜けている。その代わり、木曽川を出入口とする運河が掘られ、四つの港と一つの中央市場と二つの市場が整備されている。

この運河は、岐阜市南部地域で生産された農産物や工業製品を名古屋へ移送することを目的とするものであるが、長良川とは結ばれていない。この時期、流通手段としての価値が木曽川には存在しても、長良川にはなかったということか。

また、岐阜駅を起点として、南に「工場引込線」と書き込みのある単線の鉄道が二重に敷設されている。これは生産品を工場内で貨車に乗せ、そのまま消費地へ輸送する構想によるものであろう。

当時、岐阜市は「最新実測大岐阜市全図」（図3）にもあるように、既存の工場に接するように道路の整備を計画していた。しかし、岐阜県は、市の主力産業である繊維産業の工場を市の南部へ移転集積させようとしていたのである。

岐阜駅から複線化した高山線が東に延び、運河を越えた所に「中央市場」と「貨物停車場」がある。さらに東に目をやると「GIFU」「ギフ」の文字が入ってくる。民間の「飛行機発着場」である。

ところで、すぐ東には陸軍の各務原飛行場があり、軍用機の離着陸コースと、この飛行場のそれが交差している。プロペラ機の時代ならではの発想であろうか。

また岐阜駅の東海道本線を挟んで南にある駅舎から「至大垣」の鉄道（単線）が延びている。岐垣国道（現県道31号）と同じ路線上にあると考えられるが、当時、

図４　五十年後の岐阜市予想図（1928年）（岐阜県歴史資料館所蔵、画像提供：岐阜市歴史博物館）

伊勢電気鉄道が岐阜への乗り入れを計画しており、それが予想図に取り込まれたのであろう。

昭和3年ころの岐阜市内の長良川には2本の橋が架かっていたが、予想図では5本になっている。これらの橋は、現在の鵜飼い大橋、長良橋、金華橋、忠節橋、大縄場大橋と位置づけることができ、当時も長良川が交通のネックであると認識されていたのである。

南北に拡大する水の都・大垣

◉地図にのこる繊維と化学のまちの姿

伊藤憲司

大垣城下町の面影

旧城下町大垣の範囲

大垣は輪中の城下町・宿場町・湊町に起源をもつ都市である。旧城下の境界を外堀とすると約750m四方、56万㎡となる（図1）。

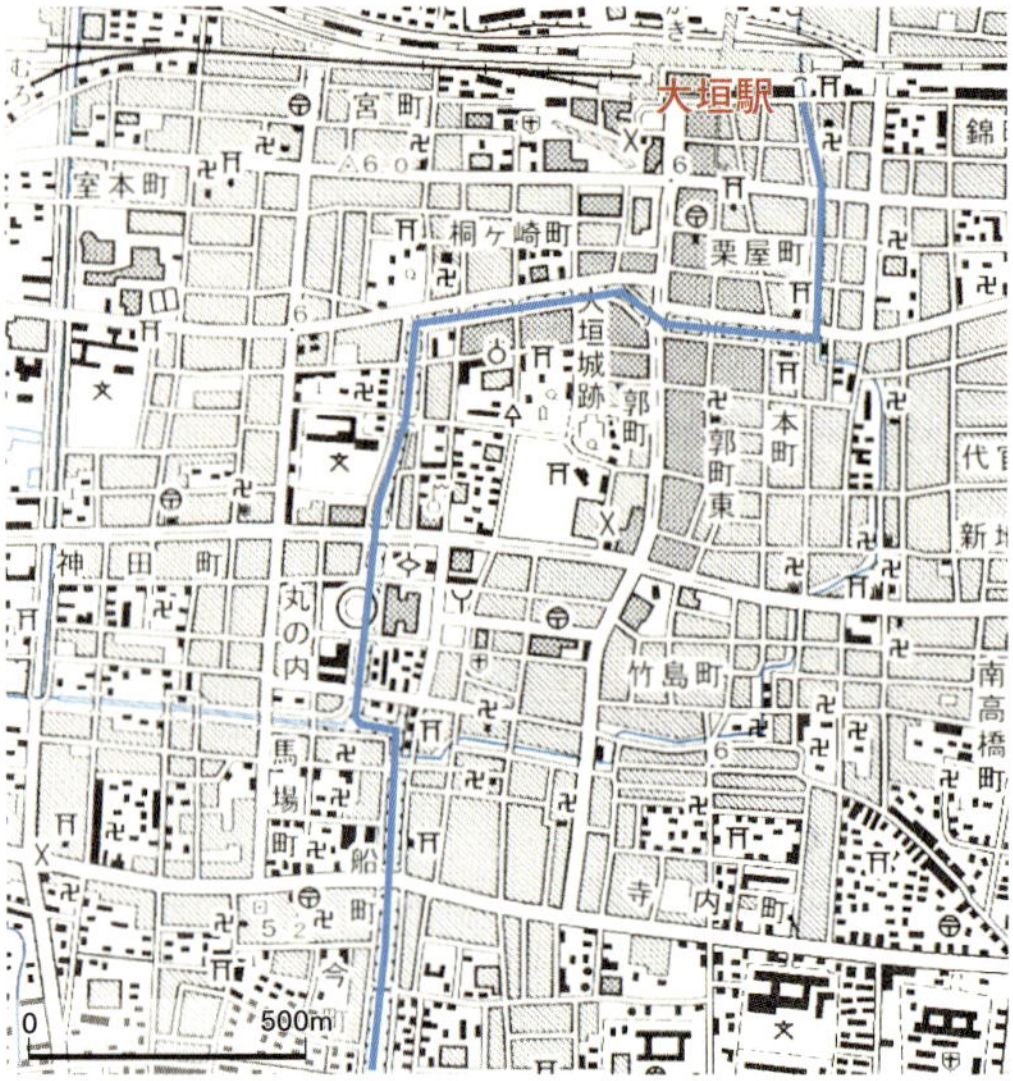

図1　外堀の面影を残す水門川（青線）
（1/2.5 万「大垣」平成 21 年〔2009〕）

JR大垣駅南口から駅通りをしばらく行くと東西に流れる水門川がある。この川は輪中内の湧水を集めて流れる川で、外堀の機能も兼ねていた（図2）。外堀以外の堀はすべて埋め立てられ昔の面影はこの川と再建された城となる。城下町の変容を新旧の地図から確かめてみるのもおもしろい。

商店街をさらに進むと右手に大垣城東門（旧内柳門）がある。1959年、4層4階鉄筋造りの天守閣が見え、資料館として開放されている。この大垣城が天下分け目の関ヶ原合戦に重要な役割を果たしたことは余り知られていない。難攻不落の城ともいわれ、昭和11年（1936）、国宝に指定されたが、戦災で焼失した（図3）。典型的な平城で城下は標高5m前後で天守閣でも9m程度。今では周囲のビルや公園の樹木で天守閣を眺めることはできない（図4）。

大垣城と石田三成

天下分け目の合戦は当初三河・尾張と見られていた。だが戦況はここ大垣まで西に動いた。そこで西軍の石田三成は大垣城を本陣と定

図２　享保年間大垣城下図（『子供の大垣志』附図）

図４　再建された大垣城（搦手側）

図３　戦前の大垣城（『大垣市市勢要覧』）

め、慶長5年（1600）8月10日入城した。秀吉も大垣が軍事上の重要な拠点となり、籠城戦も覚悟していたようである。

一方、東軍もこの事態は織り込み済みで、事実、清須から岐阜へ、さらには三成の本拠地佐和山《さわやま》、大坂も視野に戦いを展開していた。かくて9月14日、東軍の総大将家康は美濃赤坂に到着。この事態を憂慮した三成は大垣決戦も考え、その前哨戦として、味方の士気を高めるため奇襲攻撃をかけた。「杭瀬川《くいせがわ》の戦い」である。この戦いは西軍が勝利した唯一の戦いであった。

大垣城の戦い

ところが家康は大垣ではなく佐和山城に向かうことがわかり急遽、福原長堯《ながたか》ら7500の守備隊を残し、石田、小早川、宇喜多、島津ら、主力は9月14日夜、関ヶ原に移動した。大垣城では本丸に福原長堯、二の丸に垣見一直《かずなお》、三の丸に秋月種長《たねなが》らが守備についた。しかし、翌15日払暁《ふつぎょう》、三の丸を皮切りに次々と陥落した。16日には味方で寝返る者、謀殺される者が続出したが、守備隊長の福原は23日松平康長に降伏を申し入れ開城した。いま、その戦場となった本丸から三の丸（大垣公園）付近を散策し当時を忍ぶのもよい。

伝統が息づく文化の街

徳川幕藩体制が確立した寛永12年（1635）、戸田氏鉄《うじかね》が尼崎から大垣10万石の城主として入城、以来、明治2年（1869）の版籍奉還まで十一代（氏共《うじたか》）譜代藩主戸田家が務めた。この間、代々の藩主は治水事業をはじめ学問、産業の奨励に努め、今日、大垣が繁栄する基礎が確立された。

大垣がなぜ「文教の町」といわれてきたか。それは明治になると脇水鉄五郎、関谷清景《きよかげ》ら多くの学者が輩出し「博士の町」と呼ばれたことと無関係ではない。その素地は藩政時代にあった。天保11年（1840）、藩校致道館（後の敬教堂）が開設されたこと。俳聖・松尾芭蕉が貞享2年（1685）、「奥の細道むすびの地」として大垣で旅を終えたこと。なぜ大垣を終焉の地と

図5　奥の細道むすびの地（船町湊跡）

図6　関ケ原・大垣決戦における大垣城内の様子を表した「おあむ物語」に由来する盥船

郵便はがき

料金受取人払郵便

名古屋中局
承　　認

8280

差出有効期間
2023年11月30日
まで

460-8790

101

名古屋市中区大須
1-16-29

風媒社 行

注文書◉このはがきを小社刊行書のご注文にご利用ください。

書　名	部数

郵便振替同封でお送りします（1500円以上送料無料）

風媒社 愛読者カード

書　名

本書に対するご感想、今後の出版物についての企画、そのほか

お名前　　　　　　　　　　　　　　　　　　　（　　　歳）

ご住所（〒　　　　　　　　）

お求めの書店名

本書を何でお知りになりましたか
①書店で見て　　②知人にすすめられて
③書評を見て（紙・誌名　　　　　　　　　　　　　　　）
④広告を見て（紙・誌名　　　　　　　　　　　　　　　）
⑤そのほか（　　　　　　　　　　　　　　　　　　　　）

＊図書目録の送付希望　□する　□しない
＊このカードを送ったことが　□ある　□ないい

したか。その答えは船町湊跡に開設された「奥の細道むすびの地記念館」で教えてくれる。近年、市内の各小中学校では俳句をはじめ郷土を知る「大垣ふるさと科」が開設された。

また、漢詩人梁川星巌《やながわせいがん》や本草学の飯沼慾斎《いいぬまよくさい》など多くの文人が輩出したことから、歴史・文化・芸術など、伝統文化の継承に努めている。このことは市民の誇りでもあり、大きな観光資源にもなっている。

図７　八幡神社前の夜宮（十三両の山車）

一方、歴代藩主はハード・ソフトの両面から水害対策に努めるとともに新田開発や豊かな湧水を利用した伝統産業など、城下町大垣の経済的発展に貢献した。舟運や陸運（美濃路）など、発展する条件にも恵まれていたが、その背景には藩主と町衆との信頼関係の醸成があったのではなかろうか。

その絆の象徴たるものが祭りであろう。大垣には現在「大垣祭り、水都祭り、十万石祭り」の三大祭りがある。中でも５月の「大垣祭り」は３７０年の伝統をもつ八幡神社の祭礼である。２０１７年、全国33（注：二つの登録を含む）の祭礼行事として「大垣祭り」がユネスコの無形文化遺産に登録された。戦災で焼失した山車も復元され、13両（内、三両は藩主の下賜、10両は10ヵ町）からなる。２０１８年も５月12日の試楽、13日に本楽がおこなわれ、市制１００周年に相応しい時代絵巻が展開された（図７）。本楽はあいにくの雨となったが両日で22万人（新聞報道）の人々が祭りを堪能した。もちろん無形文化財の継承には人手と資金が伴うものであるが…。外堀沿いには八幡神社や戸田家の菩提所・円通寺などもあり、散策をお勧めしたい。

水の都に発達した繊維工業

高度経済成長期の工業化は重厚長大型「住宅は丘を上り工場は水辺に下る」といわれた。今は何と表現するのだろうか。

日本の近代化は明治以降、富国強兵・殖産興業・文明開化をスローガンに始まった。近代工業は繊維工業から始まり、その第１号は官営の富岡製糸工場であった。明治政府の近代化への意気込みが伝わってくる。

大垣では明治末から大正期にかけ中央資本による紡績・織布の工場が鉄道沿いに立地した（図８、13、14）。以来、大垣は繊維と化学の工業都市として発展した（図９、10）。昭和40年代の大垣の街は、大勢の女工さん達で街は賑わいをみせた。

ＪＲ大垣駅の北側には線路に沿って大きな工場が

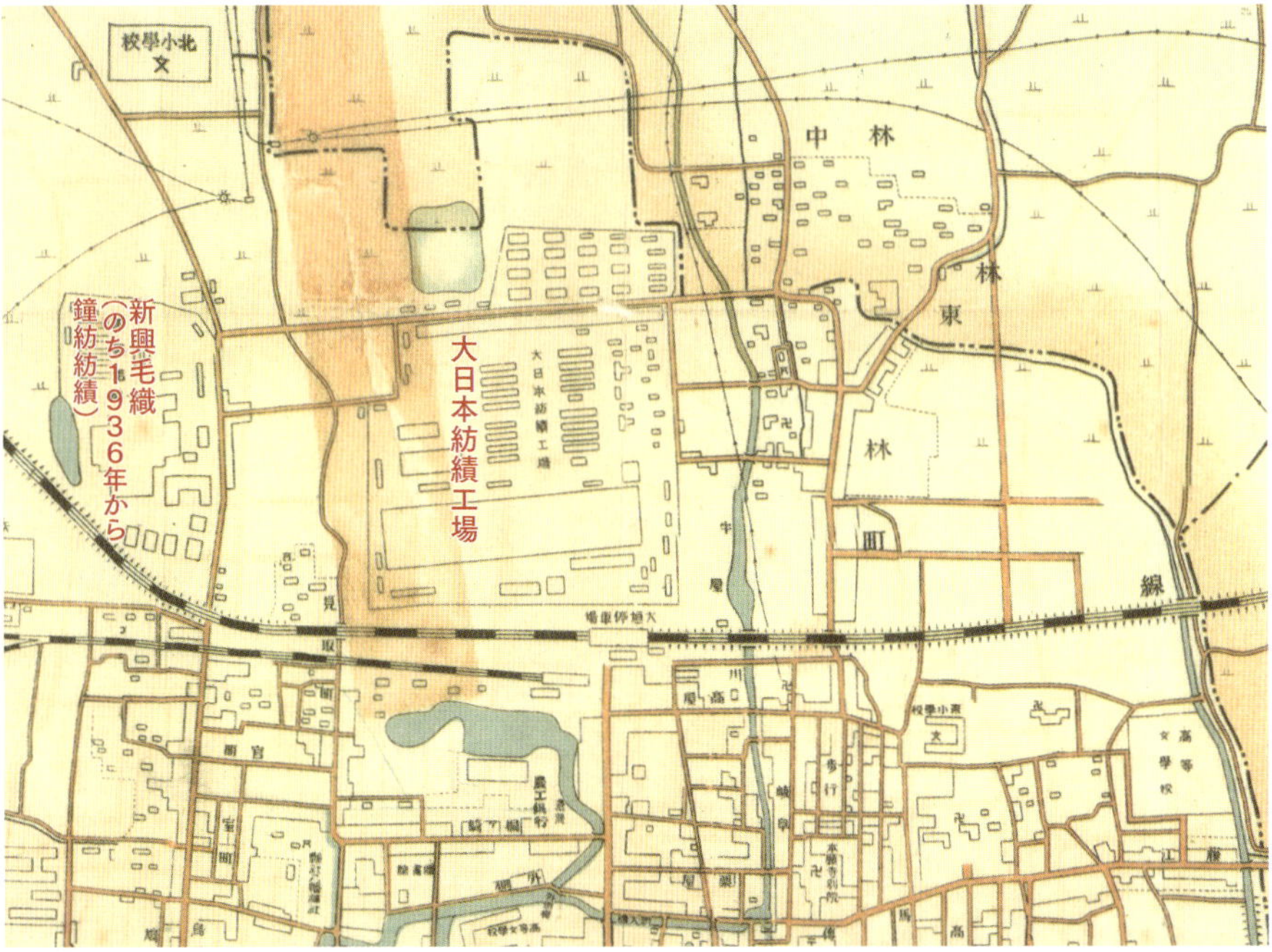

図８　東海道線沿いに立地の繊維工場（大垣市全図　昭和５年〔1930〕）

あった。今は大きく変貌したがゆっくり歩き当時の原風景に思いを馳せよう。

　駅の北口を出ると塀に囲まれた工場があった。大日本紡績である。その後、摂津紡績を経て戦後、近江絹絲（1950年設立）に替わった。敷地面積23万㎡、従業員1847名（1960年）、この点では大垣最大の企業であった（図8）。

　ここから西へ歩いて10分ほど進むと三大紡の一つであった鐘紡がある。大正3年（1914）、後藤毛織として大垣では最初に設立された企業で最も古い歴史をもつ。唯一のレンガ造の建物が今もあり、近代化遺産にもなる建物である（図11）。さらにその西には東

図９　西部の化学と繊維（化学系）工場（「市勢要覧」1961 年）

図 10　繊維工場で働く女子工員たち（昭和初期）（「大垣市市勢要覧 2018」商工会議所所蔵）

図11　現在も残るレンガ造りの繊維工場の建物

図12　工場近くの条里制の遺構跡（南一色）

邦レーヨン（昭和9年〔1934〕）がある。今は化学工業を代表する地元の企業（イビデン）が電子関連工場として跡地を生かしている（図13）。

ここから東海道線の跨線橋を渡る。正面に東亜紡織（昭和16年〔1941〕）があったが今は一大住宅団地へと変貌した。ここまで来たら古代の土地利用跡を見ておこう。西へ5分ほど行くと東海道線と養老鉄道に囲まれた南一色に着く。道端に「条里の跡」の石柱が建つ。大垣は古代条里制の土地割がなされた南限であった。開発は北から進んだことがわかる（図12）。

ではなぜ、大垣に繊維と化学の工場が立地したのか。その要因を考えてみよう。前提として水害の克服がほぼ可能となったこと。その上で豊富な被圧地下水が存在したこと。安価で広大な土地と農村の安価な労働力が確保できたこと。鉄道交通（養老線は敦賀・四日市間の最短径路）の利便性。揖斐川の水力発電（国家統制前）。熱心な工場誘致活動等が考えられる。とくに、水を多用する繊維と化学にとっては最大の魅力であった。

大工場の跡地を生かす

大垣は大正7年（1918）、岐阜県第二の市となり2018年、市制100周年を迎えた。JR大垣駅前は水都に相応しい景観に一変した。

近代以降、大垣は繊維と化学を代表する工業都市として発展してきた（図13、14）。とくに繊維工場の立地には広大な敷地を必要としたのだろう。ただ、敷地面積が大きいだけではなかった。（1960年）「既設主要工場」から繊維工場を見ると、敷地面積10万㎡以上は7社中6社、従業員1000人以上は6社中6社が繊維工場であった。また、業種別（600事業所）では従業者数で全体の48%、出荷額では57%と第一位を占めた。

しかし、高度経済成長後は技術革新や流通革命など高度情報化社会になるとIT産業や運輸・通信・販売など三次産業の質的転換が求められ、広大な用地の確

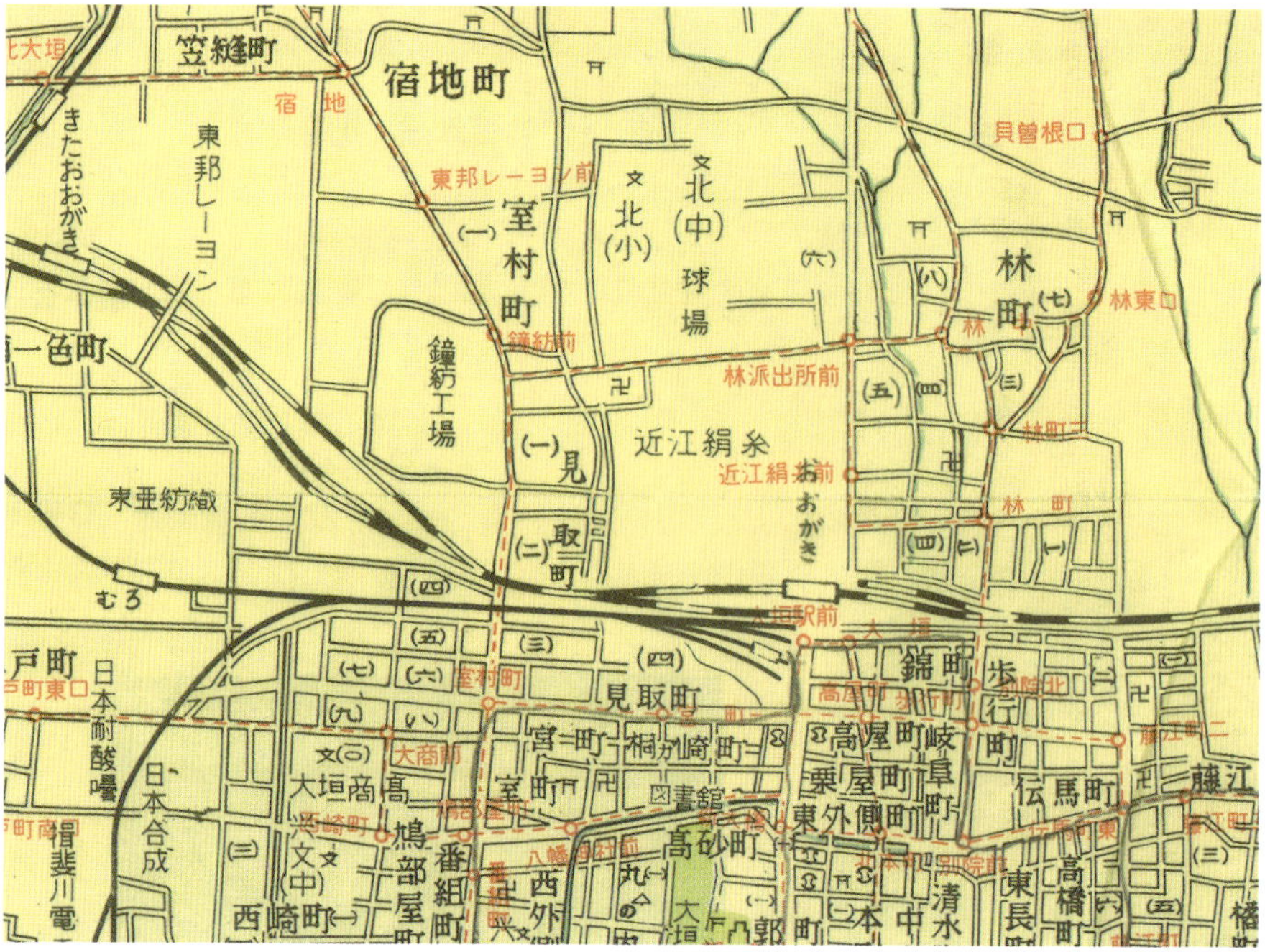

図 13　東海道線沿いの繊維工場（大垣市全図、昭和 35 年〔1960〕頃）

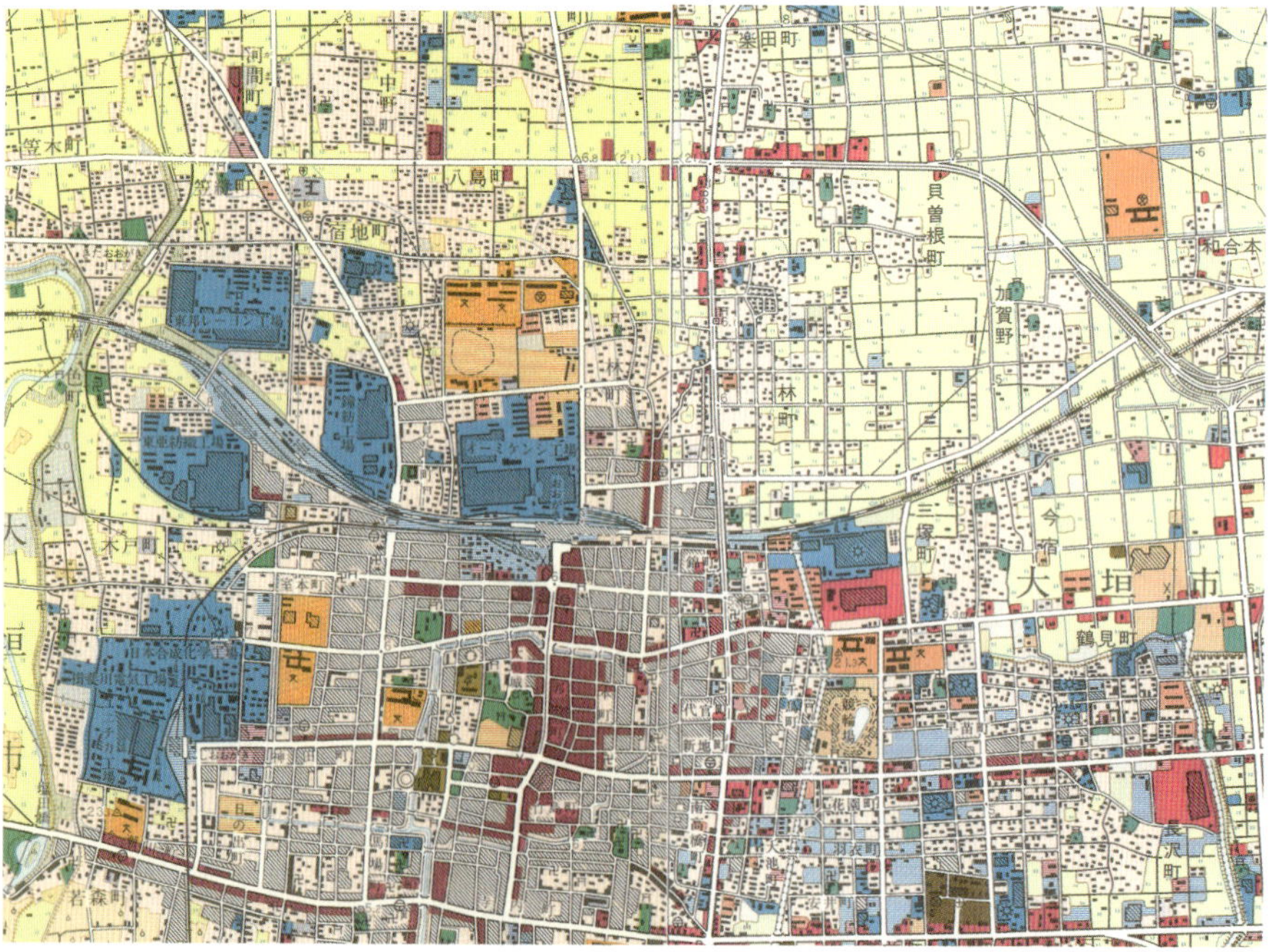

図 14　工場の分布（青色）北部は繊維、西部は化学・繊維の工場（1 /2.5 万土地利用図「大垣」昭和 53 年〔1978〕）

保と交通の利便性は立地には不可欠となった。跡地の変遷を地図で確認しておこう。

図15　再開発されたJR大垣駅前（南口）

JR大垣駅の南北で大きな変化が生まれた（図15）。かつて、駅の北口は裏玄関の感があった。しかし、高度成長期にはすでに宅地化や大学・短大など学校の新設で文教地区ともいわれていた。また、線路沿いの工場跡地の再利用も進んだ。さらに駅の南北通路の自由化と駅と大型量販店などが歩道橋で直結した（図16）。加えて広大な駐車場も確保された。人の流れは確実に変化した。

図16　大垣駅北の大型ショッピングセンター

繊維工場8社（スフ工場を除く鉄道の南北各々4社）の跡地利用を全体的に見ると、電子関連工場と分譲宅地化が各一、駐車場一、細分化（大型量販店、娯楽・健康施設・電器量販店など）による利用が5カ所となる。

一方、大規模な農地転用による開発地が郊外に各一カ所ずつ立地した。南部の外野地区と東部の加賀野・小野地区である。外野は大型ショッピングセンターの立地。大垣環状線と国道258号線が接続したことが進出を促し、センターを核にスーパー、保養・娯楽施設、本屋など、さらに周辺道路沿いには各種飲食店が立地した。名神大垣ICに近いことも立地要因になったものと思われる。

図17　ソフトピアジャパンと大垣市情報工房

加賀野地区には岐阜県のIT産業の基地ソフトピアジャパン（1998年竣工）と大垣市情報工房が設立された（図17）。すでに市の総合体育館が堀田の土地改良後に立地していた。約13万m²のまとまった土地が確保され計画的な都市開発となった。センターを核に情報関連企業が立地し、企業の育成や技術支援など約2000名がIT関連の業務に携わっている。

◉今も昔の天下の分け目？

東西決戦の地・関ケ原

山田昭彦

関ケ原の戦い　合戦図に挑戦

慶長5年（1600）不破郡関ケ原の地で、徳川家康を盟主とする東軍、石田三成率いる西軍が激突した関ケ原の戦いがおこなわれた。この戦いの結果、二百数十年に及ぶ江戸幕府が成立した。まさに「天下分け目の関ケ原」であった。

この戦いは、名だたる戦国武将が顔を揃えたこと、事前の予想に反してわずか一日で決着がついたことから、今日に至るまでドラマチックに語り継がれる。

しかし関ケ原合戦直前のおよそ一カ月にわたり美濃平野では断続的に合戦がおこなわれた。8月16日福束城（現・輪之内町）の戦い、22日米野（現・笠松町）の戦い、竹ヶ鼻城（現・羽島市）の戦い、23日岐阜城の戦い、河渡川（現・岐阜市）の戦い、9月14日杭瀬《くいせ》川（現・大垣市）の戦いと続き、最終的には9月15日の関ケ原合戦でクライマックスを迎える。まさに、濃州関ケ原合戦が展開したのである。

第1扇

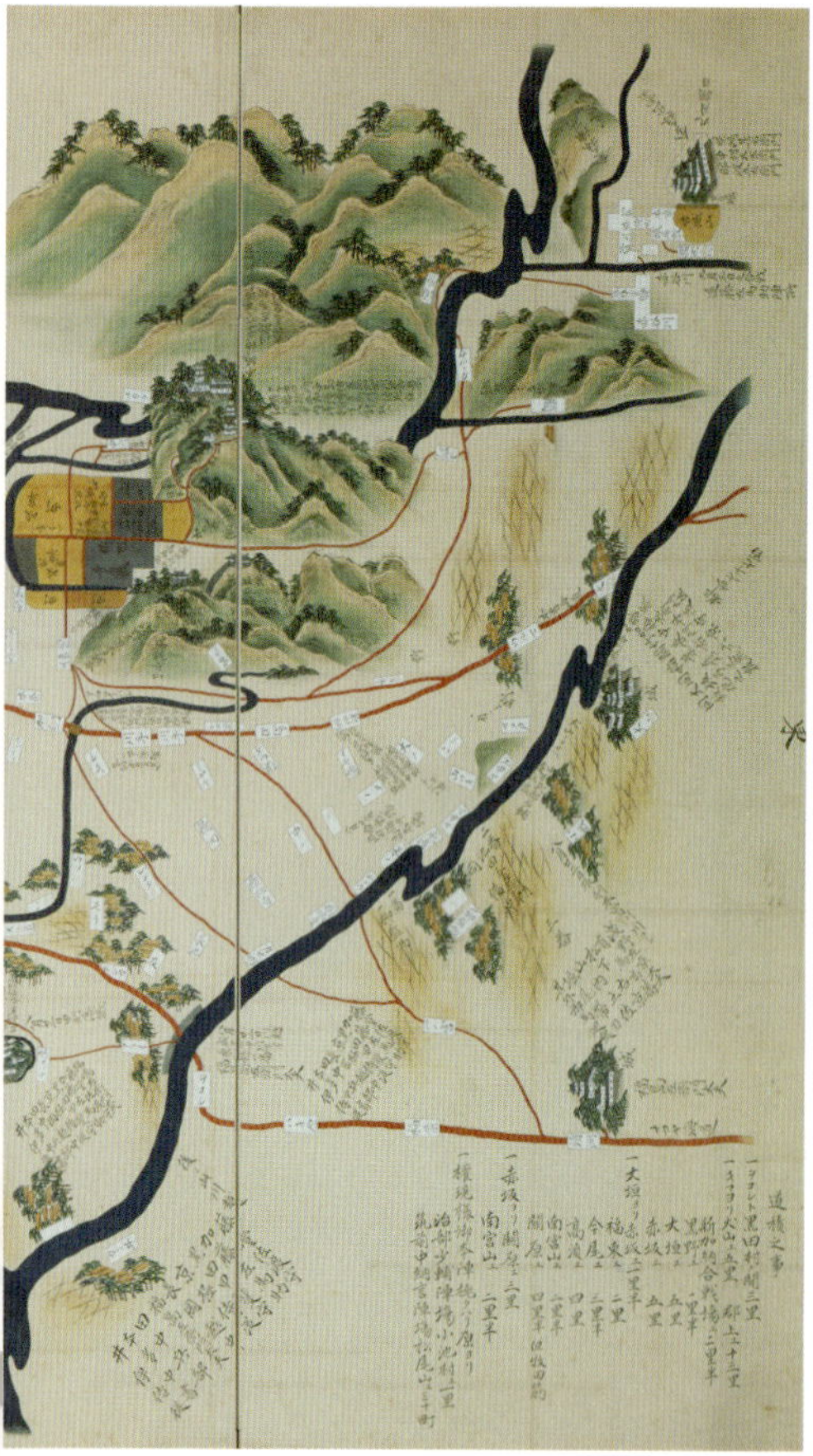

屏風に描かれた合戦地図を見てみよう（図1）。左端に最終決戦の地・関ケ原の戦場を記し、右端に東軍の前線基地・清須城（第1扇下部）を配している。その間に南流する木曽・長良・

揖斐の三川を青色で記すとともに、美濃平野を取り巻く山並みを鮮やかな緑で描き、東西を結ぶ道を朱色で描いたうえで、布陣した各武将の名前を記している。

この合戦地図は美しい彩色が印象的であり、同時に右から左へ時系列で濃州関ケ原合戦をたどることができる。改めて時間軸で追ってみよう。

関東を出発した、いわゆる東軍の先遣隊は、東海道を上り福島正則の居城清須城に集結した。対する隣国の美濃は、岐阜城（第2扇右上部）主織田秀信をはじめとしていわゆる西軍に味方する者が多かった。そのため、戦端は両国の境となる木曽川で開かれたが、天下に名だたる岐阜城は、池

第4扇　　第3扇　　第2扇

図1　関ヶ原合戦地図屏風（田安家伝来）徳川美術館所蔵（106.7 × 184.5）
徳川美術館イメージアーカイブ /DNPartcom

田輝政、福島正則ら皮肉にも豊臣恩顧の大名たちの猛攻によりわずか一日で落城し、織田秀信は降伏の道を選んだ。その後も東軍優位のうちに戦線は西へと移動し、関ケ原合戦（第4扇上部）へとつながることとなる。

この屏風はもともと田安徳川家に伝えられたものであるが、徳川家や譜代の諸大名家にとってこの戦いは、まさにお家のサクセストリーとして大きな節目になるものであり、こうした屏風は自己の正当性を誇るようにそれぞれの家で制作された。この屏風も御三卿田安家所蔵の品として堂々たる風格を有するものである。

東西の激突は偶然か？

天下分け目の戦いとはどの戦いを指すか？　と問われれば多くの人は、「関ケ原の戦い」と答えるだろう。歴史に詳しい方の中には「壬申の乱」とか「承久の乱」、といった答えをする方があるかもしれない。ちなみにこの三つの戦いは何れもこの地方に関係する戦いである。

672年、天智天皇没後、皇位を巡って大海人皇子《おおあまのおうじ》（後の天武天皇）と大友皇子が争った壬申の乱では、大和吉野の地を脱出した大海人皇子が美濃を拠点として、大友皇子の近江大津京を攻撃し勝利を収めた。この戦いで、大海人皇子は一時、関ケ原に本営を構えている（「野上行宮」）。関ケ原合戦で家康が本陣を置いたとされる桃配山《ももくばりやま》は、壬申の乱の際に、地元民が大海人皇子に献上した桃を兵士たちに分け与えた故事から名付けられた山とされる。「西軍」との戦いに臨み家康は自らの姿を約千年前の大海人皇子の振る舞いと重ねたことであろう。

また南北朝の動乱の中、

図2　青野ヶ原の戦い（太平記絵巻）（埼玉県立歴史と民俗博物館所蔵）
北畠顕家らの奥州軍と土岐頼遠らの騎馬による戦闘シーンを描く。作者は海北友雪

1338年には関ヶ原に隣接する青野ヶ原（現在の垂井町・大垣市）で、都を目指す北畠顕家《きたばたあきいえ》率いる奥州軍を土岐頼遠《ときよりとお》らの幕府軍が迎撃した「青野ヶ原の戦い」がおこなわれている（図2）。この戦いで土岐頼遠は、重傷を負い敗北するがその奮戦によって顕家の西上は阻まれた。西美濃の地は、日本の歴史を左右した大きな戦いが繰り返されてきたのである（図3、4）。

また、視点をもう少し広く美濃に広げてみると、1221年後鳥羽上皇率いる京都の朝廷と鎌倉幕府とが激突した承久の乱では木曽川を挟んで美濃の院方と尾張の幕府方との間で大きな戦いが繰り広げられている。この様相は、関ヶ原の戦いの項で述べた関ヶ原合戦で

図3　東から関ヶ原方面を望む
（関ヶ原町教育委員会提供）

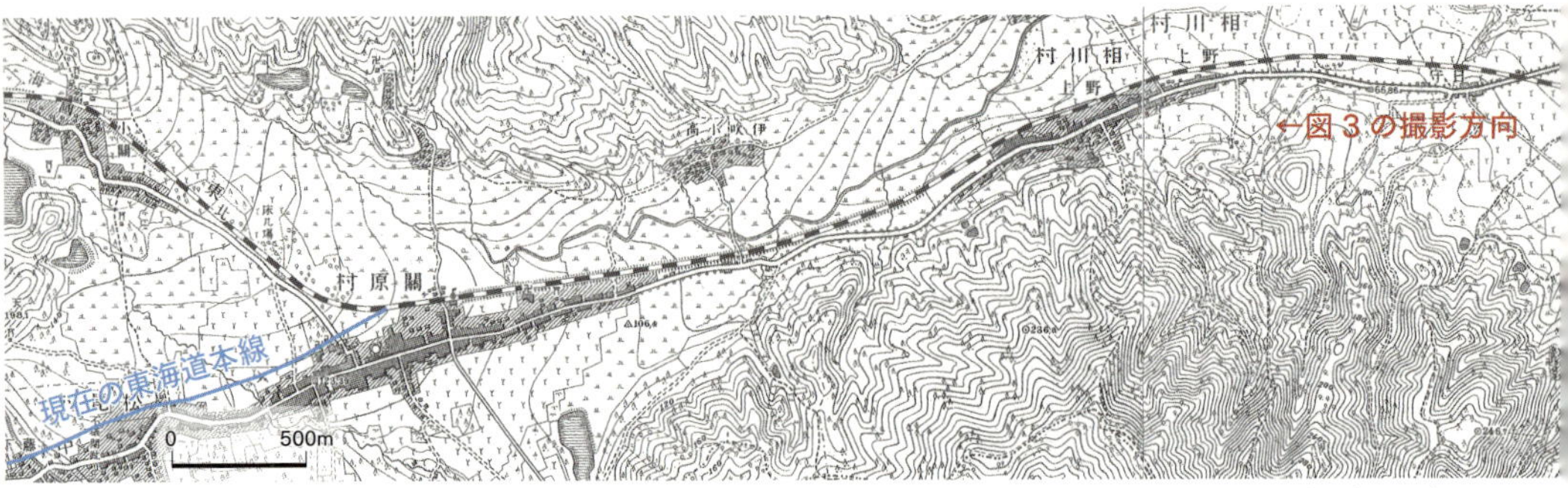

図４　東海道線は開業当初、関ケ原から長浜に向かっていたことがわかる。明治 32 年（1899）、現在の路線に付け替えられた。（1/2 万「関原」「垂井」明治 24 年）

の木曽川を挟んだ戦いに通ずる。

美濃の地は、歴史上天下分け目の戦いを演出し続けており、紛れもなく東西が激突する地である。

迂回する大動脈・東海道線下り線

東海道線の下り線が大垣駅を過ぎ軒を連ねた町並みが田園風景へと変わる頃、南荒尾信号場で特急や貨物列車は本線を外れ、北へ大きく迂回する。このルートを走る列車は垂井駅を通過することなく関ケ原駅の手前でようやく本線に戻ることになる。この迂回用の線路は「新垂井線」と呼ばれることもある。

なぜこのような路線があるのか、それは大垣駅から関ケ原駅へ西に向かって地形が急勾配となっていることによる。

太平洋戦争中、東海道線による輸送力の増強は大きな課題であった。そこで1944年（昭和19）、北に迂回することで勾配を緩やかにした下り列車専用の路線「新垂井線」がつくられた（図5、6）。この路線の完成により貨車や客車の連結数を増やすことができ、大垣駅と関ケ原駅で増結した機関車の連結切り離しや大垣駅への機関車の回送といった急勾配に対応する作業が不要となり、この地方のスピードアップを図ることができたのである。

「新垂井線」をつくったとき、従来の下り線は廃止され、すべての列車が「新垂井線」を通った。しかし、このままだと垂井駅は上り列車専用になってしまう。そこで「新垂井線」には新たに駅をつくった。それが新垂井駅である（図7）。

しかし、垂井駅と新垂井駅は3㎞も離れており、新駅は垂井町の中心から離れていたため利用者が少なく、戦後になって垂井駅経由の下り線が復活し二つの路線が併用された。その後、新垂井駅の利用者が少なかったことから1986年に新線は廃止された。しかし、復活した垂井駅経由の下り線は古い規格の線路で速度制限があった。

そのため、貨物列車と特急列車だけは、現在も新垂

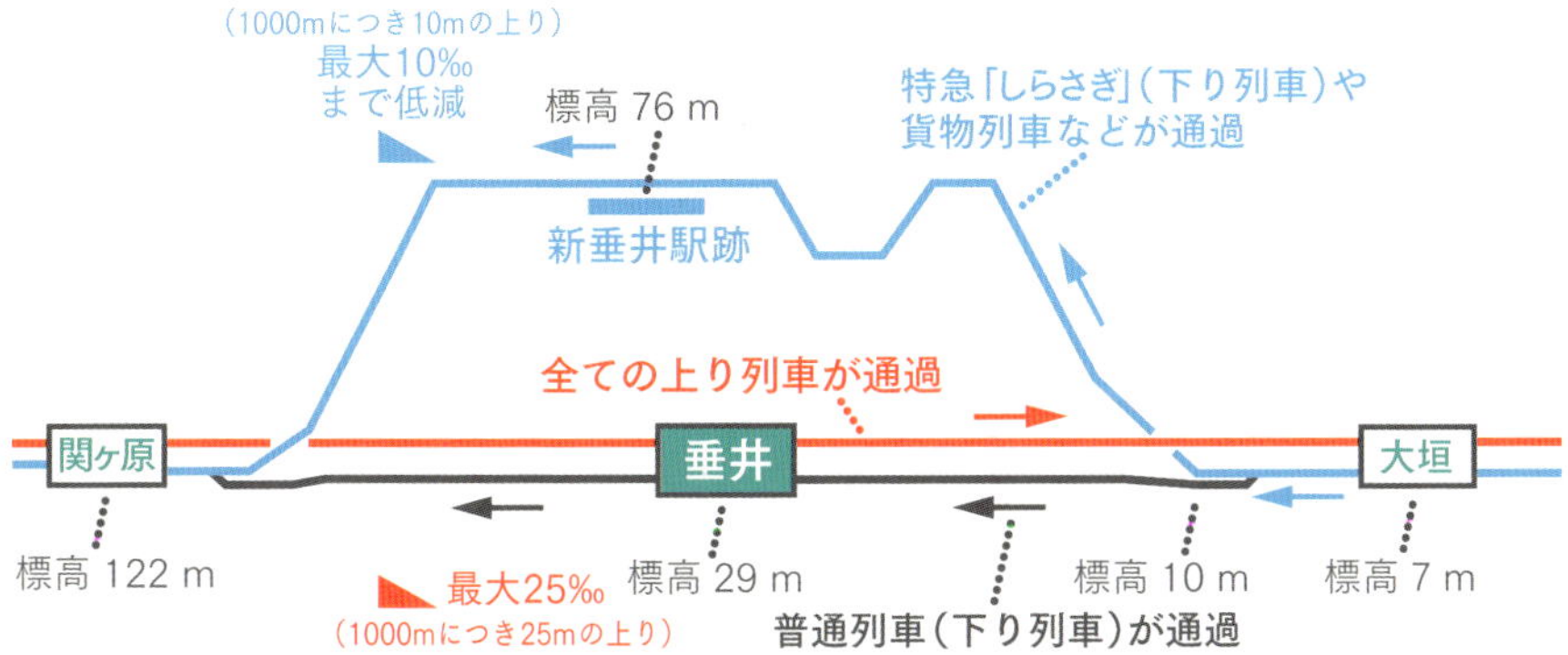

図５　新垂井線路線図

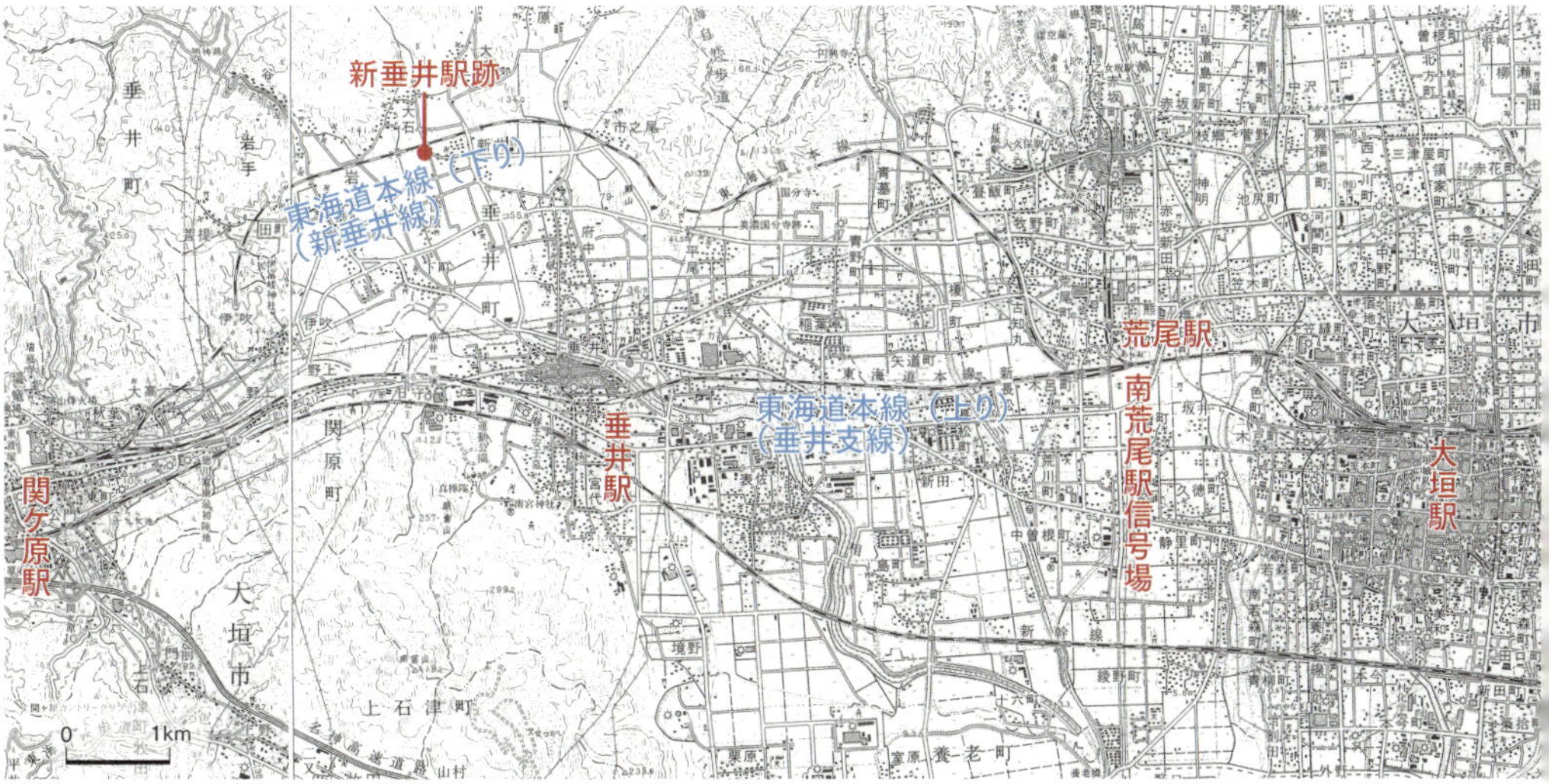

図６　新垂井線路線図（1/5 万「大垣」「長浜」平成 20 年）

図７　新垂井駅駅舎と看板（右上）
（垂井町教育委員会提供）

図８　新垂井駅跡付近を通過する下り特急「しらさぎ」（今井春昭撮影）

井線を走っている（図8）。作家西村京太郎もこの線路に着目し、小説「ミステリー列車が消えた」の中で、消えたミステリー列車がたどり着いた場所として新垂井駅の情景を描いている。

東西文化が出会う関ケ原

「東西文化」という以上「ここからは東の文化、ここからは西の文化」といった境い目が必ず想定される。その境界線はどこか、それはずばり「天下分け目の戦い」がおこなわれた関ケ原の地である、といった主張がある。

関ケ原町では、「東西文化の境界地域としての特徴にスポットを当て、文化観光の魅力を再発見」することなどを調査の目的として、2016年3月に「東西文化の調査報告書」を発表し、ヒアリング、アンケート、文献調査などから関ケ原付近に東西文化の境界線があるかどうかを、○、△、×で示したユニークな報告をおこなった。

これによれば、最も特徴的なものは、「昆布出汁《だし》は西、鰹出汁は東」や「青ネギは西日本で、白ネギは東日本で好まれる」、「東は角餅、西は丸餅」といった食文化である（表1）。

これだけ具体的に「天下分け目」が示されると、本当に〝見えない境界〟が関ケ原にあるのかを現地で確かめたくなる。この報告書（関ケ原町HPでも閲覧可）を片手にいざ関ケ原へ。

表1　食の東西比較一覧表（「東西文化の調査報告書」〔2016年3月、関ケ原町〕より作成）

	事象	東西の違い		関ケ原付近が境界線	理由
		西	東		
1	出汁の違い	昆布出汁ベース	鰹出汁ベース	○	昆布は交易物として都に集積。軟水・硬水の違い
2	青ネギと白ネギ	青	白	○	青は耐暑性があり。白は寒冷地の鍋物に適す
3	カレーに入れる肉の種類	牛	豚	○	西は牛の産地が近く身近。東は脂肪分の高い豚が好まれる
4	川魚の違い	近江：コアユ	美濃：モロコ	○	琵琶湖のコアユが移動できる地域か否か
5	丸餅と角餅	丸餅	角餅	○	東（江戸）は大量生産、京は三種の神器「鏡」の形
6	おにぎり（おむすび）の形状	俵型	三角形	×	東は武士が握りやすい形、西は幕の内弁当に入れやすい形
7	いなりずしの形状の違い	三角形	俵型	○	三角は伏見稲荷オリジナルで西で広まった
8	ぜんざいとお汁粉の呼び方	ぜんざい	お汁粉	×	出雲の「神在（じんざい）餅」から訛って京では「ぜんざい」に
9	鰻のさばき方	腹開き	背開き	×	江戸は単身の若い職人で技術が低く、さばきやすい背開き
10	「ところてん」の食べ方	デザート	おかず	○	吉野葛に馴染みのある西は同様の食べ方に

図９　お餅のかたち分布図
「日本鏡餅組合」ホームページ掲載の図をもとに作図

商品の蓋に（W）の表示があるのが見える

図10　日清のどん兵衛のパッケージ
発売当時から、東日本と西日本で味を分けており、一見したところ見分けがつきにくいが、左が西日本仕様（W）、右が東日本仕様（E）であり、その境界は関ケ原とされている。　（写真提供：日清食品）

美しい水の郷・海津のくらし

◉川とともに生きてきた人々の苦闘の歴史

安田 守

宝暦治水

中世末以来進行したデルタ地帯の新田開発や輪中の形成は、各河川の河道を固定し、同時に遊水池を狭めた。また人々の居住地が下流にまで広がったことで、広範な地域での洪水が問題とされるようになった。加えて河川上流の山林の濫伐は、急激な土砂の流出をもたらし、河床を上昇させた。

洪水が頻発する最大の理由は、木曽三川が下流で合流していたことである。木曽三川の河床は伊尾《いび》川が最も低く、長良川、木曽川の順に高くなっていた。油島新田地先の木曽・伊尾両川の合流点では、木曽川の河床は8尺（約2・4ｍ）以上も伊尾川より高かった。

このため平水時にも木曽川の水は長良川へ、長良川の水は伊尾川へと流れ込み、長良川、伊尾川の水位を上げていた。そこでひとたび雨が降れば、両川が逆流し洪水の原因となった。

この地域は旗本領や幕府領、諸藩の領などが入組んでいたが、治水は広範囲でなされねば効果がなかった。

木曽三川の洪水に根本的に対処するためには、三川を分流させることが最良の解決策であるとした三川分流案はこうして計画された。

三川分流計画による治水工事は、延享4年（1747）に二本松藩（現福島県）に命ぜられた御手伝普請が最初であるが、これによっても木曽三川流域の洪水、氾濫は止まなかった。

宝暦3年（1753）、幕府は薩摩藩へ御手伝普請を命じた。これが一般に宝暦治水工事といわれる普請で、なかでも油島締切や大榑《おおぐれ》川洗堰の築造が難工事であった。

油島新田と松之木村地先の木曽川と伊尾川の合流箇所は1090間（約2㎞）あったので、宝暦治水では油島締切が改めて課題になった。

工事に着手した段階では、

図１　宝暦治水の碑（海津市海津町油島）

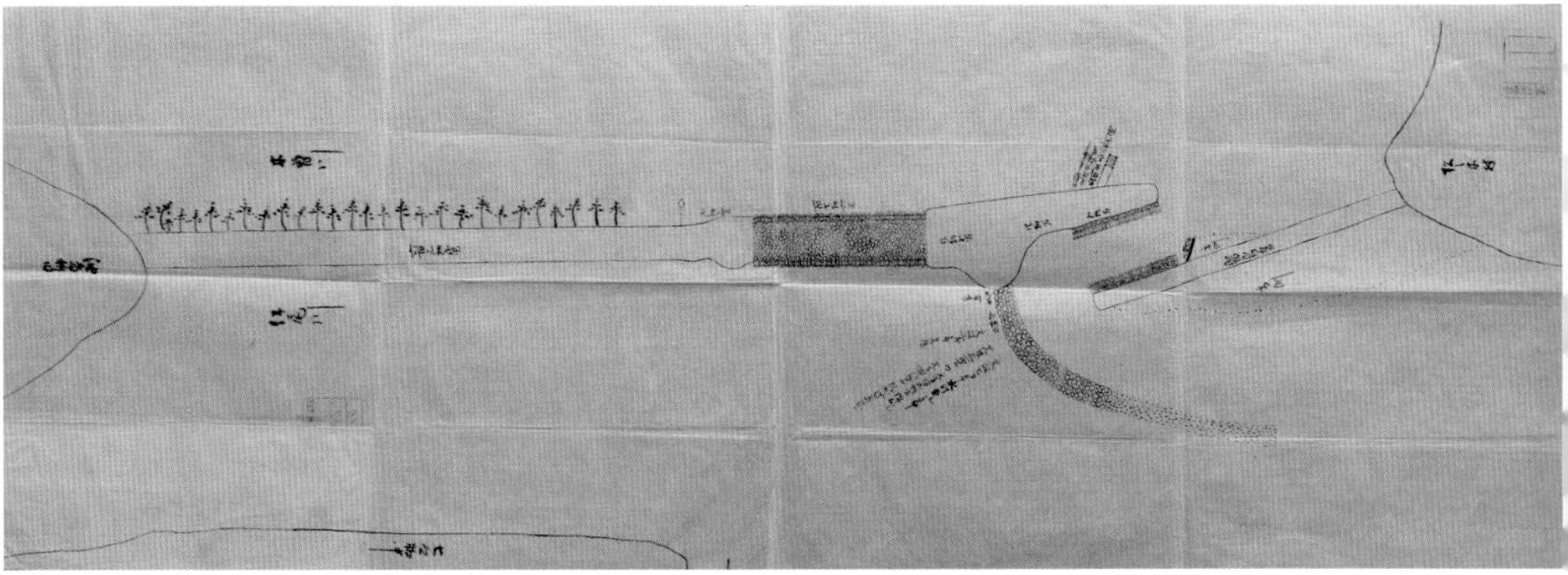

図２　相手方差出勢州油嶋新田締切絵図面（岐阜県歴史資料館所蔵）

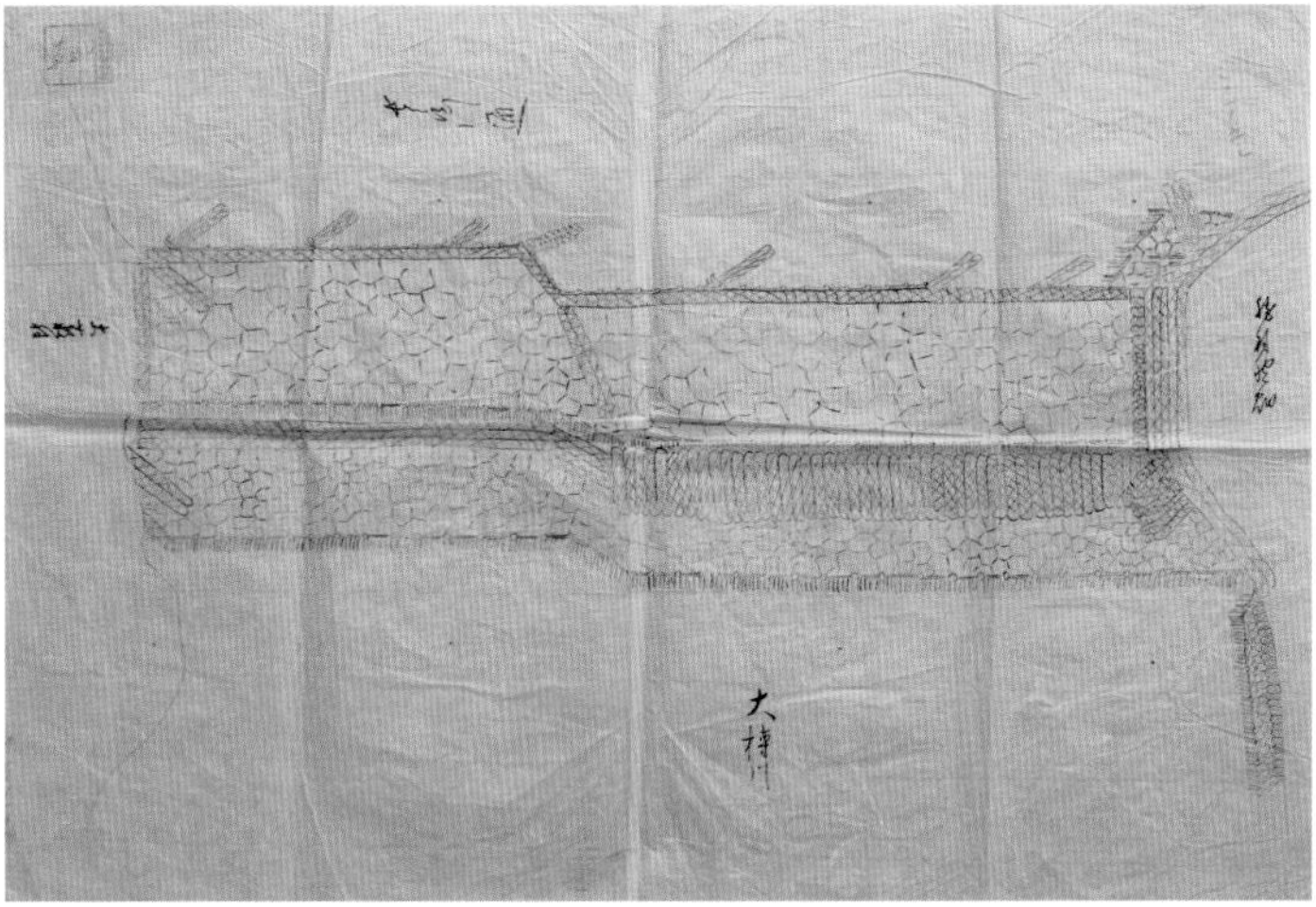

図３　大榑川洗堰絵図（岐阜県歴史資料館所蔵）

１０９０間を全部締切るか、あるいは中間を開けることにするか、まだ決定していなかった。工事の途中で水行の様子をみることとなった。

結局できあがった堤は、油島新田側から長さ５５０間（約９９６m）、松之木村側からは長さ２００間（約３６２m）というものであった。

油島の締切工事は、宝暦の分流工事以後、いく度も改修・補強の手が加えられていく。図２は弘化２年（１８４５）のもので、この時期には、開口部分は喰《くい》違堰《ちがいてい》で、堤の一部分が洗堰《あらいぜき》となっている。

宝暦治水工事はさまざまな利害関係と土木技術上の問題から、洗堰、喰違堰方式による治水工事となった。大榑川の洗堰（図３）による締切りは、揖斐川下流部の洪水負担を軽減したが、長良川上流部の各輪中では洪水が増加したとして、洗堰の取払いを請願する一方、揖斐川筋の福東、多芸輪中などからは、洗堰の嵩上げを請願している。

木曽川下流改修

宝暦年間（1751～64）の薩摩藩による御手伝普請では、木曽三川を分離する方向で工事がなされたが、完全な三川分流は明治以後である。

明治政府は当初、河川に流出する土砂を防止するための砂防と舟運のための低水路確保を目的とした工事を進めていたが、明治初期の相次ぐ災害に対し、明治17年（1884）木曽川下流改修計画に着手し、同19年オランダ人技師デ・レーケらによって改修計画が立案された。

三川分流についての要望は、高橋示証、山田省三郎、片野萬右衛門など、地元民の組織的な運動もあった。改修計画は木曽三川の完全分流を目指すもので、目的は、①洪水防御、②堤内悪水の排水改良、③舟運路の改善、の3点であった。

主な内容は、①木曽三川を完全分流とする、②佐屋川を廃川とする、③立田輪中に木曽川新川を開削する、④長良川の派川、大榑川・中村川・中須川を締切る、⑤高須輪中に長良川新川を開削する、⑥油島喰違洗堰は完全に締切る、⑦船頭平に閘門《こうもん》を設ける、⑧木曽川・揖斐川の河口に導水堤を設ける、⑨水門川・牧田川・津屋川の揖斐川への合流点を引き下げる、というものであった。

「木曽長良揖斐三大河水利分流改修計略全図」（図4）には、河川は水色、旧堤防は黒の実線、新堤防は赤の実線、新しく河道となる潰《つぶれ》地《ち》は黄色、廃川地となる生《いき》地《ち》が緑色で描かれている。これによれば改修前の様子と、改修によって木曽三川下流部の河道が大部分新たに造られたものであることがわかる。

木曽川下流改修（明治改修）は明治20年に着工され、濃尾地震、日清日露戦争などの影響を受け、同45年に完成した。明治33年（1900）には、三川分流工事及び派川締切工事がほぼ完成したので、総理大臣山県有朋はじめ多数の名士が出席し、成戸の堤防上で三川分流成功式が挙行された。

木曽川下流改修工事の工事区域に含まれる関係町村が最も苦慮したしたのは用地買収及び移転問題であった。木曽川筋の立田輪中を除く愛知県下全部と三重県下の木曽川筋に属する地域の土地買上げは、明治20年（1887）から翌年にかけて終了したが、この買収立退きの困難さにかんがみ政府は明治22年に土地収用法を公布し、やがて土地の買収は完了した。

工事に伴って新たに築造した堤防延長は106・7km、新しい河道のために開削した水路延長は48・9kmに及んだ。このために必要とした土地は約2900ha、移転した家屋は約1800戸に及び、移転者の多くは新堤沿いに転居したが、遠隔地へ移転した住民もあった。また、松山中島村・日下丸村のように全村立退き

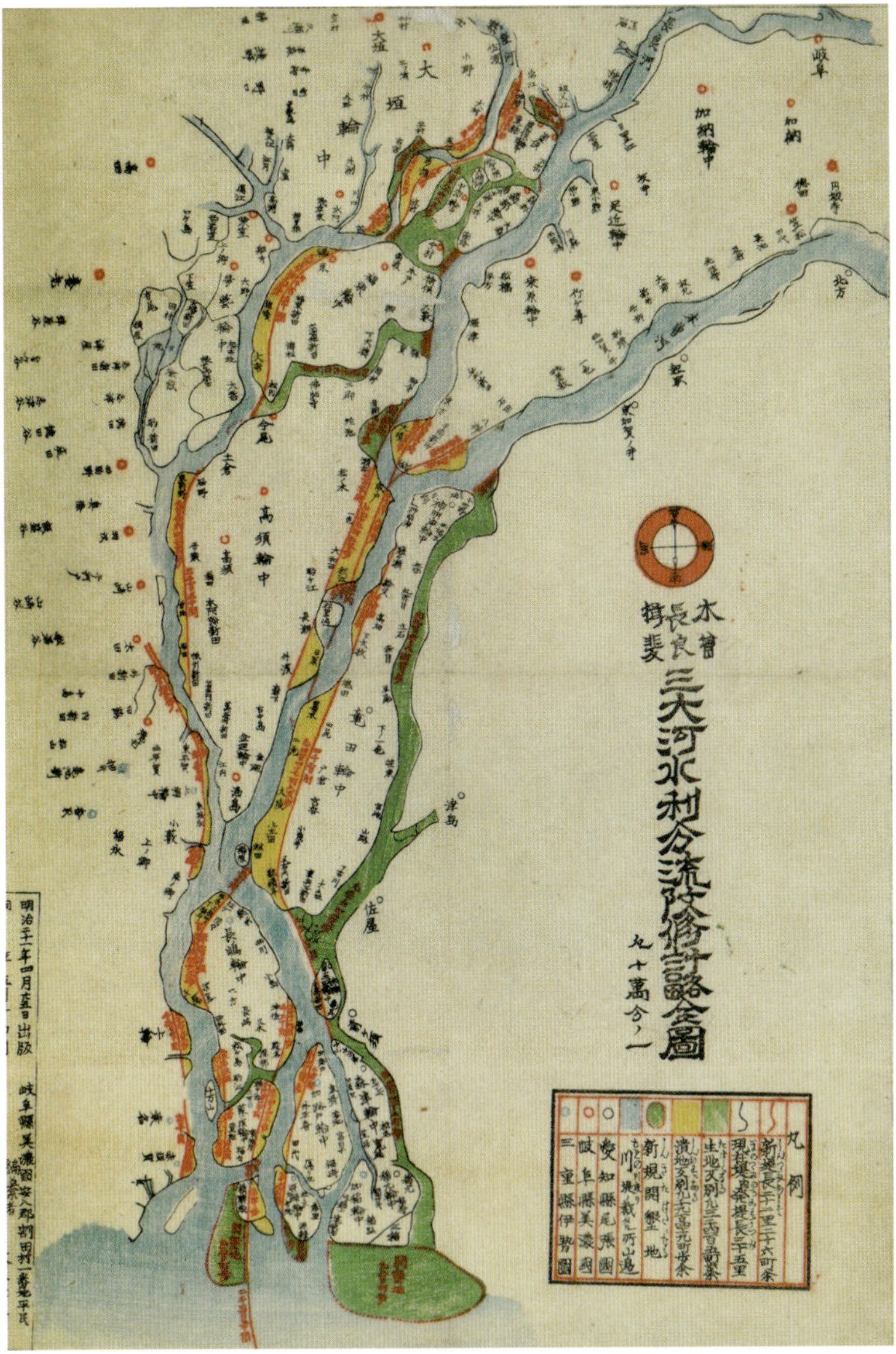

図４　三大河水利分流改修計略全図（明治 21 年〔1888〕）（岐阜県図書館所蔵）

となったり、輪中が分断されるような事態も発生した。

いっぽう、廃川により新たに利用可能となった生地も多く、その面積は岐阜県で約246ha、愛知県の佐屋川・筏川で約480haにのぼった。

木曽川下流改修が水害防止にもたらした効果は大きかったが、上流部改修、支派川改修、悪水対策などの課題は残った。

木曽川上流改修

木曽川下流改修により、木曽三川下流部には統一的な治水計画に基づく改修工事がおこなわれたが、その改修区域から上流は河川の屈曲が激しく、川幅は一定せず、堤防の大きさも旧態依然の状態であった。その上、水源地からの土砂流出のため、河床は年々上昇し天井川の様相を呈していた。

こうしたことから、すでに下流改修の着手以前から上流改修を要請する声は高かった。

そこで、政府は大正10年（1921）に、下流改修区域より上流の木曽三川の河道部及び支派川の改修をおこなう木曽川上流改修に着手した。その後、関東大震災、金融恐慌による不況、第二次世界大戦などが重なり、戦後も工事は続けられた。

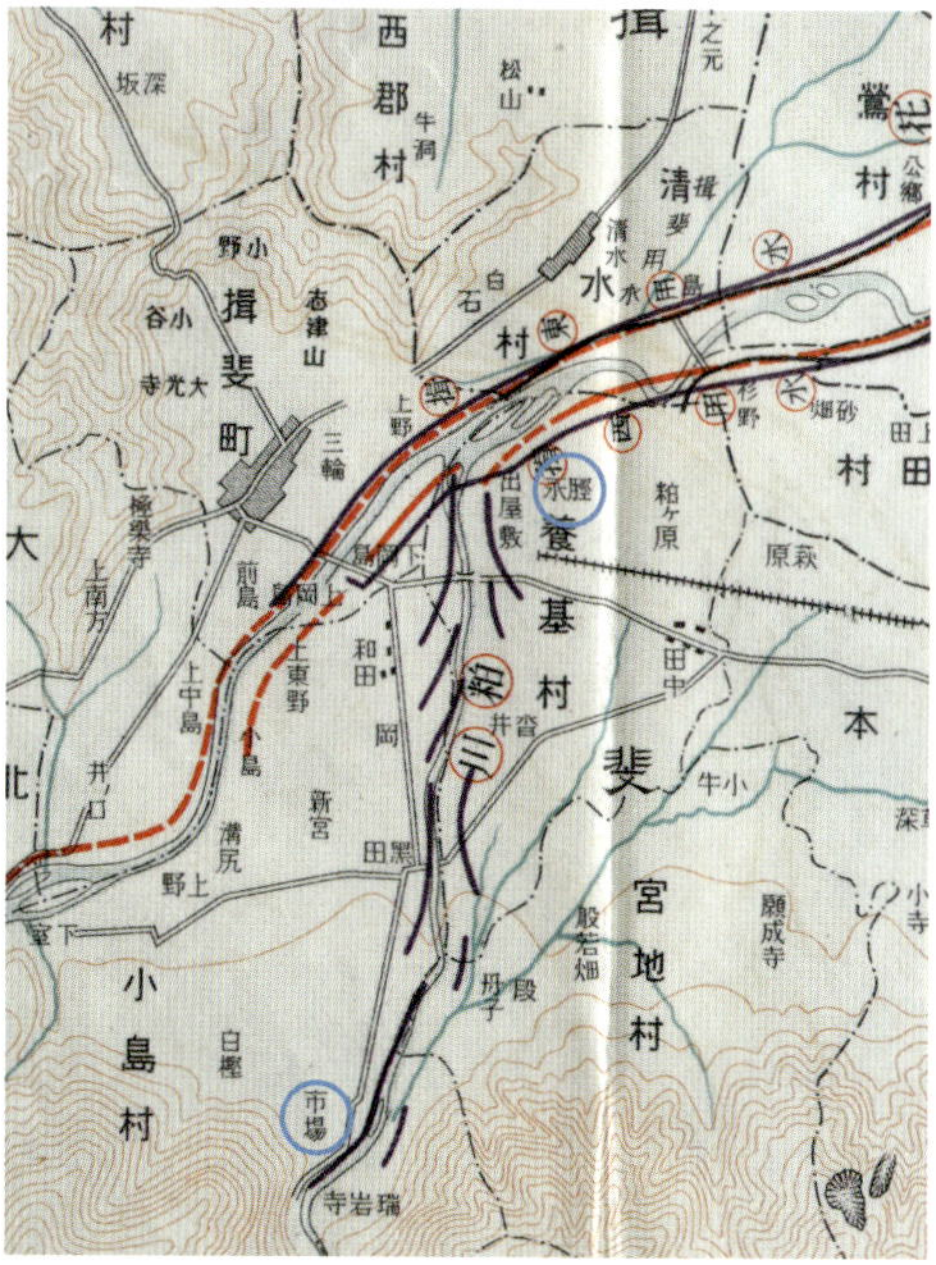

図5　木曽川上流改修工事平面図（1/7.5万）（岐阜県図書館所蔵）

木曽川では、川島村の河身を本川、南派川、北派川に整理した。

長良川では、まず下流改修で残されていた西小藪地先の旧川締切りをおこない、長良橋下流で分派していた古川、古々川の分派口を締切った。いっぽう本川では金華山から忠節橋までの岐阜市街地区間を特殊堤で施工し、犀川には新水路を開削し、森部地先に逆水樋門を設置した。

揖斐川では、数箇所の霞堤《かすみてい》を締切り、川幅が狭く、湾曲がはなはだしい無堤地であった呂久《ろく》地先に新川を開削し、両岸に新堤を築造した。藪川は附帯工事で取水施設を山口地先に統合した。いっぽう、牧田川は烏《からす》江《え》地先の河道を拡大し、背割堤を設けて杭瀬川を分流させ、合流点を下流に移した。

このように、現在の木曽三川上流部の河道はおおむねこの改修で造られたものである。

粕川の改修事業

粕川は貝月山など伊吹山系を水源とする幾多の渓流を合わせて揖斐川町市場で平野部に流れ出し、扇状地河川のまま同脛永《はぎなが》地先で揖斐川右岸に合流する、流路延長約20㎞の河川である

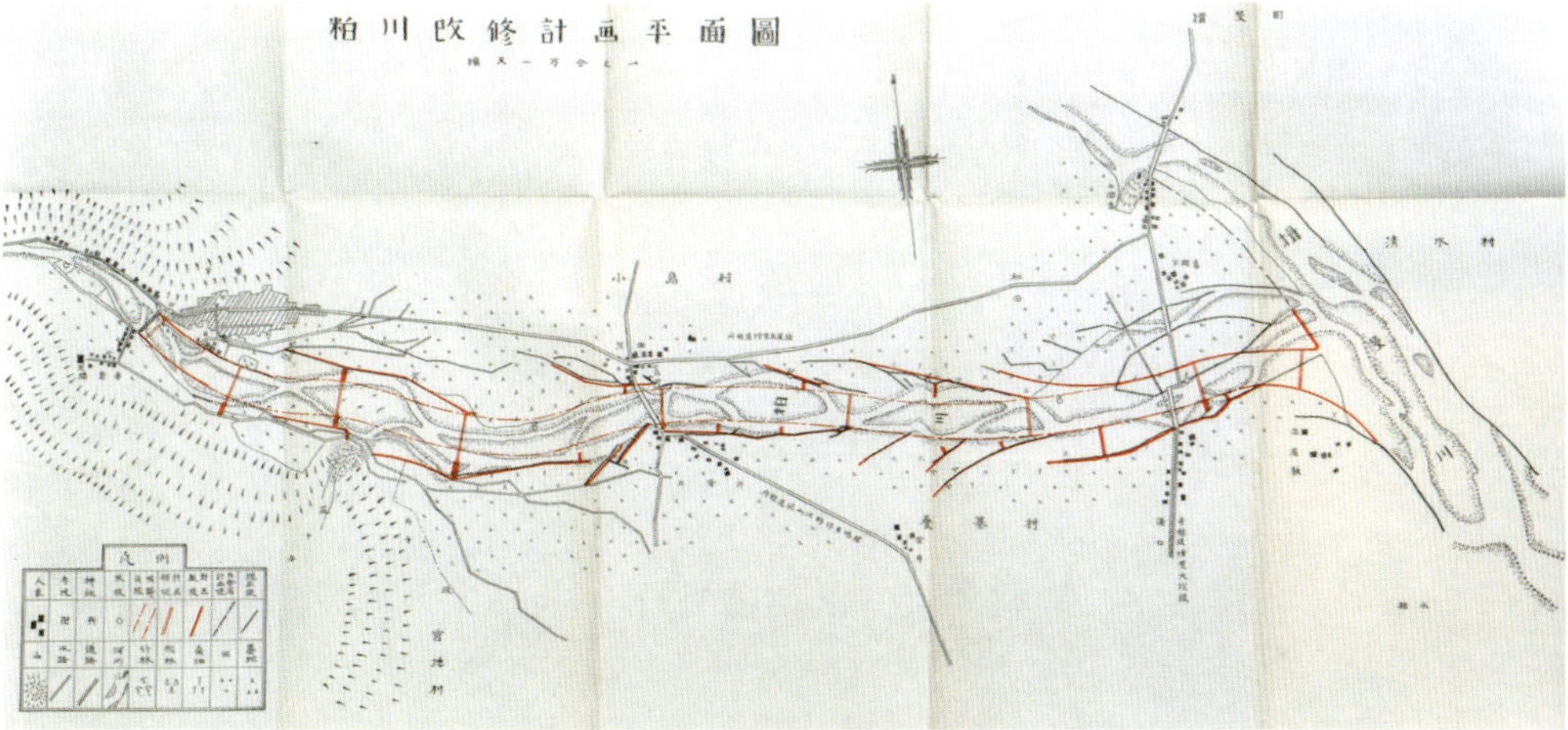

図6　粕川改修計画平面図（1/1万）（『粕川改修工事計画概要』昭和5年〔1930〕）

図8　連続堤となった霞堤開口部

図7　不連続の霞堤開口部

（図5）。流路延長が短く急勾配で平野部に流れ出し、市場から揖斐川合流点までの河川勾配は1／130である。

また、急峻な山地から流出する土砂のため、下流部では河床が堤内地よりも高く、合流点付金では砂礫の山を築いたような状況であった。

近世の絵図によると、既に両岸に多くの霞堤が築かれ、明治以降は両岸から競って猿尾《さるお》を延長したり、堤防を改築して、水勢を対岸に向かわせようとした結果、極めて不自然な堤防となっていた。

地元からの要請を受け、昭和4年（1929）に支派川改修の方針が決定し、翌5年に着工された。

改修計画では、「堤防ハ出来得ル限リ在来ノモノヲ利用スル事ニ努メタル結果、現在通霞堤式ヲ採用シ」とあり、堤防は従来の霞堤方式とし、できる限り在来堤を利用し、無堤の箇所には新堤を築造することとした。

霞堤とは、図6のように堤防を若干の間隔を空けて雁行に配置したもので、わが国では主に急流河川に用いられてきた。

水神信仰

木曽三川流域の平野部には、水害除け、防水の神としての水神信仰が多い。すなわち堤防守護神、決壊守護神としての水神で、輪中地域に広くみられる水神信仰である。水が枯渇する心配はほとんどないが、常に洪水の危険にさらされている川沿いの平野部に集中しており、かつて洪水で堤防が決壊した場所や、地形や水勢の関係で危険性が高いところに水神が祀られており、水害への恐怖をあらわすと同時に、洪水時に人々が駆けつけて守るべき危険箇所でもある。この意味では、堤防決壊危険箇所に多く建つ水防倉庫の立地とよく似ている。今日でも地元

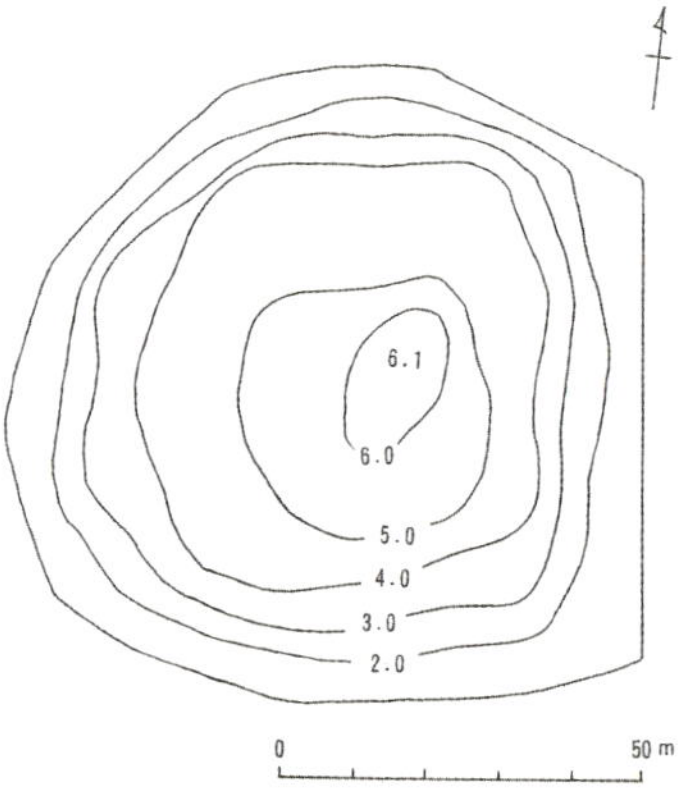

図 10　大池の水深（単位m、1992 年調査）

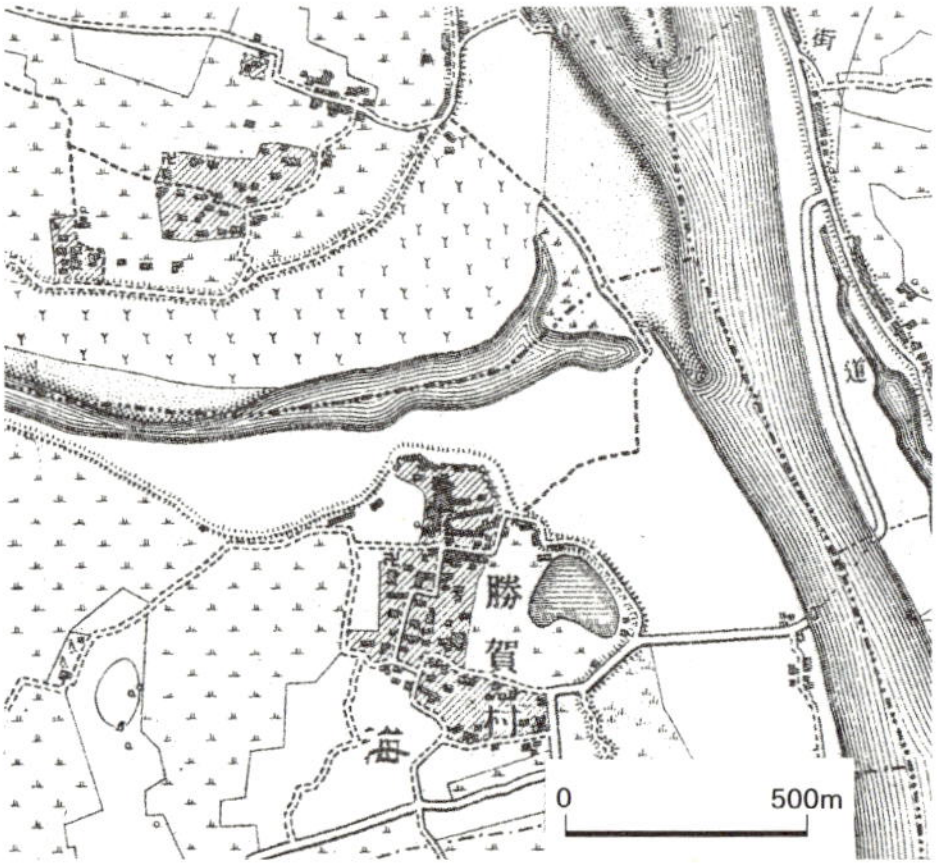

図 9　地図に描かれた大池　1/2 万「船付村」明治 24 年（1891）

図 11　大池（昭和 24 年〔1949〕）（米軍撮影）

の人々によって祭礼が営まれているものが多く、被害者をしのんで供養するだけでなく、人々の日々の監視と水防の伝承を子孫に伝えようとしているといえる。

押堀と水神

洪水が堤防を破って堤内に流入すると、地盤をえぐるように洗堀して池が形成される。この決壊地跡の池を押堀《おっぽり》と呼んでいる。

押堀は土地改良等で埋め立てられることも多いが、再現された例もある。

勝賀《かつが》の長良川右岸堤防は、文化12年（1815）や明治29年（1896）に決壊した記録があり、堤防が決壊した際にできた押堀の一部が大池と呼ばれて現在も残っている。

大池は、竜神伝説のある古池であったが、1976年の安八町での長良川決壊を受けて、1979年に長良川堤防側の水際から15mほどの池の約半分が埋め立てられ、大池神社の本殿、拝殿も完成した。池のもとの広さは1・6ha、水深5～7mであったが、1952年のダイナ台風で、すぐ南隣りの用水取入口の堤防が決壊した時も少し埋めたので、昭和15年頃からみると、今の大池は全体の3分の1くらいになった。その後、大池神社の北隣に井戸を掘って、井戸水は大池に供給されて防火用水に利用するほか、周辺は公園として整備され、池は釣り池として一般に開放されている。

大池神社では、竜神を慰め崇める大池祭りが毎年8月に大池の周りで盛大におこなわれる。最近では、ホオズキ提灯を丸く飾り、発電機で提灯の灯りをともしたり、打ち上げ花火をおこなったり、ゲームをしたりと、子どもにも楽しめるものを取り入れている。

図12　再現された押堀「たいしょう池」

図13　助命壇ともなっている水神

図14　大池祭り

◉河川や街道、鉄道の結節点でありつづける地域

陸路と水路交通の要・美濃加茂

原 賢仁

大河川合流の要衝

美濃加茂盆地では交通の発達とともに開発利用が進んできた。最初にあげられるのは綱《つな》場《ば》である。江戸期を代表する水運（木材輸送）の要で、上流から流されてくる木材を集めるために川面に丈夫な綱（藤ヅル）を張った施設で、木材はここで筏に組まれ下流へ流される。盆地の北の下麻生に飛騨川の綱場が、東の八百津の錦織《にしこおり》に木曽川の綱場が設けられた。

次いで、中山道が木曽川を渡る地点に設けられた渡船場が上げられる。中山道の三大難所の一つで、ここでは木曽川は陸上交通の障害となっている。もとは渡船場と一体であった太田の宿場街は木曽川右岸に発達した河岸段丘のうち下位段丘上にあり美濃加茂市発達の核となった。なお、渡船場は木曽川の河況の変化により上流側へ移動している。

木曽川の水運は、木材のように下りだけでなく、帆走や綱で引きあげることで上流への物資輸送にも利用されてきた（図1）。その遡上《そじょう》の限界が綱場とほぼ同じ位置の黒瀬《くろぜ》湊である。

中央線開通以前には多治見で生産された陶磁器の輸送や兼山・可児市で木曽川を臨む北向きの池でつくら

図1　日本ラインを帆を掲げて上る船（『図説 可児・加茂の歴史』より転載）

図2　美濃加茂IC
（美濃加茂市役所都市計画課提供）

れ氷室《ひむろ》に保存された氷の出荷にも利用されていた。人の移動にも使われ、土岐在住の母子が徒歩で今渡の川湊《みなと》まで来て下流へ向かった記録（乗船名簿）も残されている。

　このような水路交通はダム建設と陸上交通の発達により終了している。

　道路交通についてみると美濃加茂盆地は岐阜県南部のほぼ中央に位置し木曽川の架橋により、南北方面は国道41号線、東西方向は国道21号線により県内各地および名古屋市と結ばれている。

　自動車交通の発達と地域活性化をさらに進めたのが、2005年の愛知地球博開催時に開通した東海環状自動車道（西半部は2022年度開通予定）である。これまでこの地は大きな南北の動脈である東海北陸自動車道も、東方向の動脈である中央自動車道も通過してない。東海環状自動車道はその二つを連結し、結節点となる二つのインターチェンジ（美濃加茂「図2」、可児御嵩）も建設された。これにより美濃加茂地域は実質的に中京経済圏の一部（北部地域）となった（図3）。

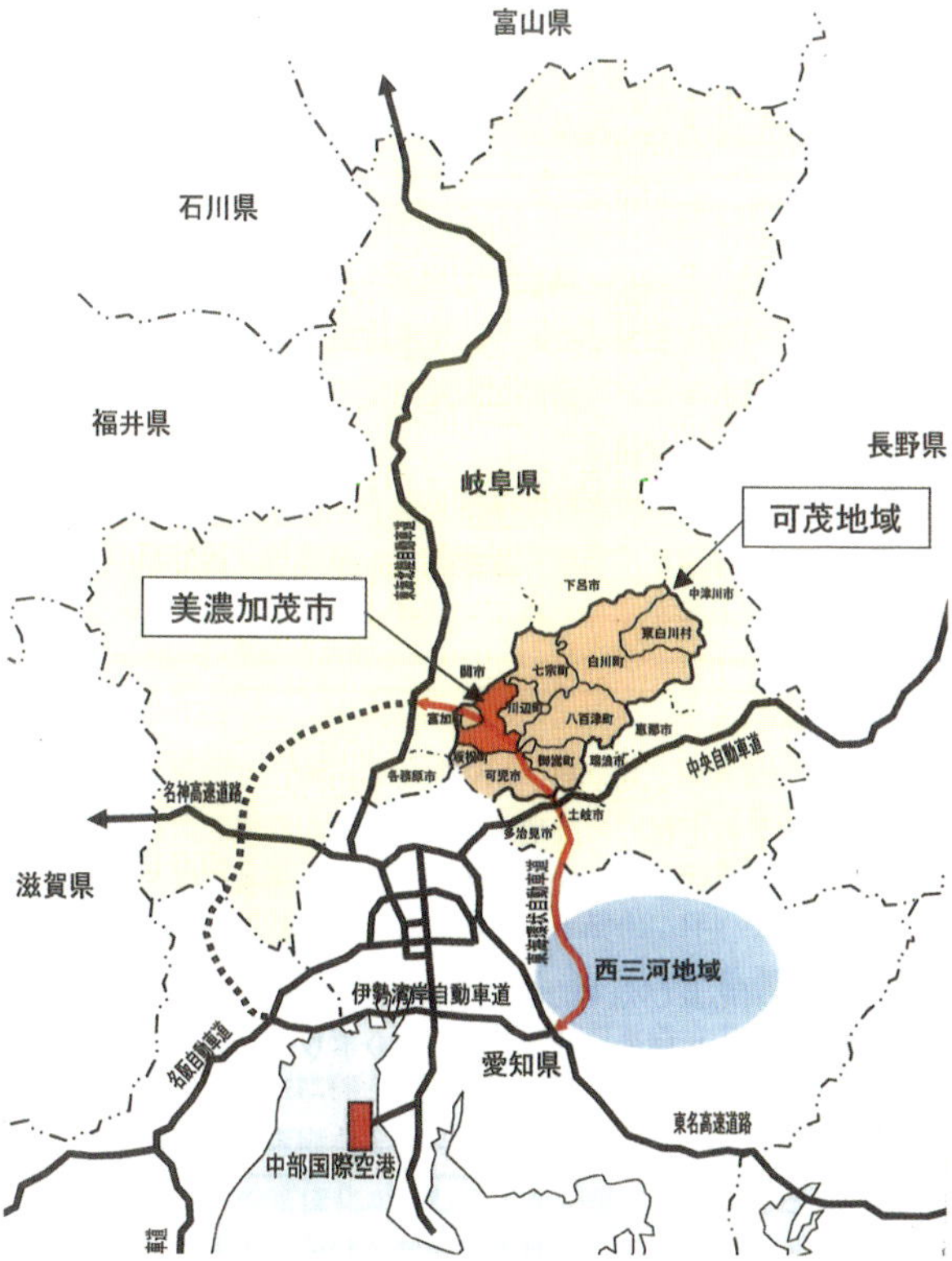

図３　中京圏における可児加茂の位置
（美濃加茂市市役所都市計画課提供）

中山道と美濃加茂

　中山道は東に向かって美濃平野を過ぎると山間部に入る。そのルートは木曽川の形成した谷に沿った右岸の狭い河岸段丘上にあるが、美濃高原に近づくと行く手

図4　中山道分間延絵図にみる太田の渡し（部分）右が上流（上赤丸が船頭小屋、下赤丸が船高札）（東京国立博物館所蔵）TNM Image Archives

をはばまれ左岸へ渡らざるを得なくなる。渡津《としん》が可能なのは高原手前の美濃加茂盆地である。美濃加茂盆地では二つの河川が運搬してくる土砂が、桟橋のない川での乗船下船に欠かせない河原をつくり、発達した段丘が高位置の集落や道路の間の上り下りをしやすくしているからである。

その状況を道路実測図である「中山道分間延絵図（部分）」（図4）と水運のために河況を詳細に描いた「木曽川丈絵図（部分）」（図5）からみてみよう。

「中山道分間延絵図」では図の中央に水色の木曽川の流れ、両岸に広がる河原、河岸段丘とそこを通過し河原へ下りる中山道の状況が描かれている。木曽川の中

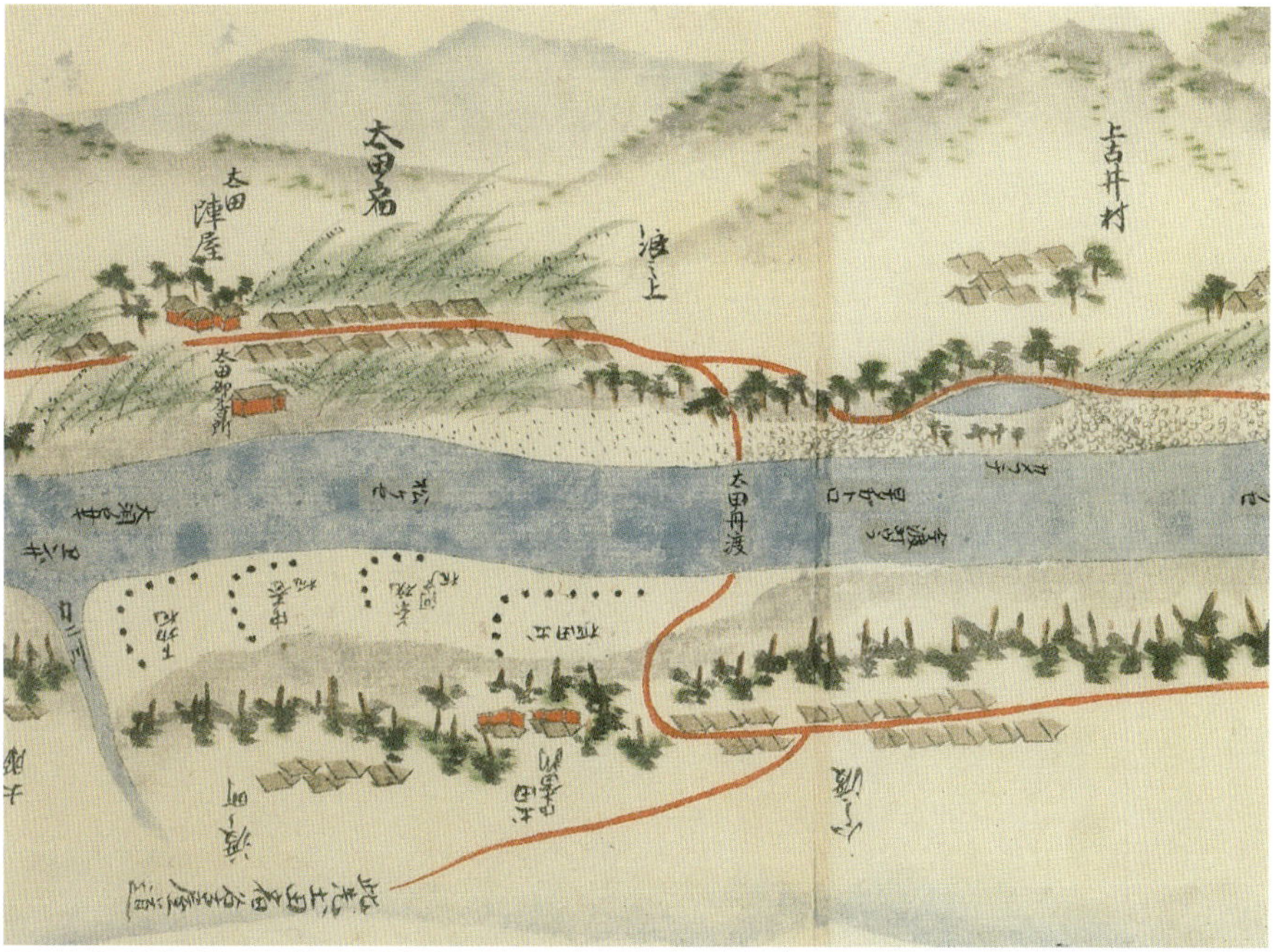

図５　木曽川丈絵図（部分）（名古屋大学附属図書館所蔵）（右が上流）

央部には時季により変わる川幅と源流、下流への道法《のり》等が書き込まれている。絵図下部右には中山道が直角に折れて河原へ下りる様子と下り口の舩（船）高札が描かれている。河原に下る道は「く」の字に折れ、道路面には滑り止めと思われる横線が引かれていることから、高低差がある坂道であることがわかる。段丘の下流側には尾張藩の材木改番所と河原には流木止めの杭（場）も描写されている。右岸の太田宿東の下古井村にも中山道が二つにわかれて直線状に河原へ下る様子が描かれている。この部分にも横線も引かれていることから左岸よりはゆるやかな坂道であると推察される。坂道の北（左）側に描かれた船頭小屋もここが渡船場であることを示している。両岸とも中山道が河岸段丘上を通過していると推測されるのは河原と中山道の間に岩が重なり連なる様子が描かれているからである。

　木曽川丈絵図にも太田の渡しの両岸の河原と別色に塗り分けた段丘崖が表現されている。左岸では段丘から河原へ下りる中山道は赤色の曲線で表現され、右岸では一本のみで、分間絵図とは異なっている。もと一体であった太田宿は渡し場の下流側に屋根だけが描かれている。宿場南の木曽川沿いには水運と渡船の監視もおこなう御番所、宿場の西端に陣屋が描かれている。左岸河原の杭（場）は四つとなっている。

鉄道結節点

美濃太田の鉄道結節点としての出発点は日本海側と太平洋側とを結ぶ路線の一つとして計画された旧国鉄高山線の建設（大正10年〔1921〕）である。次いで、中央西線と高山線を連絡すべく、地元の東濃鉄道の路線の大半を買収して昭和3年（1928）に太多線が開通した。さらに日本海側を結ぶ別ルートとして美濃太田、福井間の越美《えつみ》線の建設が始まっている。岐阜県側では昭和9年（1934）に北濃まで開通したが、越美山脈を通過するトンネルの難工事と支那事変勃発のため中断し、これ以降は美濃太田と北濃間を結ぶ越美南線として利用されてきた。越美南線の北部地域は岐阜県内では飛騨と並ぶ多雪地帯で、積雪期のその役割は重要で長良川鉄道に移管した現在もラッセル車（図8）が常備されている。

このように集中した複数路線への対応から美濃太田駅に隣接して機関区が設置された。鉄道利用のピークにあたる昭和41年（1966）には美濃太田駅の東に美濃太田気動車基地（図12、13）が建設され、当時の未電化区間の高山線・関西線・山陰線・武豊線・能登線で使用される気動車が保管、修理されていた。

分割民営化後は美濃太田駅隣接の機関区は廃止され、また、美濃太田気動車基地

図6　美濃太田機関区（昭和36年〔1961〕頃）（『美濃加茂市史』通史編）

図7　美濃太田機関区跡（2006年）

図8　出動準備中のラッセル車（長良川鉄道提供）

図9　現在のディーゼル基地。基地東端から西（美濃太田駅方面）をのぞむ

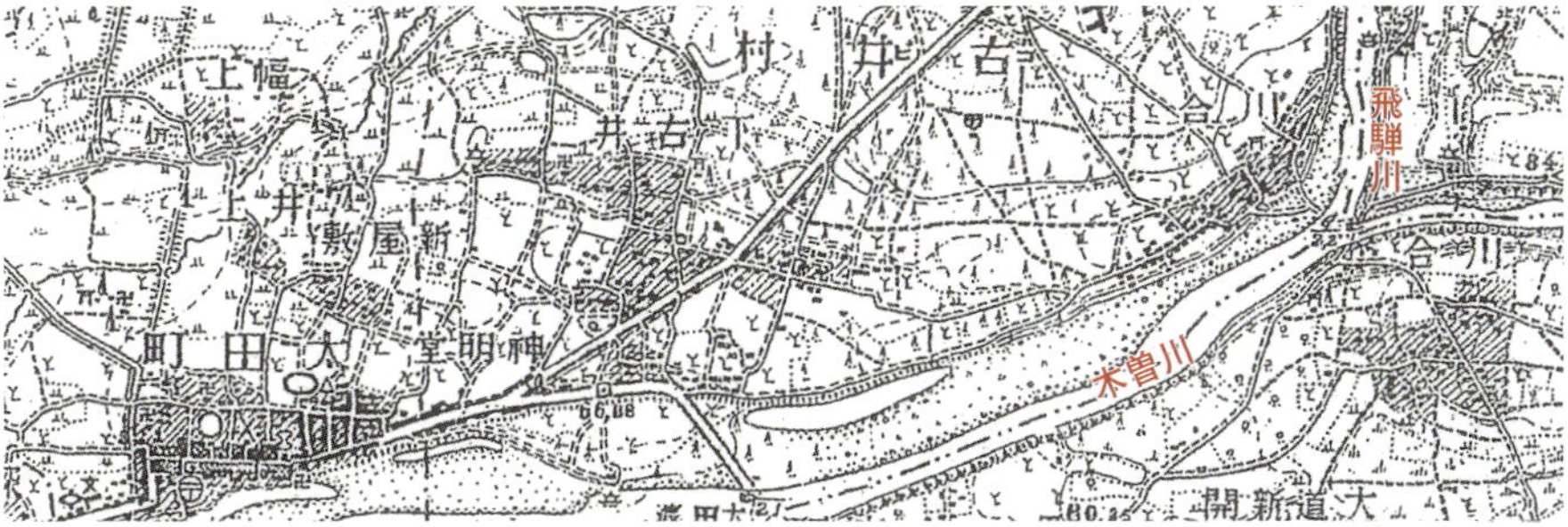

図 10　鉄道はまだ建設されていない　1/5 万「太田」明治 44 年（1911）

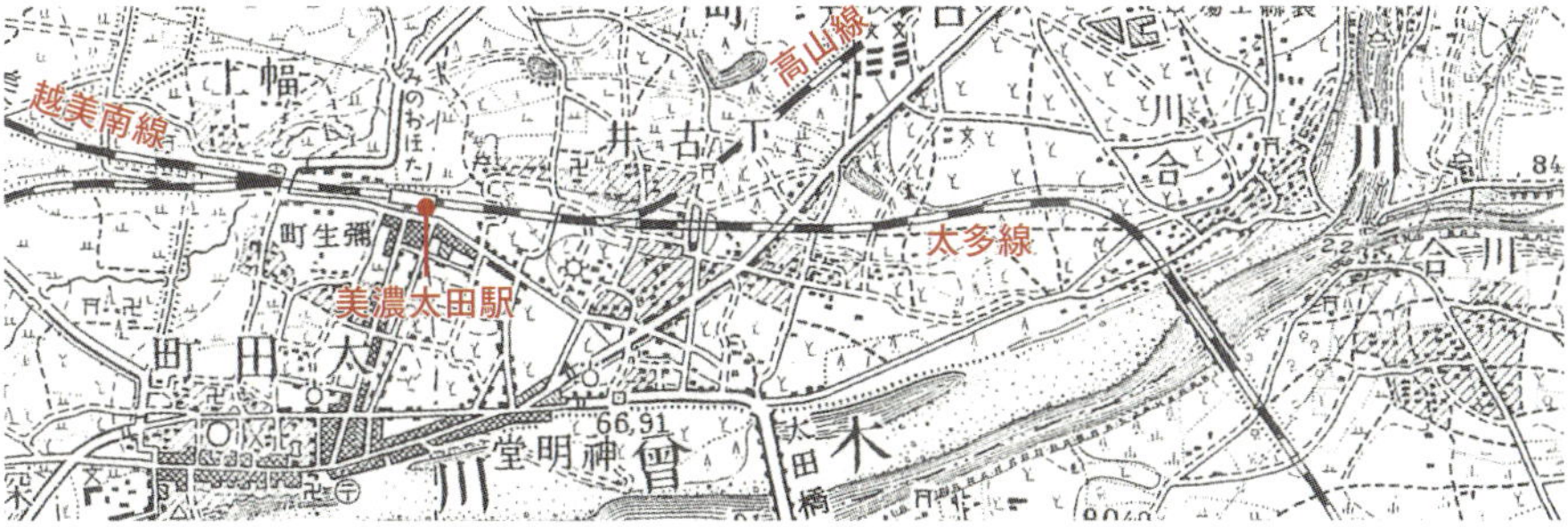

図 11　高山線、太多線、越美南線が建設されている　1/5 万「太田」昭和 11 年（1936）

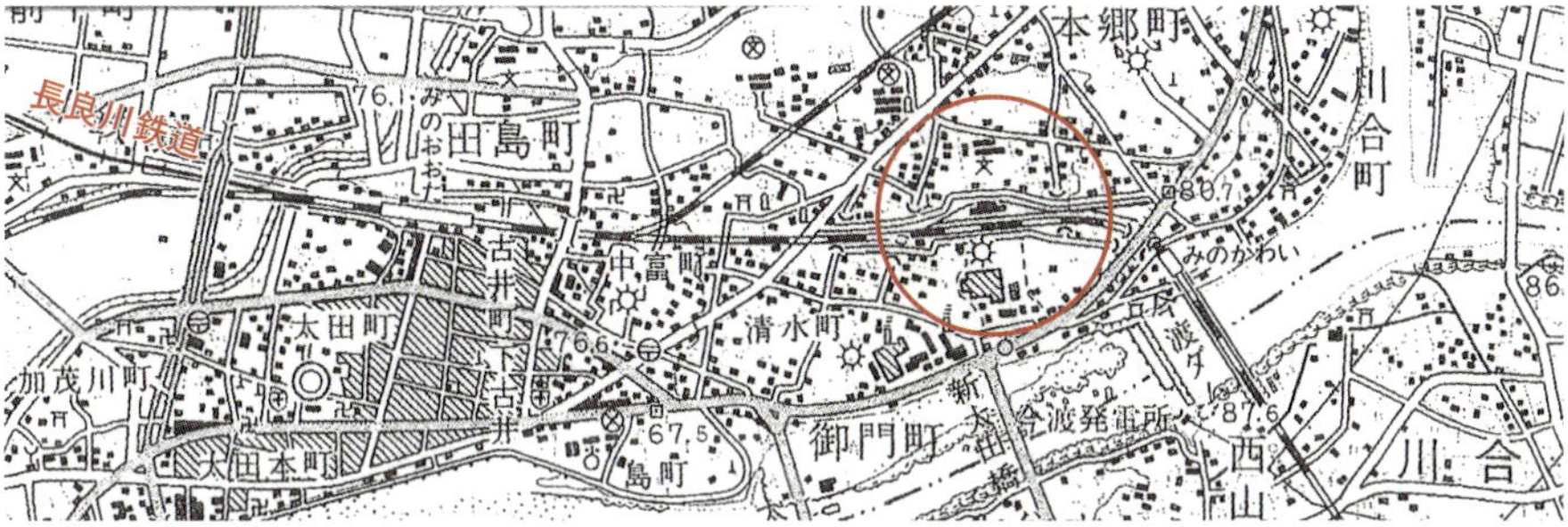

図 12　越美南線が長良川鉄道に代わっている。ディーゼル基地もできている（赤丸内）1/5 万「太田」平成 7 年

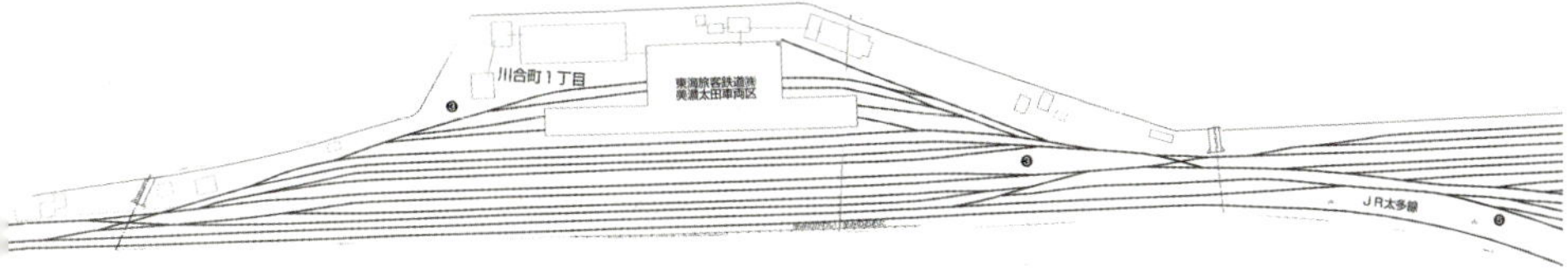

図 13　JR 東海美濃加茂車両区（ディーゼル基地）線路図　ゼンリン住宅地図（2017 年）Z18DB 第 631 号

図14　吉田初三郎　日本ライン名所絵図（大正12年〔1923〕）（岐阜県図書館所蔵）

内の線路上の気動車は所管の鉄道会社に引き取られ、現在はJR東海所有車両だけが置かれている（図9）。

日本ラインと美濃加茂・犬山

　美濃加茂盆地形成の一因となった木曽川の峡谷（日本ライン）は、かつての水運の難所であった。河中に露出する岩などが船や筏の操作を困難にしていたが、水しぶきを上げる急流は近代に入るとそのスリルを楽しむようになった。

　嚆矢《こうし》となったのが大正3年（1914）の地理学者の志賀重昂《しげたか》による川下りで、「日本ライン」は彼の命名による。日本ラインは昭和2年（1927）に新聞社主催の企画「新日本八景」（河川部門）の1位に選ばれ、1954年には県立公園、1964年には飛騨木曽川国定公園に指定され、全国的に知られるようになった。

　発展の大きな契機は旅行ブームに対応して旅行会社が売り出した周遊切符の中のコースに取り入れられたことであった。前日に高山市内観光、下呂温泉で宿泊，当日はJR高山線で美濃太田駅（美濃加茂市）に到着後ライン下りを楽しみ、犬山で下船し、市内観光をする周遊コースが定着してきたのである。

　犬山は国宝犬山城、織田有楽斎創建後移築された国宝の茶室「如庵《じょあん》」等の存在により観光地化している。近年ユネスコ文化遺産に指定され、春、伝統的な城下

図15　日本ライン下り広告
乗船料（大人2400円、小人1200円）車回送料金1500円）が明記されている

町でおこなわれる犬山祭りも観光客増加の大きな要素となっている。

しかし、現在、日本ライン下りは廃止となっている。大きな原因は車で乗船場に来る利用客の増加で、それにともなう下船場への車の回送にあった。回送には別途料金が上乗せされ、敬遠されるようになったのである（図15）。

◉昔も今も山に生きる

伊勢神宮と裏木曽の山々

原 賢仁

江戸期の裏木曽

江戸期の裏木曽の森林資源

裏木曽とは長野県と境する岐阜県東濃北部の旧加子母村・付知町・川上村をさす。戦国期の築城による需要の増大に対応してこの地でも蓄積されていた大量の木材の伐《き》り出しがおこなわれた。

この傾向は尾張藩有林となってからも毎年厖大《ぼうだい》な収入を生み出すため継続され、蓄積は大幅に減少し山林は尽山《つくしやま》と呼ばれる段階にまで荒れていった。享保期になって荒れた山林を回復すべく藩による厳しい管理が開始された。伐採禁止の木曽五木の制定はこの時機におこなわれたものである。その結果、明治期には豊富な森林資源が残された。

図１　従者を率いた内木家当主「山守」による尾張藩有林見回り図（部分）（内木家所蔵）

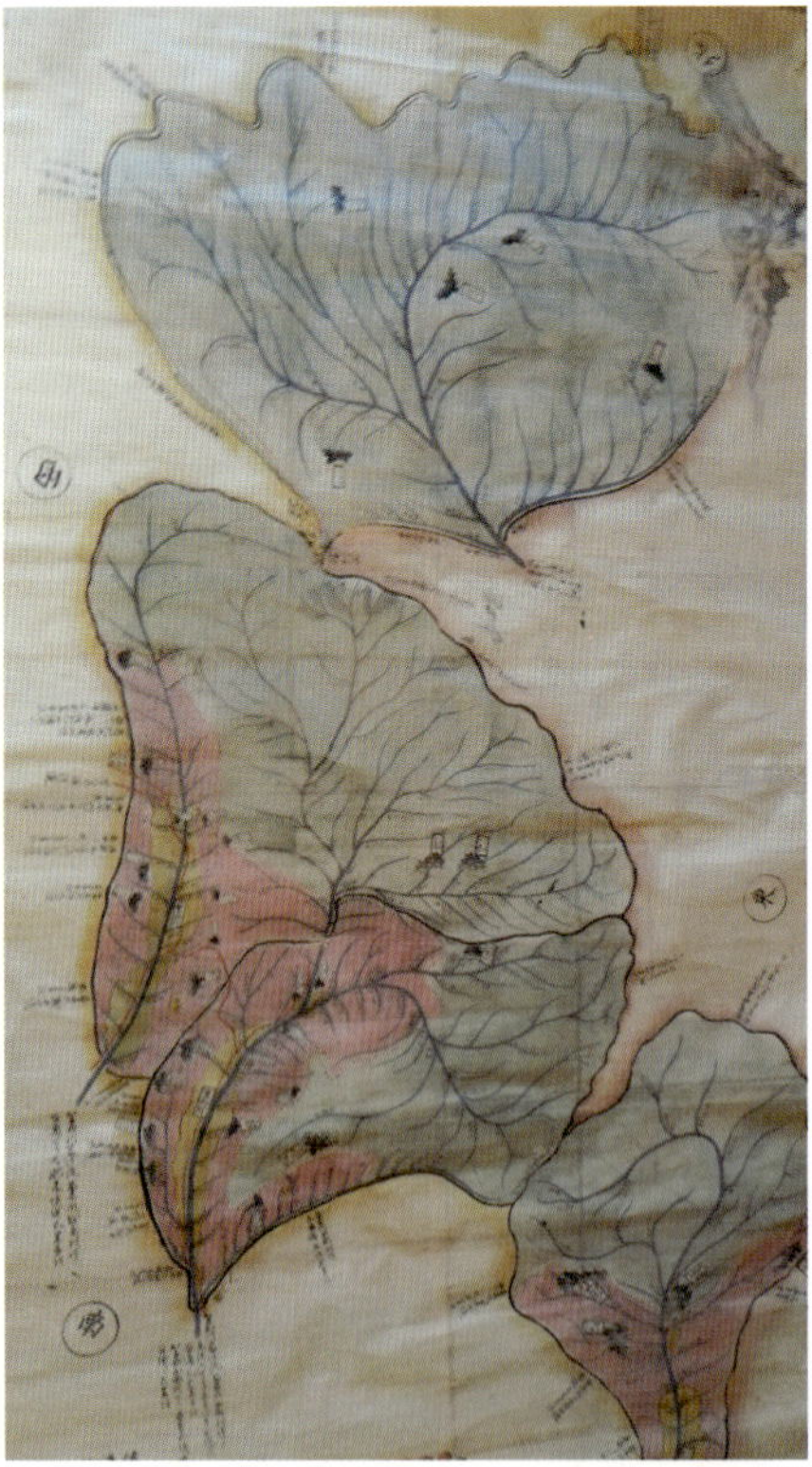

図２　所管の見回り山絵図（全体、上が北西）信州木曽三浦山、美濃裏木曽加子母、付知、川上の山々（内木家所蔵）

御料林《ごりょうりん》

明治2年（1869）に全国の藩有林は官林（国有林）に編入された。明治18年（1885）には宮内省に御料局（大正13年〔1924〕）に帝室林野局と改変）が設立され、皇室の安定資産として国有林の多く（150万町歩）の所有（編入）が要求され、裏木曽の尾張藩有林も対象となった。これが御料林であり、式年遷宮用材の確保もその目的にあったとされる。

図3　裏木曽の留山、巣山（色づけされた山形の部分）（内木家所蔵）

山廻り

藩の山林改革にのっとり、荒れた山林を復活し豊富な資源を蓄積すべく管理してきた現地の担当が「山守」であった。中津川市加子母《かしも》には裏木曽の「山守」を代々受け継いだ「内木家《ないきけ》」が現存する。「山守」の任務は山林の見回りで（図1）、その範囲は信州木曽山の一部の三浦山、裏木曽の加子母村、付知村、川上村の山（図2）である。見回り内容は、飛騨の幕府山と三浦山の境界確定と維持、「切越」（他村からの越境盗伐）の監視、裏木曽での留山《とめやま》（伐採禁止山）と巣山《すやま》（鷹狩用の鷹の保護育成林）（図3）の監視、枯死木等を除く伐採可能木の見極めと蓄積量の見積もり、掟《おきて》違反者の拘束と軽い違反の処分などであった。そのための見回りは年間200日に及び、日記という形式で詳細に記録され、随時、藩に報告された。

この役割に対しては五人扶持《ぶち》が与えられたが、時代とともに重要性が認識され、尾張藩の正式な藩士の地位を得ていく。261年の風雪を経た「内木家」の屋敷は禁止された木曽五木以外の材で建てられ、倉には見回りの記録等の厖大な記録も残されている（図4）。

図4　内木家外観

川狩りと森林鉄道

川狩り

川狩りとは伐採後、山落《やまおとし》（谷へ移動）、谷出《たにだし》（支流へ

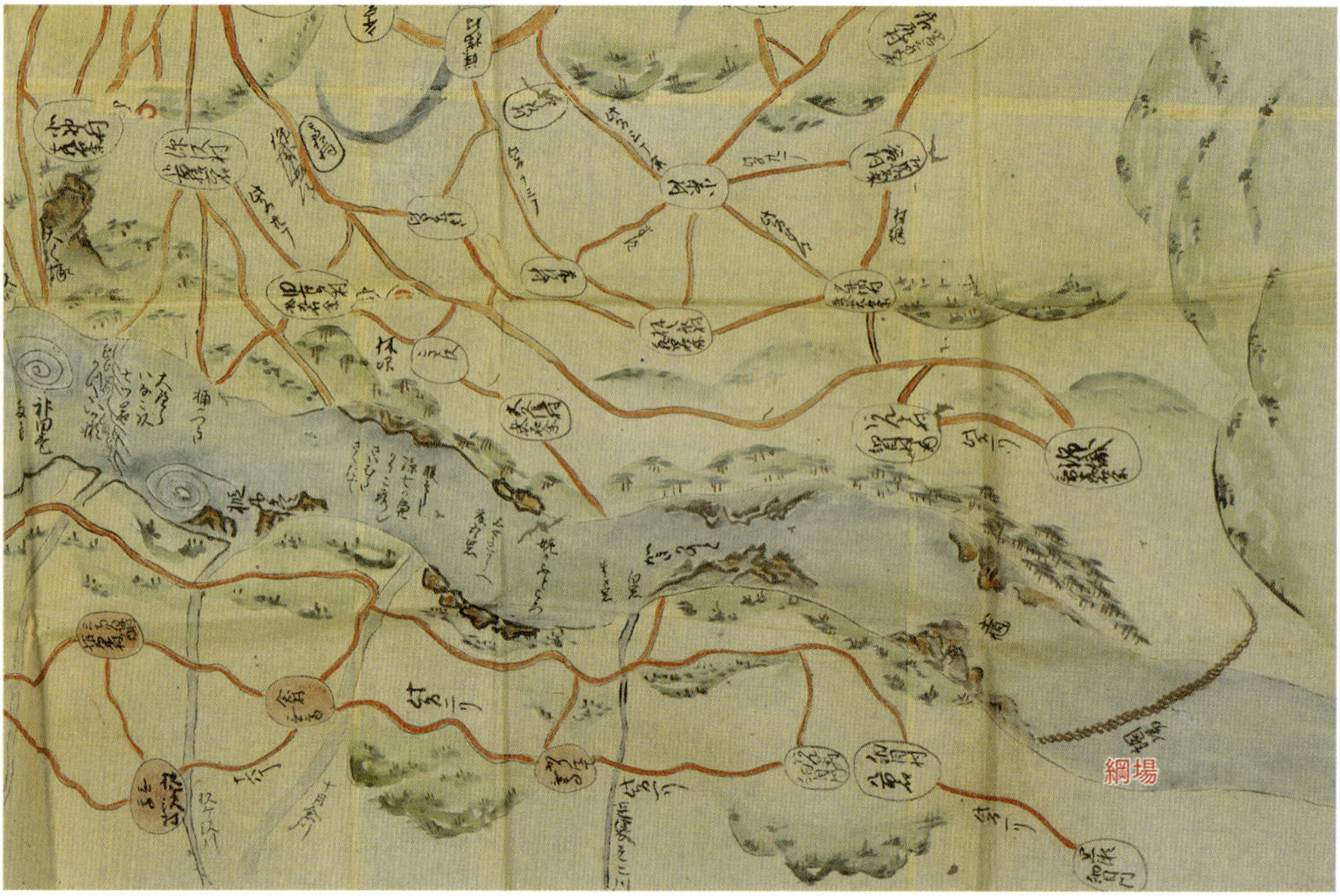

右が下流

図6　管狩之図（大川狩り中の岩に掛かった材木の取り除き作業）（『木曽式伐採運材図絵』）

の搬送）をへて、材木を川を使って流す作業をさし、筏送りの前段階である。

川狩りは材木一本ずつ送流する管流《くだながし》でおこなわれ、支流を流す小谷狩《こたにがり》と本流の大川狩《おおかわがり》（図5）に分けられる。これには川中の岩に掛かる材木を除去する作業（管狩《くだが》り）（図6）が重要となる。怠れば流れてくる木材が絡《から》み合い全体の運材を停止させてしまうのである。

森林鉄道

以上のような川狩りに対応した近代的輸送手段が鉄道である。木曽川では大川狩りに対応するのが中央西線、支流の付知川の小谷狩りが北恵那鉄道、山落しから谷出しが付知森林鉄道であった（図7）。

裏木曽山に張り巡らされた森林鉄道は本線、支線、作業線の三つの路線からなる。昭和13年度（1938）に完成した本線は北恵那鉄道下付知駅西側を起点として付知川に沿って北上し、度合に至る。本線から分岐した支線は3線で、作業線は支線の終点や途中から、伐

図５　濃州大井役所川通之図（手書，手彩色、江戸時代，作者不明）（部分）（岐阜県図書館所蔵）

図７　付知森林鉄道全路線図（本線・支線・作業線）（『近代化遺産国有林森林鉄道』所収の図をもとに作成）

採にあわせ敷設、撤収が繰り返された。

深く狭い谷斜面沿いに建設された森林鉄道の運行には十分に注意が払われてきた。滑り止めの砂まきは怠らず、機関車を最後尾にした逆配車の下りでも先頭となる積載車からおこなわれた。各線ごとに列車運行がおこなわれ分岐点での衝突事故を避けるため森林電話で常に確認し合っていた。

1962年には森林鉄道本線の自動車輸送への切替がおこなわれた。

全国に生きる良材「木曽檜」

木曽檜は全国的に知られたブランドであるが、同一品質である裏木曽檜も独自ブランドを確立している。それを進めたのが産直住宅という住宅建築方式である。個別注文の住宅材を地元の建築業者が地元産の裏木曽檜から製材して仕上げ、トラックで建築現場まで運び、組み立てて完成させるものである。

伊勢神宮式年遷宮とご神木のふるさと

「大山之神、左ヨキよこやま一本寝るぞー、いよいよ寝るぞー」。三つ緒《お》伐りと呼ばれる伝統的な伐採技法によって、三方から三人の杣《そま》が斧を入れ、高さ22m、胸高直径52cm、樹齢百年のヒノキが轟音と共に横になった。

伊勢神宮の神々たちの神座を遷《うつ》す式年遷宮《せんぐう》はついこの間、2013年10月に第62回を恙《とどこお》なく終えたばかりであるが、早くも20年後の式年遷宮の準備が2017年11月30日、中津川市加子母裏木曽国有林七十七い林小班（加子母字西俣入101番地）での「斧入式」で始まった。ここからまた新しい式年遷宮の歴史が始まる。

図8 「伊勢神宮第63回式年遷宮（2033年）のためのご神木伐採斧入式 2017年10月30日 裏木曽国有林にて（付知町早川写真館撮影）

夕森山（1597m）の山腹にはこれら斧入れ式跡や御用材伐採式跡などのなごりが残されている（図9中

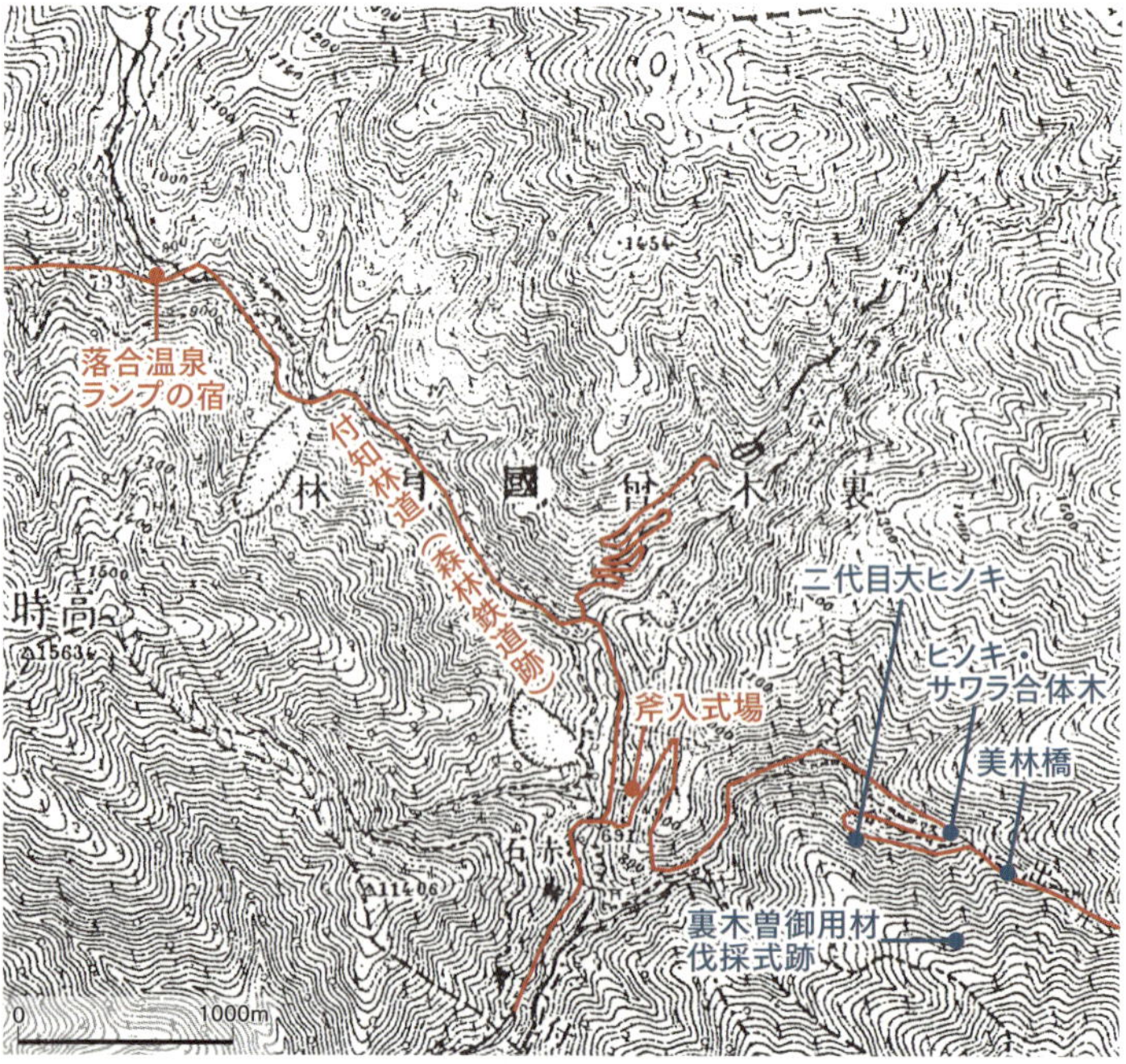

図9 式年遷宮関連地と度合温泉等の概略（1/5万「加子母」昭和27年〔1952〕）

の●・見学には東濃森林管理署への届出許可が必要）。また、高時山の北の西俣谷出会い付近には「ランプの宿」で知られる度合《どあい》温泉がある。

裏木曽御料林の従事者や商人、御岳登山の人たちなどにひとときの憩いを提供したり、懇親などにも使われたというこの施設は、素朴な趣が受け継がれ今に至っていると、六代目主人の今井俊博さんは語る。

今井さんの自宅は中津川市加子母にある。当然のように家業を継いできた。裏木曽に生まれ育った人たちは、山に関わりがあるか否かを問わず、多くが「山の文化・木の文化」の後継者としての資質を遺伝子として受け継いでいるに違いない。（この項執筆＝今井春昭）

伊勢遷宮と御神木、その待遇

伝統的な神木の搬出

伐採された御用材は丁寧な木造《きづくり》の後、保護のため菰《こも》を巻いて菅流しされる。安全ルートを探り川中の岩に掛かった場合の処理のため前後に船を随行させる。八《や》百津《おつ》の錦織《にしこおり》の綱場に到着後川から上げられ一時保管の後、御用材を示す旗を掲げた船の両舷に縛り付けられ、前後に船を伴い下流へ、途中で適宜停泊するなど時間をかけ搬送される（図10）。この特別な扱い（川狩り）も昭和16年（1941）の第59回式年遷宮材から鉄道輸送となり、鉄道輸送もその後はトラック輸送に転換された。

図10　御神木の川下（かわさげ）　川に戻し待機中の船の舷側に結束して搬送（美濃加茂市の木曽川河畔）（「錦織綱場」八百津町教育委員会）

図11　最初で最後となった御神木運搬中の森林鉄道列車。「大一」の旗（赤丸）がそれを示している（『近代化遺産国有林森林鉄道全データ（中部編）』）

大井ダム、福沢桃助と貞奴

日本最初のダム式発電を木曽川の大井ダム発電所の建設により実現させたのが福沢桃助である。しかし、木曽川にダムが建設されれば川狩りは不可能になり、遷宮御用材の搬出を含めて木曽・裏木曽の帝室林野（御料林）の林業経営が成立しなくなる問題が生じる。

これに対する福沢桃助の代替案は小谷狩りは付知町から中津川にいたり、動力源に大井ダム

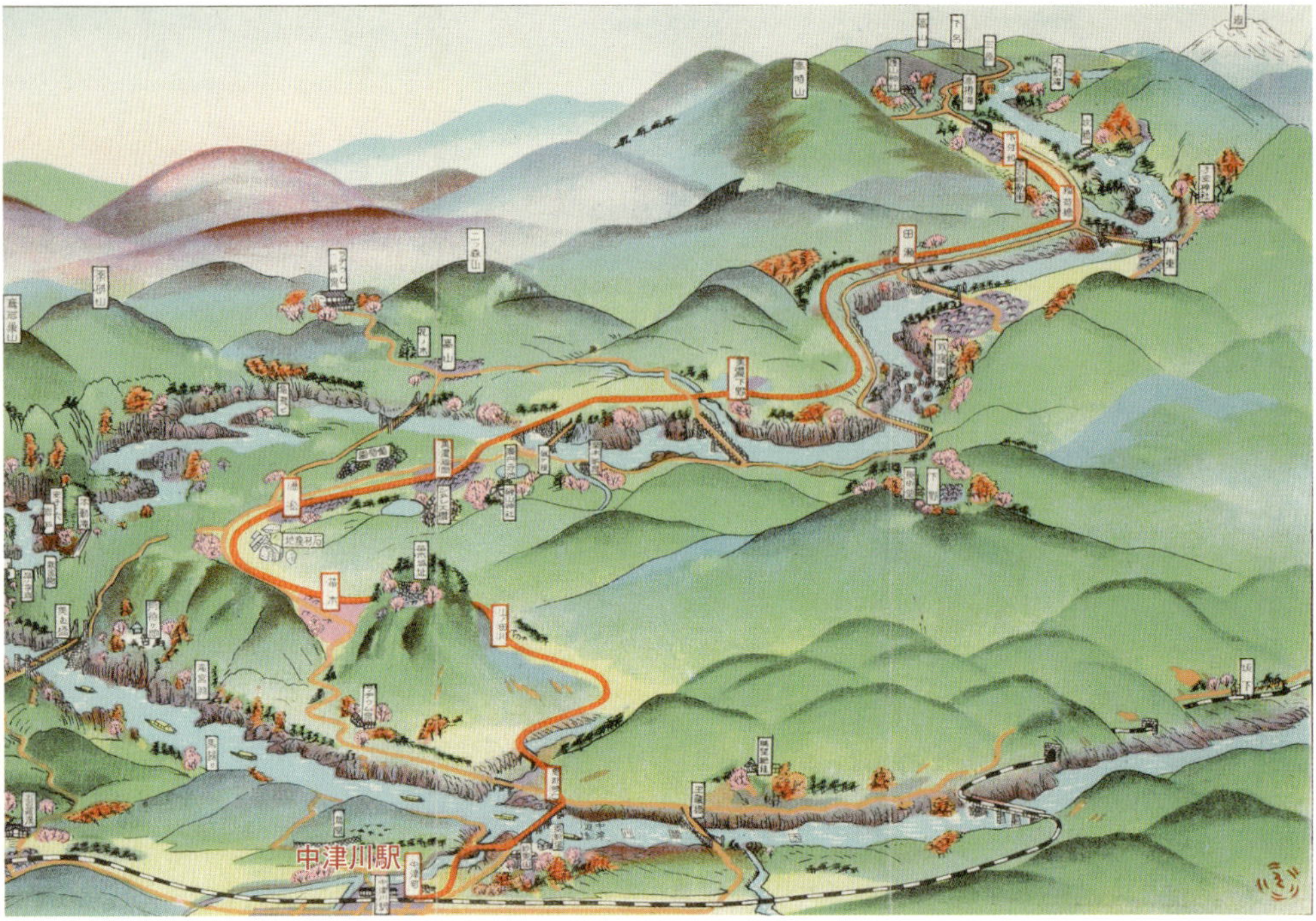

図12　北恵那鉄道沿線案内、附大井ダム自動車鉄道御案内（岐阜県図書館所蔵）

で生産された電気を用いる北恵那鉄道の敷設であり、大川狩りは中央西線の利用であった。北恵那鉄道の起点は国鉄中津川駅に近接する中津町《なかつまち》駅だが、線路だけは中津川駅構内の引き込み線と連結させるのである。

　福沢諭吉の養子・女婿となった福沢桃助は慶應義塾卒業後、金融業界を経て電力開発に従事した。その後半生には心強い協力者が登場する。NHK大河ドラマ「春の波濤」で知られる日本で最初の女優、川上貞奴《さだやっこ》である。彼女は夫亡き後、大正8年（1919）に芸能界を引退し、桃助と結ばれ、木曽川に臨む南木曾町の桃介の別邸で生活をともにした（図13）。後に名古屋へ移り、東区東二葉町（現東区白壁町3丁目）に自宅（二葉御殿）を建築し、二人の生活を続ける（図14）。

　昭和13年（1938）、桃介亡き後、その位牌を木曽

図13　貞奴と桃介（画像提供：文化のみち二葉館）

川を望む地に自ら建立した貞照寺《ていしょうじ》（図15）に納め、名古屋を引き上げ東京ですごした。その後も、毎年、追悼のため貞照寺に参拝し、近くに建てた別邸の萬松園（図16）でしばらく過ごしたという。没後は貞照寺に遺骨が納められた。別邸は2018年、国の重要文化財に指定された。

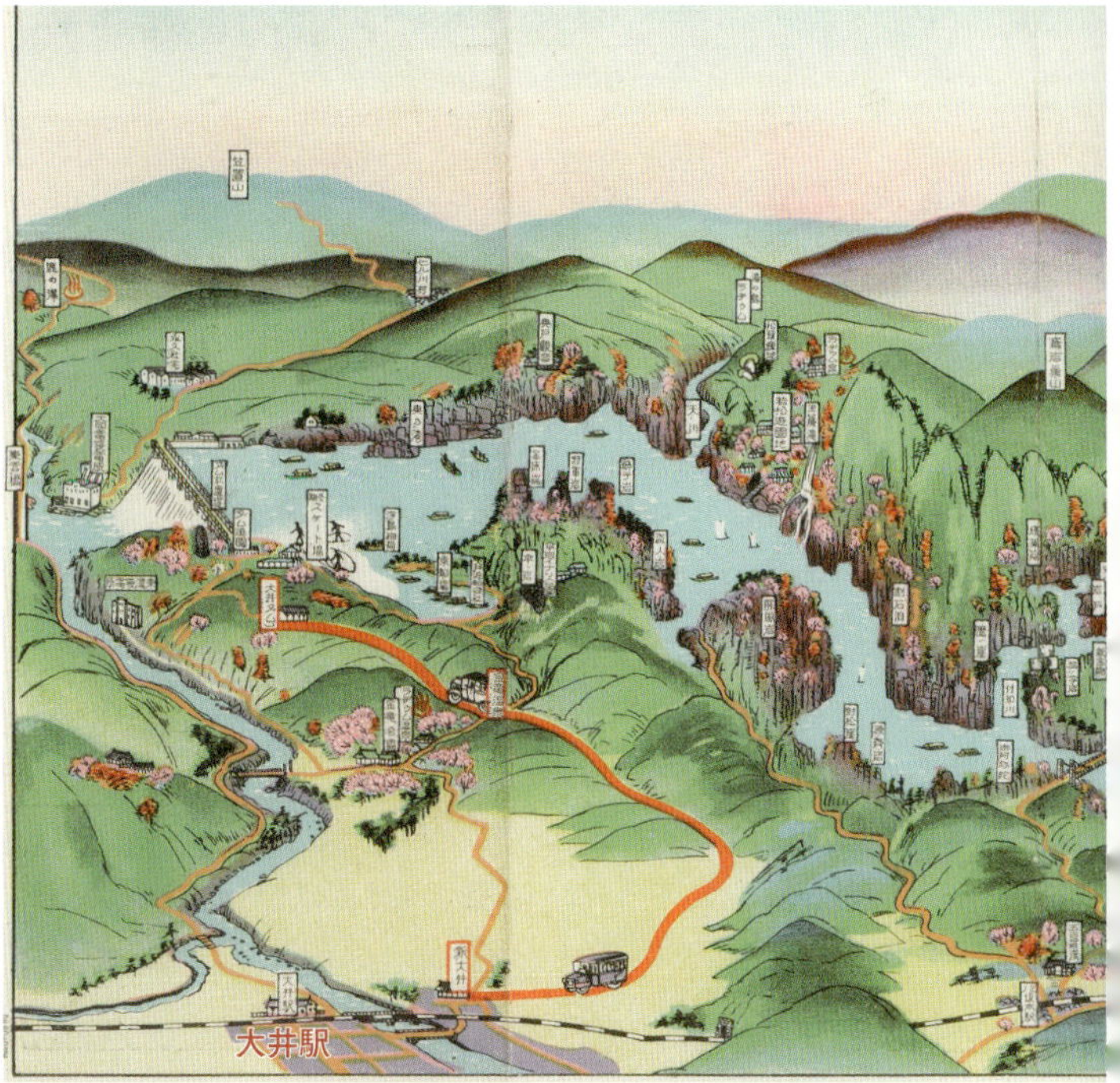

図15　貞照寺（各務原市）

図16　川上別邸　重要文化財指定（各務原市）

図14　創建当時の貞奴邸（移築前）写真の人物は貞奴の養女：川上冨司氏の弟と妹（画像提供：文化のみち二葉館）

◉小京都・高山の古い町並みの源とは？

山都高山はこうしてできた

新谷一男

金森氏の城下町から始まった

〝古い町並み〟で知られる高山の町は、天正14年（1586）に飛騨を統一して統治した金森氏が、六代107年間にわたって城下町経営したことにはじまる。

城は南からのびる丘陵地の先端に築かれ、町人地からは115mの高い位置にあった。城と城下町は、東西と北側の三方向を堀的役割のある宮川と江名子《えなこ》川《がわ》に囲まれていたが、陸続きだった南側は攻撃に備えて図1のように本丸への通路をS字状に曲げ、屈曲部分には4カ所の城門を設けていた。本丸の北側斜面には階段状に二の丸、三の丸を配置していた。

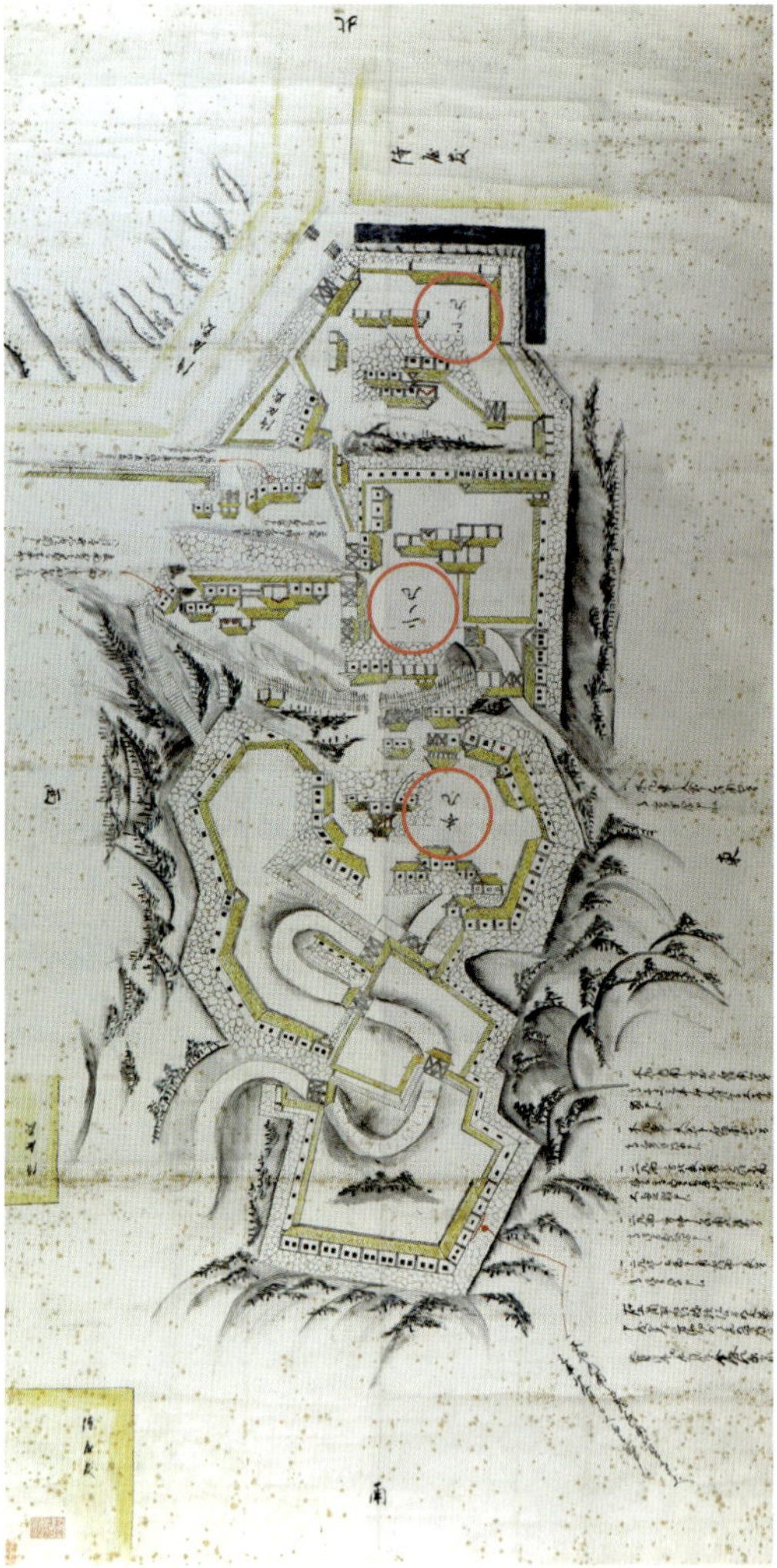

図１　高山城絵図（上が北）（高山市郷土館所蔵）

　当初の城下町は宮川と江名子川に囲まれた範囲内に収まり、東側の江名子川に沿う8mほどの高台に武家屋敷、西側の宮川に沿う低地に町人地を配していた。江名子川東側の通称東山とよぶ丘陵地の麓に寺院を配

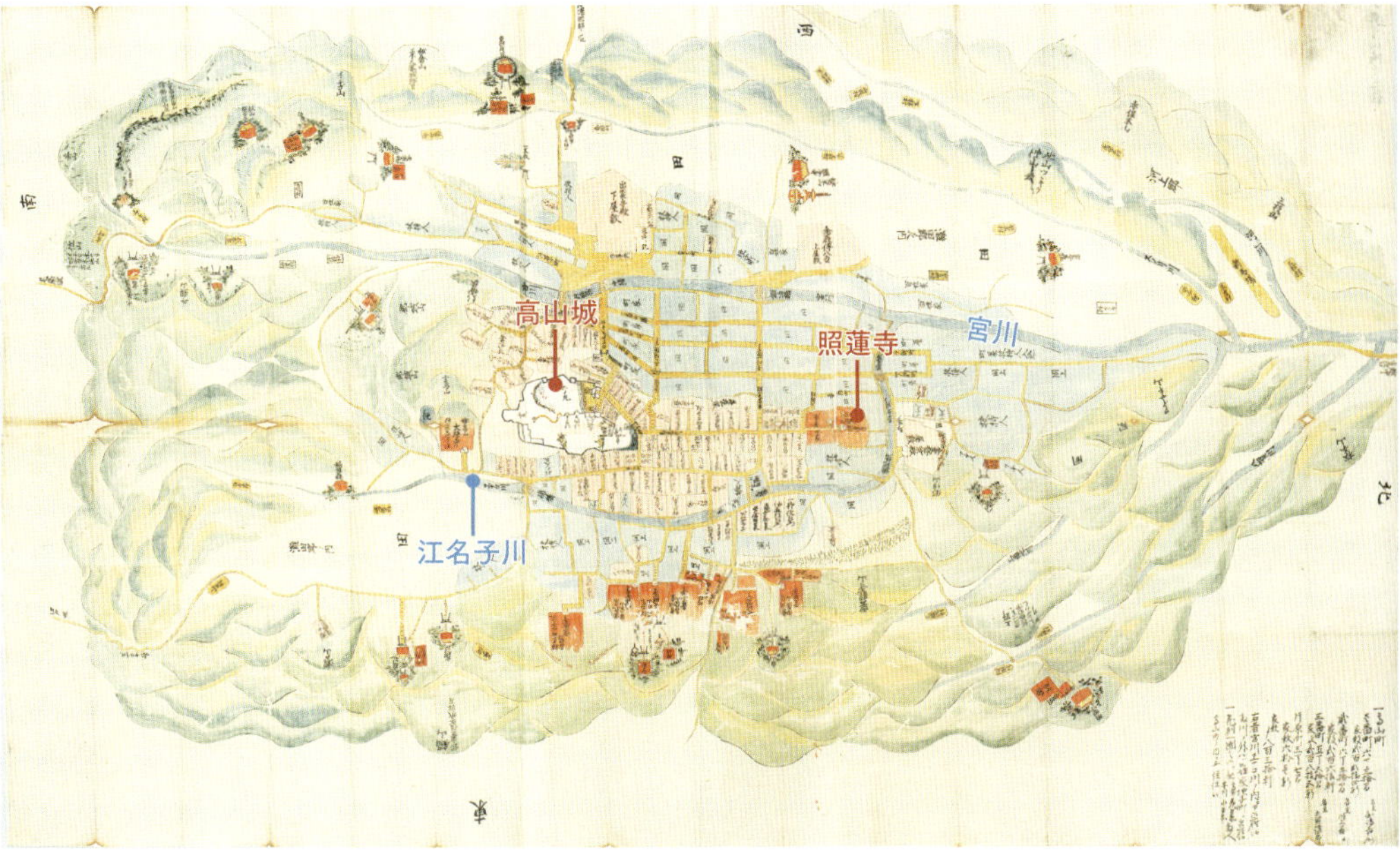

図２　飛騨高山城下之図（右が北）（公益財団法人前田育徳会所蔵）

置し、当時の飛騨人に信仰の厚かった真宗の中心的寺院だった白川郷の照蓮寺を城の北側に移築させている。照蓮寺の正面は城と向かい合うように建てられている。

17世紀前半の町の姿

図２は金森時代後期に作成された絵図で、白色は城、ベージュ色は百石以上の武士の屋敷地で武士名も記されている。青い色はそれ以下の武士や扶持人《ふちにん》の土地で町人地と同じ色、赤色は寺院の所在地である。

三代藩主重頼《しげより》の頃（１６１５～５０）に、藩主の弟で家老だった金森左京の屋敷が江名子川の北側に、重頼の娘たちの屋敷が宮川の対岸につくられ、その後、その周辺に町人たちの家屋が建てられていった。こうして高山の町並みの原形は金森氏時代の後半にできあがったのである。

金森時代には、新田開発や鉱山開発がすすめられ、高山の代表的な工芸品である春慶塗《しゅんけいぬり》や陶工を招いての陶器造りも始まっている。金森氏の家来《けらい》帳には細工人や曲げ物師・塗り師などの名が記されており、春慶塗はお抱え職人によって始まったことがわかる。城下町では、「油がないので灯りは松を灯している。蝋はたくさんあるが、蝋燭がなく名古屋から売りにきている」などの記録に見られるように、商人たちが尾張や信州・美濃などから来ていて、商業活動も活発だったようである。

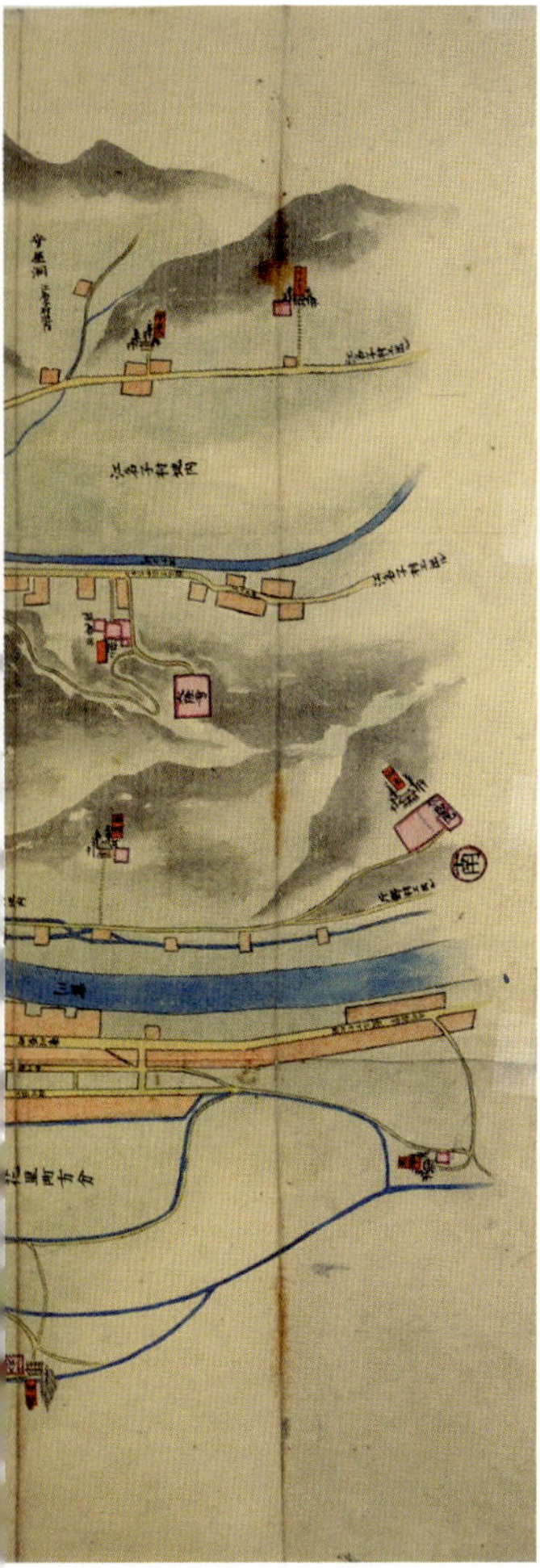

川東側の高台の武家屋敷跡は畑だった

飛騨の天領時代は、金森氏が転封された元禄5年（1692）から明治維新を迎えるまでの176年間である。天領時代の後期に描かれたとされる地図（図3）には、居宅地がオレンジ色、田畑が灰色、寺院所在地が赤色で示されている。

図の上方を流れる江名子川沿いや宮川沿いの町人地の東側にある高台などが灰色で着色され、畑地が広がっていることがわかる。

金森氏が出羽上ノ山へ転《てん》封《ぽう》されたあと城は破却されたが、武士たちも藩主に同道したので、彼らの屋敷も同時に破却されて、跡地が空地となったのである。空き地は「侍屋敷破却の跡地は高山本町七百十五軒の者共へ割地に被仰付、…、相應の見取御年貢差上け田畑に致す」と延享3年（1746）に書かれた書物に記されているように、高山の町民たちに一軒あたり「5間（9m）×20間（36m）、面積にして百坪（330㎡）」が払い下げられ、畑地として利用されたのである。この高台地区が現在のような住宅地に変わり始めるのは、幕末あたりからのようである。

当時の江戸に向かう主要街道は、陣屋前から中橋を渡り、海老坂を上って高台に至り、地図中央付近で青く塗られている鍵型の堀の横を通り、江名子川沿いに図の右上方向に延びていた。居宅地が高台地区のこの街道沿いに進出しているのがみえている。

海老坂の名は、高低差のある急斜面を上る坂道の途中が海老のように曲がっていて、このように呼ばれていた。屈曲部は文政元年（1818）に現在のように直線化されたが、屈曲部の名残の石垣の一部が現在も道路南側に残っている。

大正時代後半に撮影された写真（図4）をみると、高台地区の畑地だった所に多くの家屋が密集しているのが見える。写真右手に見える小山は金森時代の城があった城山である。昭和8年（1933）の地図をみると、一部の場所に空き地があったが、1957年の地図にはその空地にも住居が建てられて、現在と同じようになっている。

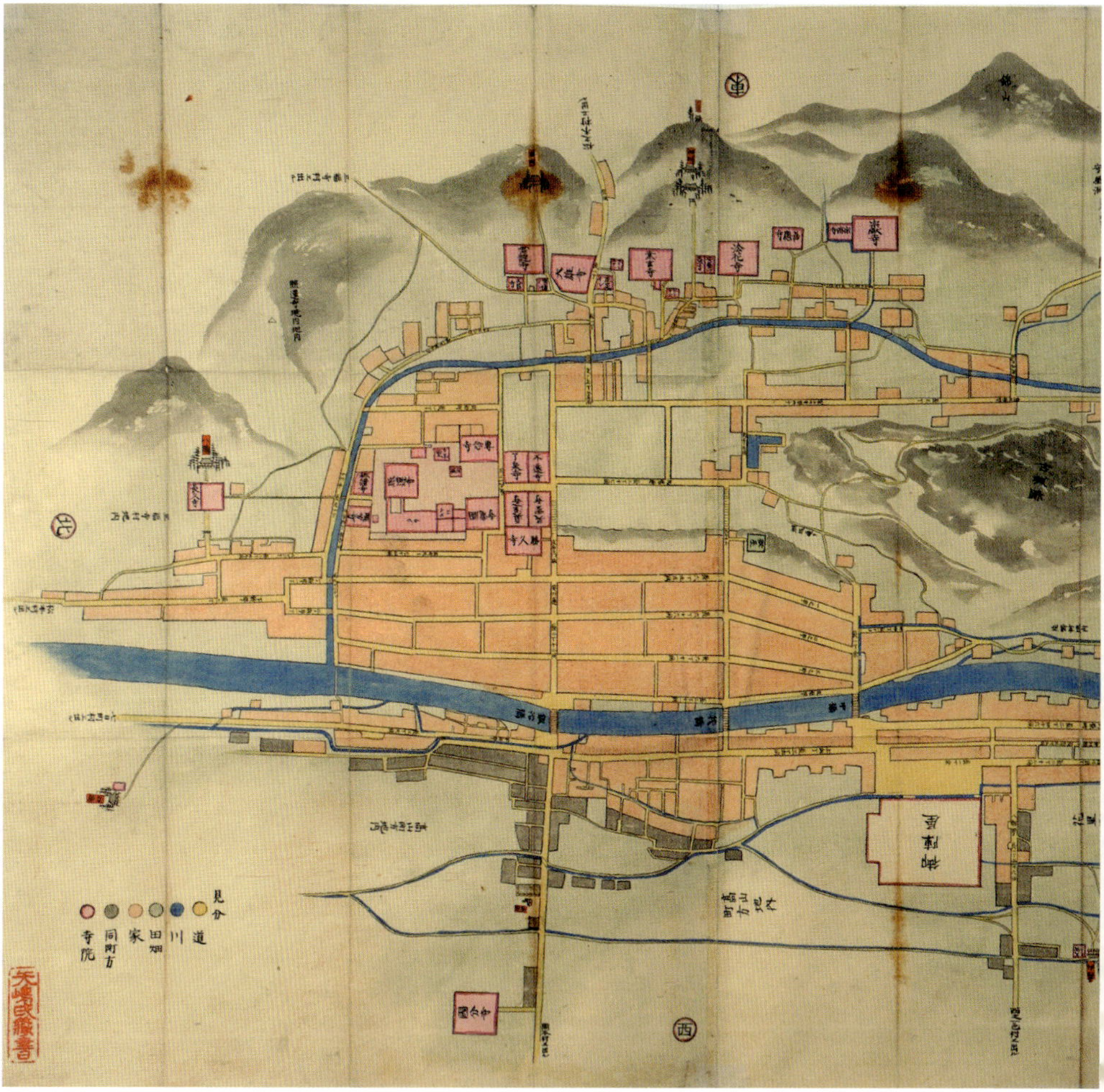

図３　高山町絵図　天領時代後期（左が北）（高山市郷土館所蔵）

図４　高台地区への住宅進出（大正時代後半）（『飛騨の 100 年』岐阜県郷土出版社）

畑地だった高台地区は、明治の末頃から大正時代にかけて住宅地に大きく変わったことが推定されるのである。

秋葉様の多い山都高山

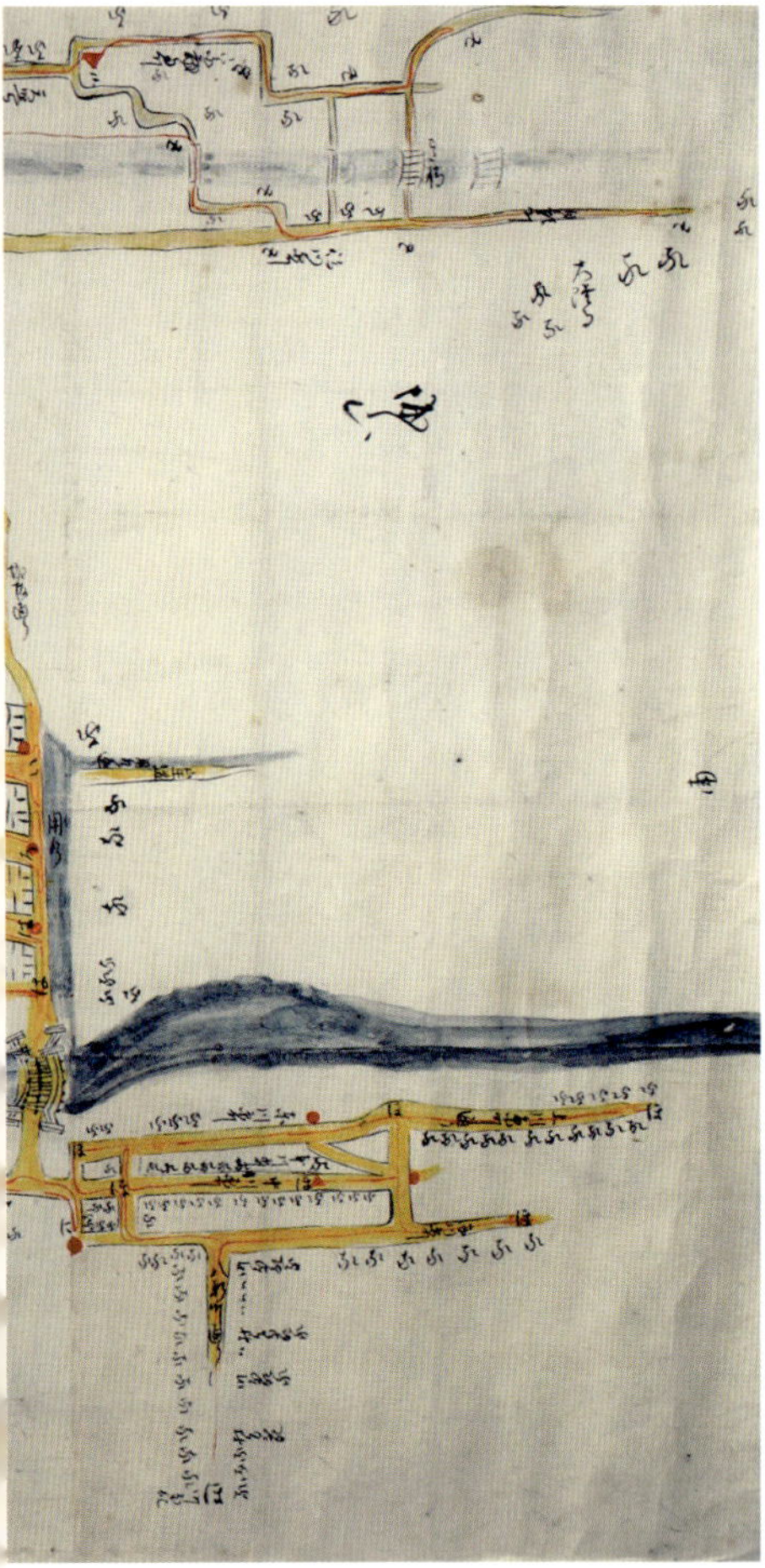

高山には防火や火伏せの神である秋葉社が多い。江戸時代までの主な居住地だった古い町並み地区には、図6のような秋葉社が町内の一隅に設置されている。家屋密集地のような社《やしろ》の設置が困難な場所では、家の軒下を利用しているところもある。祭礼もおこなわれ、地元では親しみをこめて秋葉様という人が多い。

秋葉社が多かったのは、高山では火災が多かったからである。江戸時代中頃から昭和の初めまでの間に、200軒以上が焼失する火災が8回を数えている。享保14年（1729）には高山の三町で5軒を残して975軒を全焼、天明4年（1784）には近隣地域の家を含めてであろうが2342軒、寛政8年（1796）にも447軒を焼失する大火があった。高山の家数が延享3年（1746）に1618軒だったことからすれば、焼失家屋がいかに多かったかがわかる。

大火の背景には、家の屋根が榑《くれ》とよばれる板で葺かれていたことがある。出火すると飛び散った火の粉が周囲の家の屋根にふりそそぎ、延焼しやすかったからである。幕末に高山の北隣の古川町で起きた火災の記録には、榑板が2㎞も離れたところにまで吹き飛んだことが記されている。そのうえ、高山の家々が軒を連ねていたことも、大火となりやすかった理由と考えられる。榑葺き屋根の家屋は、市街地で昭和中頃までは見られたが、現在は見られなくなった。

これらの火災に対し、享保8年（1723）に古い町並みのある三町地区に防火用水が引かれた。天明3年（1783）には大工や木挽《こび》き達による消火活動がはじまっている。しかし、当時の消火活動は出火家屋周囲の家屋を壊すという延焼防止だったので、この消火活動の効果はあまり期待できるものではなかった。

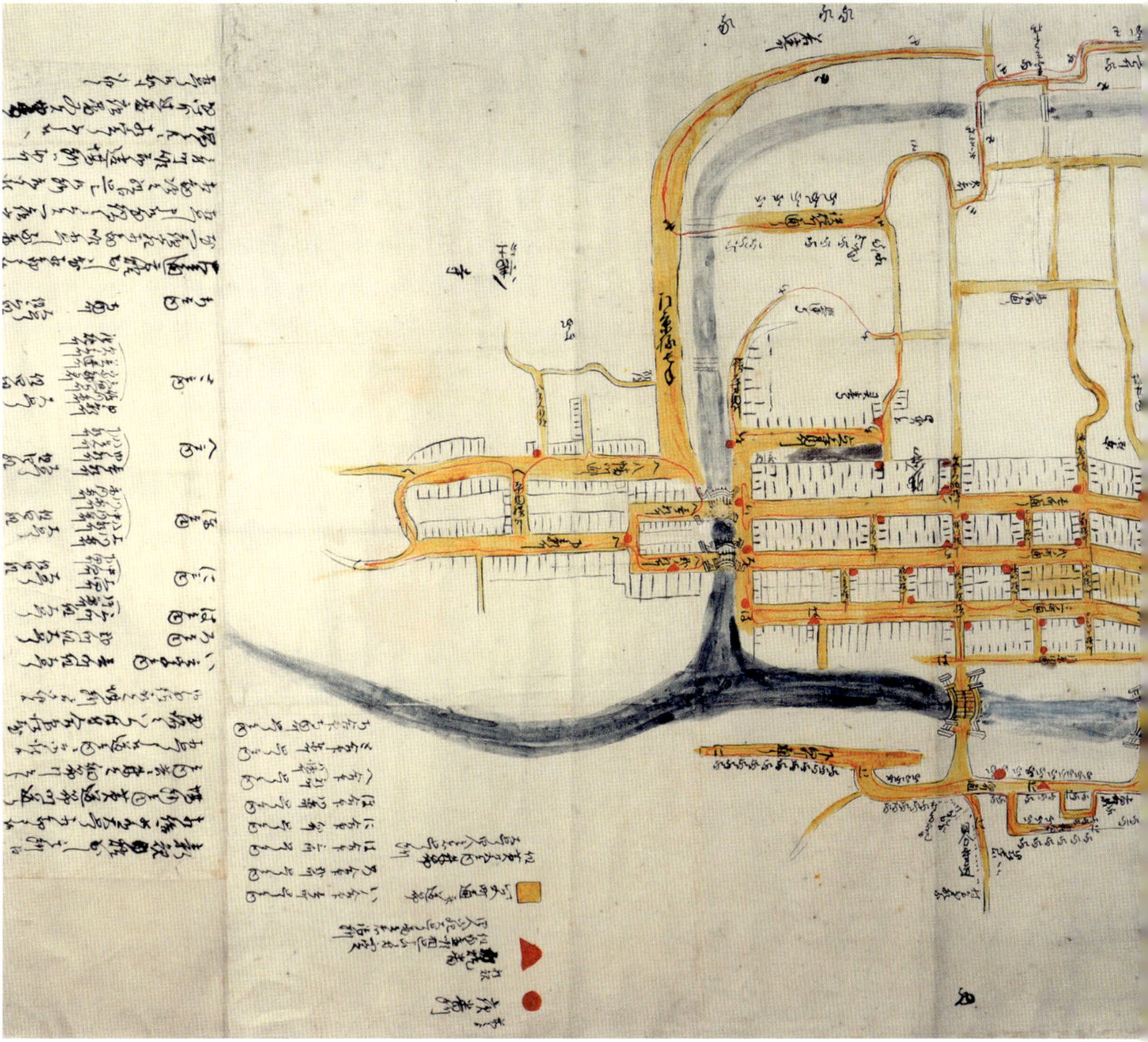

図５　高山町夜番所并行燈番位置図（左が北）（高山市郷土館所蔵）

火災予防として、文化11年（1814）に夜回りが始まった。二人が一組となって、一人が拍子木を打ち、もう一人が割竹を曳きながらの夜廻りである。文政12年（1829）には、火の見梯子《はしご》（櫓）が設置され、弘化4年（1847）には、上図のように夜番所を44カ所に設けて終夜の見廻りと警備をするようになった。

図６　町の一隅にある秋葉社
（2003 年）

宮川と城下町

金森氏時代に宮川の東側を中心にしていた居住地の範囲は、天領時代になってもあまり変わらなかった。

大正元年（1912）発行の地形図（図8）をみると、宮川の西側には水田が広がり、その西にある丘陵地は山林のままだった。市街地が国分寺・花里の文字の付近で少し西に広がっていることから、市街地の西方への拡大は明治期の末から大正期の初（1900年代初）にかけて始まったと考えられる。

丘陵の東側には蛇行しながら流れる苔川《すのり》がある。川の名は、上岡本町付近の川中に湧水があり、川海苔が育っていたことによる。江戸時代の書物には、「海苔は寒い冬の間の一カ月間だけ収穫し、〃すのり〃とよばれて飛騨の名物」と書かれている。

川は幅が2mほどの狭いところもあり、出水するとよく氾濫していた。氾濫水は屈曲部で流路に関係なく流れて、家々を襲い、水田を冠水させていたが、現在の地図（図9）にみるように、市街地部では改修工事により蛇行部分の直線化が完了している。改修工事後は水害が減少したが、近年、床上浸水や護岸崩壊などの被害が起きている状況となっている。

宮川西岸地域の市街地化は、主要交通路の変遷とともに西方に拡大している。昭和9年（1934）の国鉄高山本線の全通により、高山駅から宮川東部の中心市街地を結ぶ道路の周辺地域の市街地化がすすんだ。1958年に高山駅と宮川の間を南北に通る道路が国道41号に昇格し、1972年に国道41号のバイパス道路が丘陵の東麓に開通すると、道路沿線に自動車販売店やガソリンスタンド、広い駐車場をもった大型のショッピングセンターなどが進出し、さらに周辺地に文化施設や小学校、住宅などが建設されて市街地化は大きくすすんだ。

西側にある丘陵地の開発もすすみ、中学校・高等学校・短期大学、体育関係諸施設、総合庁舎などが建てられ、工場団地や住宅団地も出現して林地は少なくなっている。丘陵地の一角にあるアルプス展望公園からは、図7のように乗鞍岳などの北アルプスの山並みを背景に高山市街地全体を一望に眺めることができる。

図7　乗鞍岳と高山市街地（2016年）

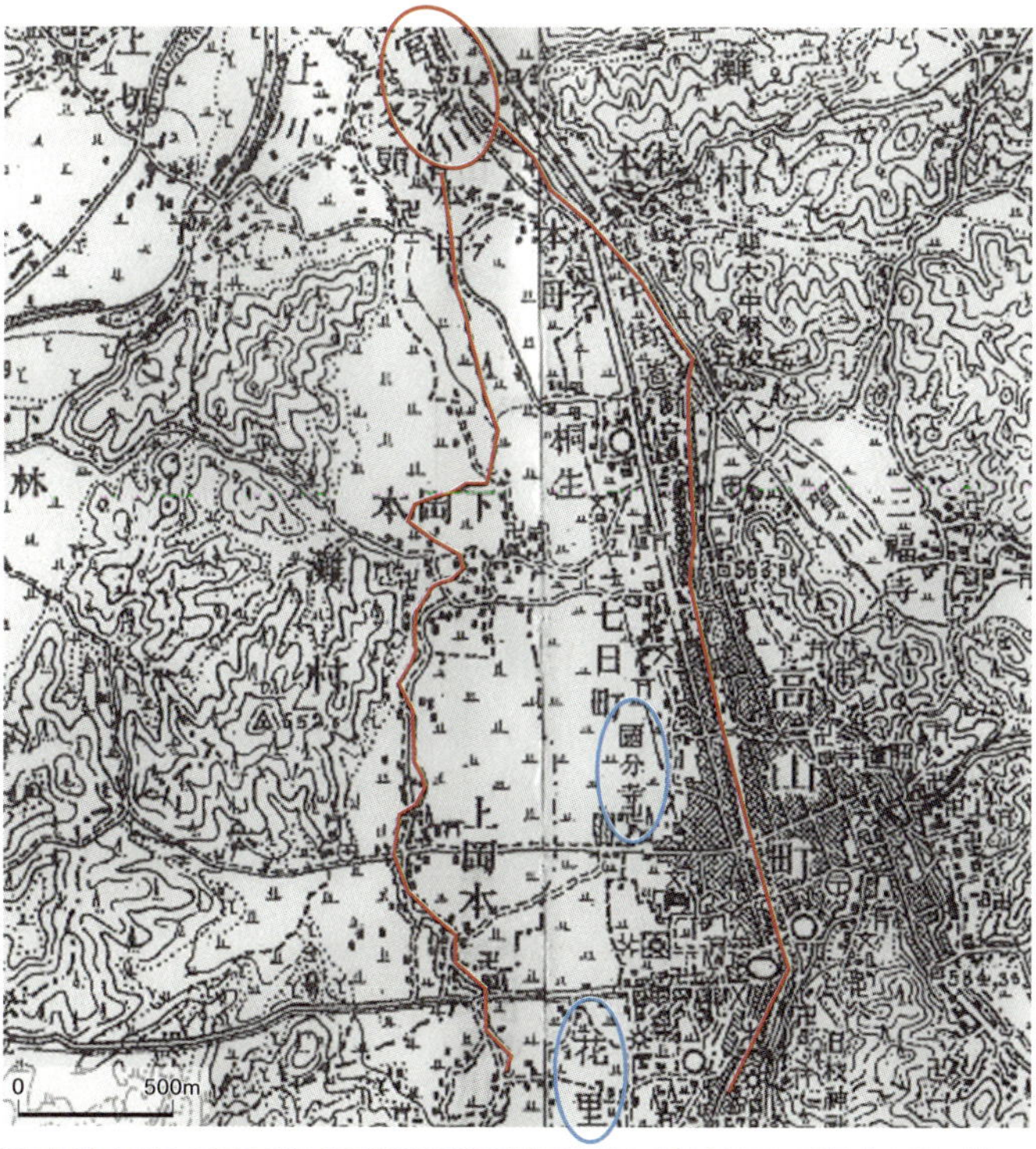

図８　1/5 万「高山」
大正元年（1912）測図

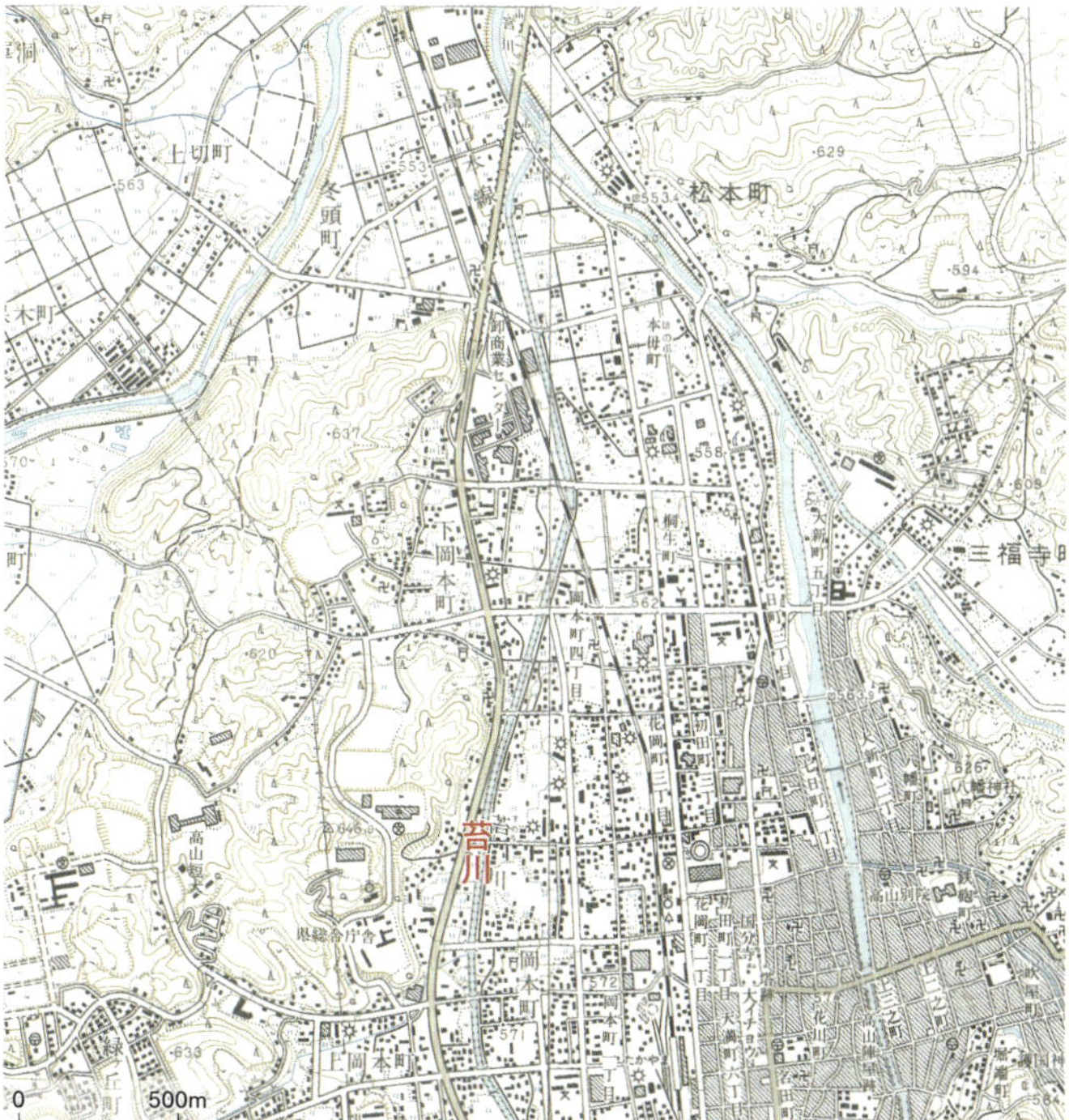

図９　1/2.5 万「高山」
昭和 47 年測図、平成 4 年修正測量
「三日町」昭和 47 年測図、昭和 60 年修正測量

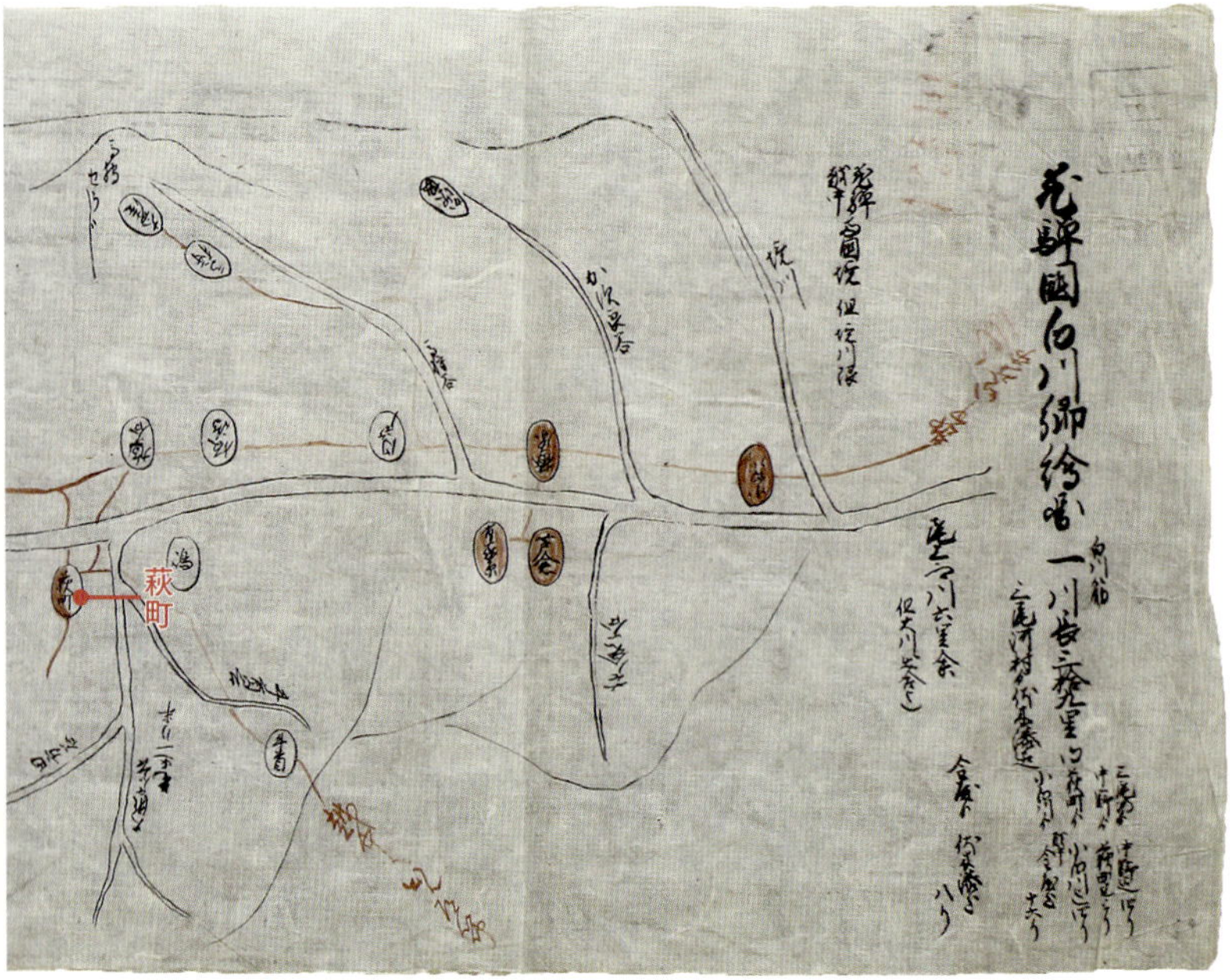

◉〈秘境のむら〉の歴史を絵図から探る

世界遺産・白川郷いまむかし

馬淵旻修

白川郷と帰雲城伝説

白川村は、江戸時代は「白川郷」と呼ばれ、一つの文化圏を形成していた。明治8年（1875）に白川郷集落の内、23集落の下白川郷が白川村となり、残りの上白川郷と呼ばれていた集落は荘川村となって、2004年に高山市と合併した。成立当初、村名は荘川・庄川が混用され、その後、村名は荘川、河川名は庄川を用いるようになった。

世界遺産で有名な白川郷のある大野郡白川村は、周囲を高山に囲まれた358・45㎢の山村で、山々から流れ出る谷水の美しさから白川という地名が名づけられたという。

白川郷は吉川英治やドイツの建築家ブルーノ・タウトが合掌家屋を平家落人伝説と結びつけ、有名になったが、その歴史は、正倉院文書や藤原兼実《かねざね》が著した「玉葉《ぎょくよう》」等から判断すると、かなり古い時代から開け、物資や人の往来が盛んであったことがうかがえる（図1）。

宝治年中（1247～49）後鳥羽上皇の第12皇子嘉念《かねん》坊善俊《ぼうぜんしゅん》が郡上白鳥から鳩谷

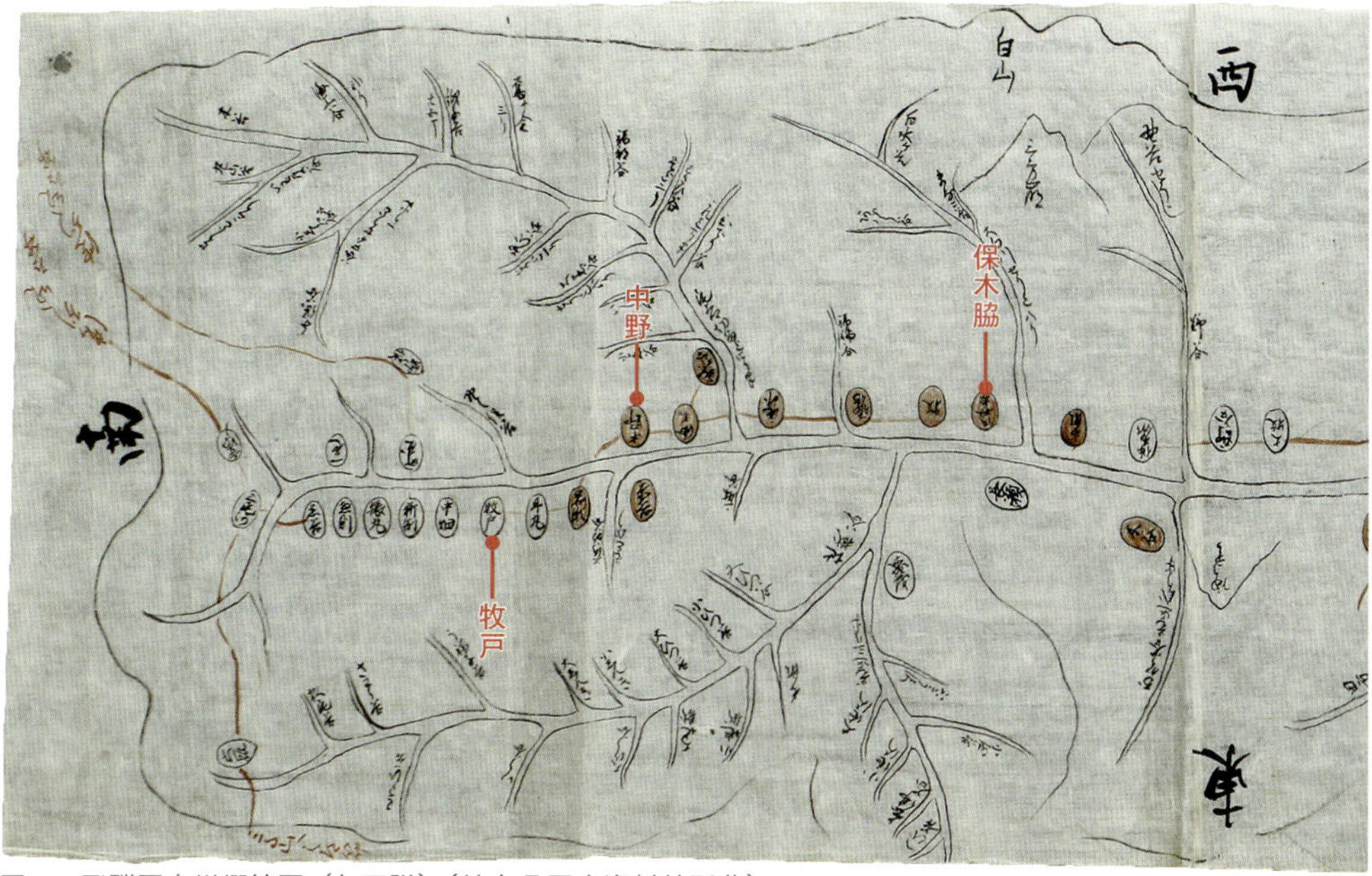

図１　飛騨国白川郷絵図（年不詳）（岐阜県歴史資料館所蔵）
図中茶色で色付けされた村は、中野村の照蓮寺の寺領村で、白川郷内 16 カ村 233 石を所有していた。

図２　帰雲城址と帰雲山

に入り、熱心に浄土真宗の布教に努め、中野村の照蓮寺に飛騨真宗の基礎と勢力を築き上げた。

室町時代になると、足利義政の命を受けた信州松代《まつしろ》の内ヶ島為氏《うちがしまためうじ》が白川郷に侵入し、牧戸（現高山市荘川町牧戸）に城を構え、さらに寛正5年（1464）には保木脇《ほきわき》村に帰雲城《かえりぐもじょう》を築いた。

ところが天正13年（1585）11月、背後にある帰《き》雲山《うんざん》（1620m）が天正の大地震によって崩壊し、時の城主内ヶ島氏理《うじまさ》以下主従や牛馬は圧死し、城下三百戸は埋没して120年に及ぶ内ヶ島氏の支配に終止符が打たれたという（図2）。その時、城内には近郊の天生《あもう》金山等から産出された金銀財宝が一緒に数十メートルの地下に埋没してしまい、現在でもそのありかはハッキリせず、話題になっている。

その後、白川郷は高山の金森長近《かなもりながちか》の支配を受け、元禄5年（1692）からは幕府直轄領（天領）となり、天領として明治時代をむかえた。

合掌造りと大家族制

白川郷の村々は庄川の河岸段丘上や山間の狭い平地にあり、耕地は狭く、住民は焼畑・養蚕・林業で生計を立てるしかなかった。家屋は、養蚕のため室内労働の確保から大家屋となり、とくに二階以上の部屋を養蚕部屋として利用するのが一般的で、群馬県の「切り落とし屋根」や山梨県の「突き出し家屋」なども二階以上を養蚕部屋として利用しており、「合掌造り」もその例と思われる。

合掌造りは、白川村・富山県五箇山の切妻合掌造りが有名であるが、入母屋や寄棟《むねよせ》の合掌造りもある。荘川村新淵《あらぶち》にある「荘川の里」には茅葺寄棟式入母屋合掌造りの民家が集められ、公開されている。また、御《み》母衣《ぼろ》の国重文の切妻合掌造り「遠山家住宅」（図3）は、とくに有名である。

その合掌造りが世界遺産となった。荻町地区では戦前には300棟を数えたが、現在では80棟だけとなってしまった（図4）。

この急激な減少は生活様式の近代化や電源開発のダム建設による水没と集落の

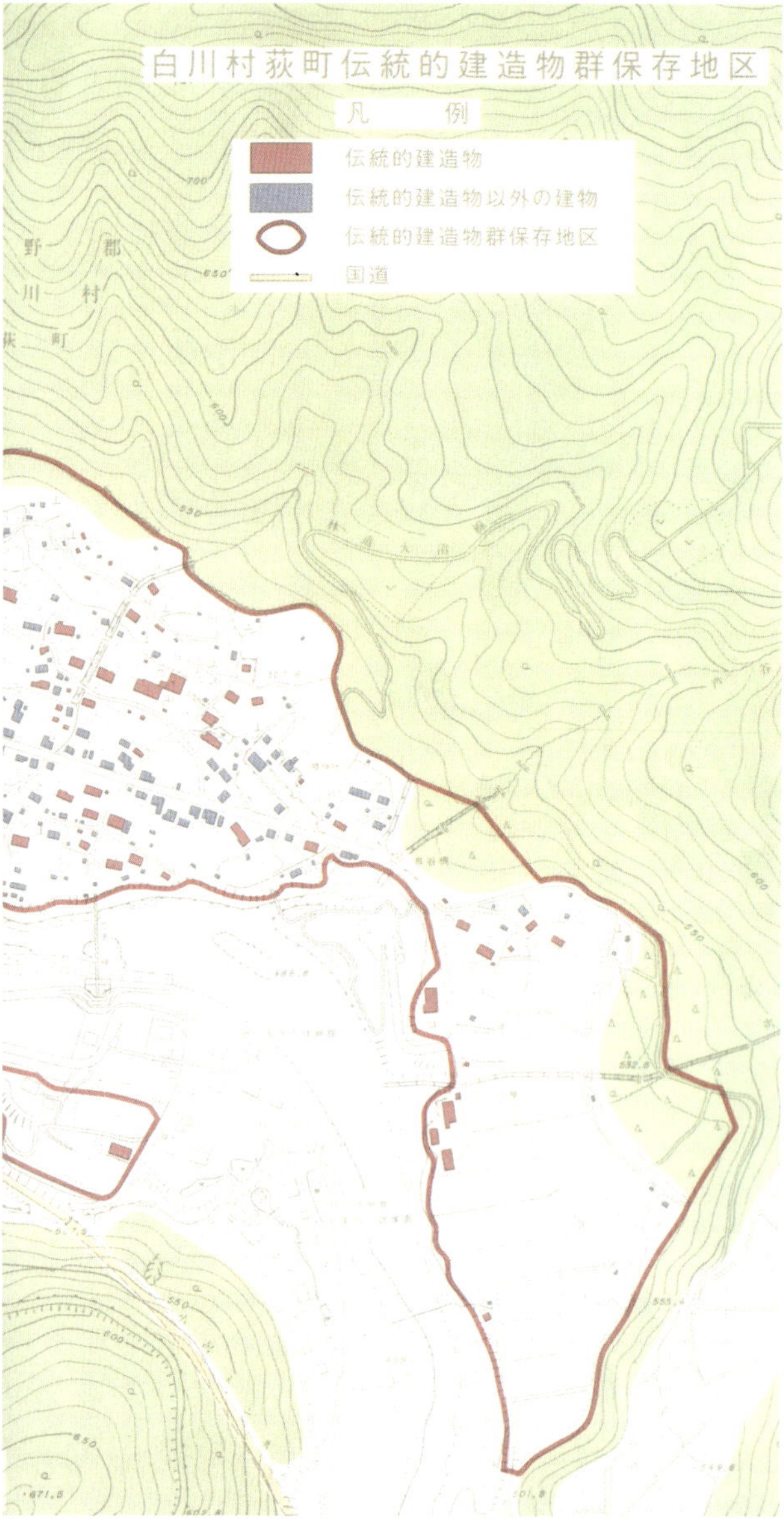

図４　荻町地区合掌家屋分布図（白川村教育委員会提供）

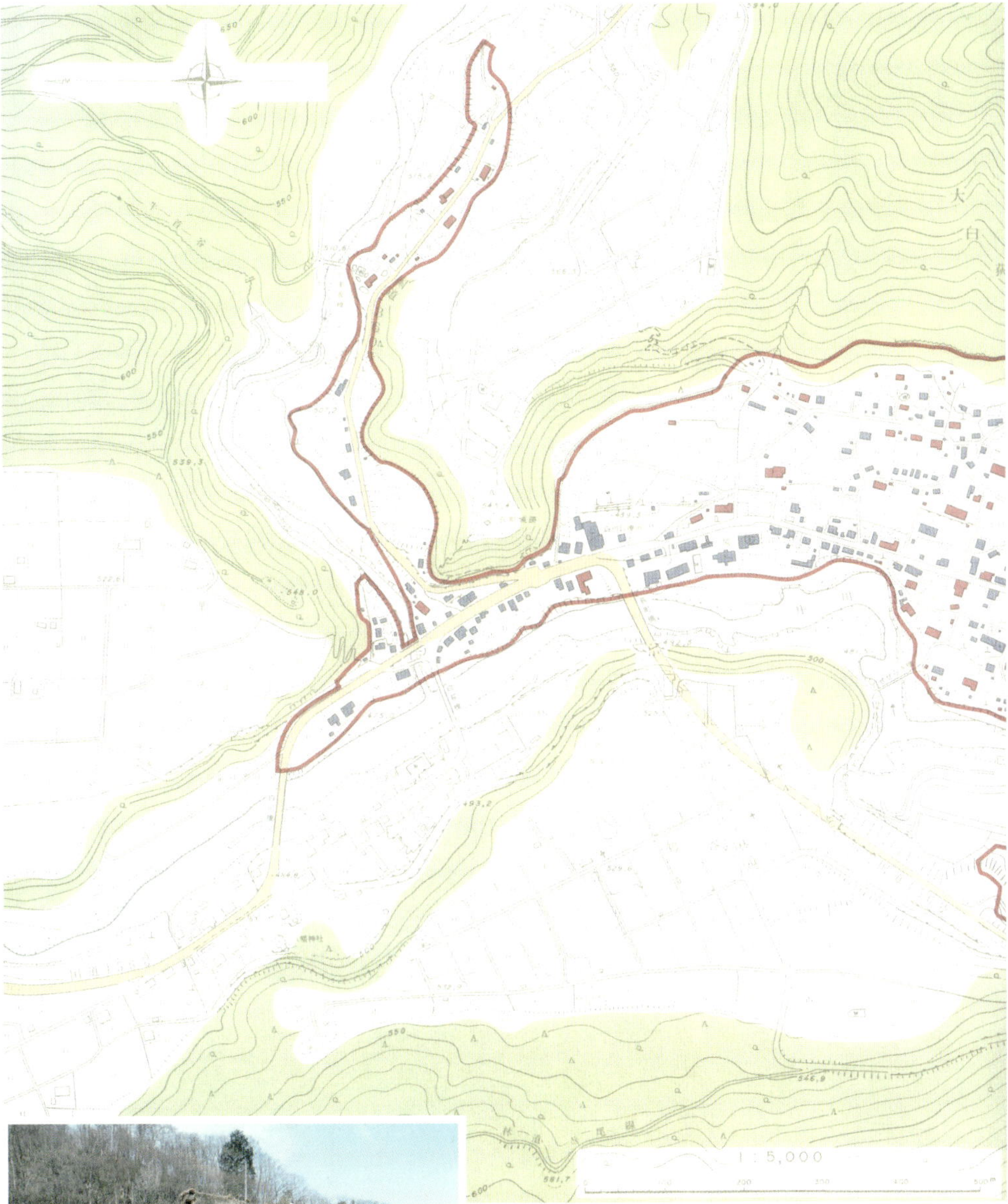

図３　国重要文化財切妻合掌造りの遠山家住宅
ほぼ正三角形の合掌の中に４階が設けられているが、階上で利用されたのは２、３階までで養蚕に使用された。

過疎化と少子化及び養蚕業の廃業などによる家族人数の減少が進んだためと考えられ、多くの合掌家屋が消えていった。だが、一部の合掌造りは他の地方に移築され民俗資料館などとして再利用されている。例えば、「飛騨荘川の里」に移築された合掌家屋はその良い例である。

合掌造りの特色は、釘やカスガイなどをまったく使用せず、くさび以外はすべて縄や「ネソ」という粘りの強い木を撚ったもので柱をくくり、壁は土壁を使わず板を使用して深雪対策をしている。家屋の柱は土台石の上に直接立て、梁《はり》を組んで一階をつくり、その上に正三角形の合掌を組む。合掌造りでは常に「いろり」で火を焚き、その煙が建物・屋根の防虫と防腐の役目を果たしているが、かやぶき屋根は火に弱く、住民は火事に対し細心の注意を払っている。

図5　国重要伝統的建造物保存地区の荻町地区

1968年、加須良《かずら》地区の集団離村を契機に合掌家屋の保存意識が高まり、白川郷合掌家屋保存組合が設立され、76年には、荻町地区が国の「重要伝統的建造物群保存地区」（図5）に選定され、95年にはユネスコ世界文化遺産に登録され、白川郷の合掌集落は五箇山の合掌集落とともに知名度を上げた。

白川郷のうち大家族制をとっていたのは御母衣や平瀬などの中切《なかぎり》地区が中心で、鳩ケ谷・荻町などの山家《さんげ》地区には見られない。大家族としては長瀬の「大塚家」、御母衣の「遠山家」が有名であるが、木田や稗田などの中切地区では一軒に20人から30人が住んでいたという。家族構成をみると、直系家族を中心に三代から四代にまたがり、そのうち戸主と長男だけが嫁をもらうことができ、女子は他家へ嫁ぐ以外は結婚できず、もし子供が生まれても私生児として女子の実家で育てられるので家族員数は自然と多くなったのである。

この大家族制度が中切地区に多いのは、耕地が他地区より狭いため分家ができず、現金収入源として繭の生産しかなく、繭の収穫期には多くの人手を必要とし、とくに女子労働力を必要としたためであろう。

この大家族制度は明治の中頃まで続いたといわれ、日清・日露戦争後、道路整備や交通機関の発達、都会や他地域との人・物資の移動が盛んになったことにより、大家族制の矛盾点や封建制、不合理性が明らかとなり、消滅していった。

祭礼と民俗芸能

白川村にある五つの八幡神社では、9月から10月にかけて神社ごとにドブロク祭りが催される。境内では獅子舞（県民俗文化財）が奉納され、御神酒《おみき》のドブロクが振舞われる。白川村の7つの保存会により伝承さ

獅子舞は、踊り手が4人入る8本足の百足《むかで》獅子で、剣と長刀などを持った1人から3人の少年が獅子と闘い退治するものである。獅子舞は、平瀬・荻町・鳩谷・飯島・山家（椿原・芦倉《あしくら》・有家ケ原《うけがはら》地区）・小白川《こじらかわ》の7つの保存会により伝承されている。また、「こだいじん」や春駒踊り（共に県民俗文化財）も披露される。

春駒《はるこま》踊りは、養蚕の祝福行事で大黒舞、七福神踊りなどを集合して正月行事としておこなわれている。青年たちが、2人の舞女、七福神に変装し、三味線や締太鼓、四つ竹やせんばたたきなどの囃子方《はやしかた》を引き連れて家々を訪ね、春駒踊りを舞う祝福行事である。

白川民謡の「こだいじん」は、室町時代、白川郷の二大勢力であった帰雲城の内ヶ島為氏とこの地域の一向宗の草分けである三島

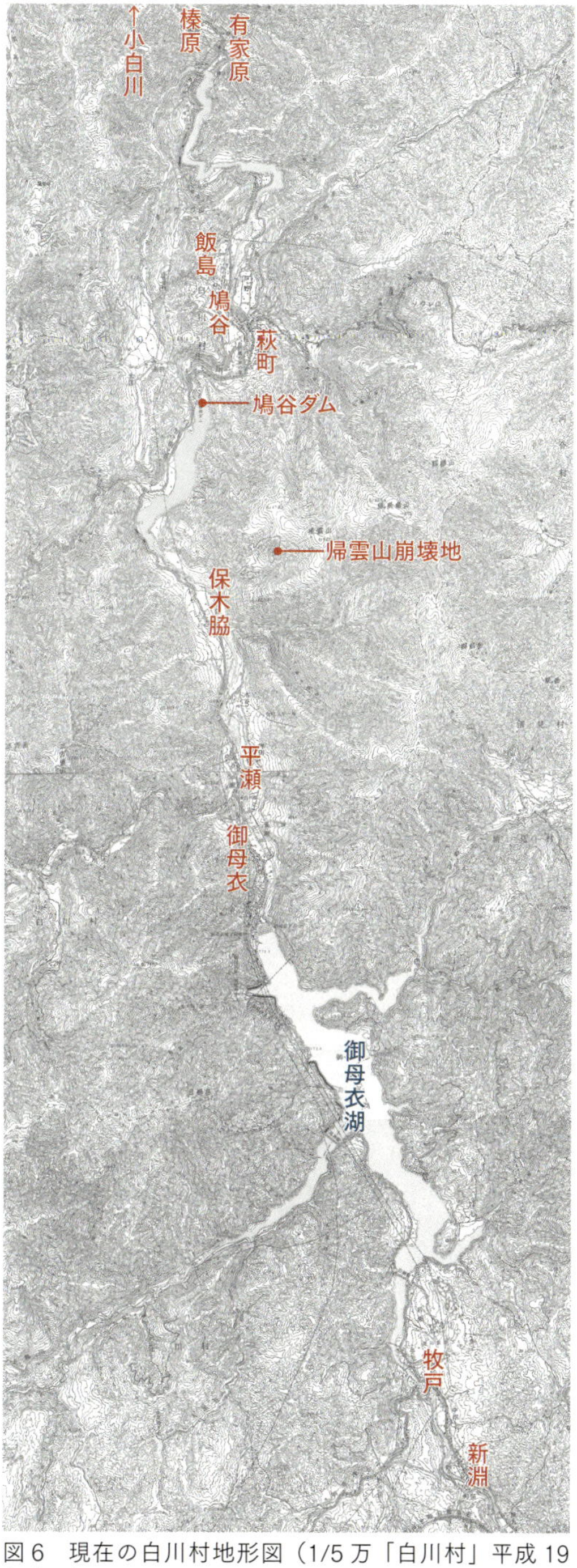

図６　現在の白川村地形図（1/5万「白川村」平成19年修正）

将監《しょうげん》との係争和睦の間に生まれたものであると伝えられ、結婚披露宴や祭礼、建前、屋根の葺き替えなど住民が集まると酒宴が催され、その時必ず唱われる伝統芸能である。

上白川郷の荘川村尾上郷の獅子舞は、尾上郷が御母衣ダムによって水没したため地域の神社の本殿や神社奉納神楽など一式と踊りを隣接する郡上市高鷲町ひるがの白山神社に伝え、それが現在、毎年10月に「ひるがの白山神社祭礼」で奉納されている。

白川村の生きる道

他地域と交流の少ない白川郷の大動脈は全長133kmの庄川で、戦後の電源開発が村に大きな変化を与えた。最初は、大正15年（1926）に関西電力平瀬発電所が完成し、戦後になると庄川水系は電源開発の好適地とされ、成出・椿原・鳩谷など次々と各発電所が完成し、ロックフィルダムとして代表的な御母衣《みぼろ》ダム（図7）など五つのダムが建設され、発電所建設にかかる補償費・固定資産税収入によって、村の財政は潤った。また、国道156号など道路網も整備され、交通は便利になった。だがこれらのダム湖によって照蓮寺があった中野や大牧など多くの集落が水没した。

御母衣湖岸にある中野展望台には、「荘川ザクラ」2本（図8）がある。湖底に沈んだ中野地区住民の心のふるさとであった照蓮寺、光輪寺の庭にあった樹齢500年といわれる桜の老木を初代電源開発総裁の計らいで現在の場所へ1960年に移したもので、65年春から枝葉が伸び年々花をつけるようになり5月初旬頃には満開となる。

図7　御母衣ダム堰堤

美しいダム湖、初夏の新緑、秋の紅葉と民俗芸能、さらに合掌家屋と火災防止のための一斉放水銃による消火訓練など、季節が織りなす風景は白川村の重要な観光資源であり、平瀬の白山登山道、白水の滝、大白《おおじら》川《かわ》温泉、また白川郷合掌の里などの観光資源にも恵まれている。

図8　御母衣湖中野展望台にある「荘川ザクラ」
左が光輪寺桜、右が照蓮寺桜

1977年には「白山スーパー林道」が完成し、さらに1999年の東海北陸自動車道の荘川インターまでの開通、２００８年に東海北陸自動車道が全面開通した。とくに荘川インターまでの開通は岐阜方面からの時間距離が3時間半から2時間半に短縮し、全線開通により白川郷は関東・関西・北陸・東海地方を結ぶ東西南北の「交通の十字路」と位置づけられ観光客が増大した。

　１９９６年以降、白川郷の観光客は１００万人以上となり、２０００年には観光入り込み客数が１７６万人にも達した。しかし、この観光客の増加は9割以上が高速道路の開通による日帰り客で、宿泊客数は減少した。その上滞在時間がおよそ2時間と短く、ほとんどの観光客は、世界遺産の「荻町合掌集落」一極に集中している。

　この傾向はツアーバス観光だけでなく、自家用車利用の観光客も同様で、白川郷観光は「素通り型」観光地になってしまうとともに、観光バスや自家用車が溢れる状況から駐車場不足問題や観光客による住民の生活空間への侵入問題など観光公害を引き起こした。さらに、生活空間と観光資源が一体化した荻町合掌集落は自然環境を悪化させ景観を破壊させているような状況である。

　白川村は、観光公害対策として自動車の乗り入れ規制をはじめ、駐車料金の値上げをしてそれを家の増改築や修繕に使う費用として支援するなどの施策をおこなっている。

　白川村は観光を目的とした村づくりではなく、あくまでも生活のための手段として交通規制を位置づけ、「世界遺産」を守る誇りを持った地域住民の意識で、「世界遺産」のある観光立村として存在続ける覚悟を持った村である。

ダムに沈んだ荘川村

　村の北半分の尾上郷や海上地域は御母衣ダムの湖底に沈み多くの住民は他へ移住していったが、１９９９年東海北陸自動車道が荘川インターチェンジまで完成し、観光客が多く訪れるようになった。

　合併して高山市荘川町となった今も、村では合掌造り民家を集めた「荘川の里」や日帰り温泉施設を持った道の駅「桜の郷荘川」、巨大な五連水車で挽くそば粉を使ったそばが味わえる「そばの里」など観光客の誘致に努めている。また、昔から伝わっている四つの神社で奉納されている民俗芸能の地芝居や獅子舞が9月におこなわれ、10月には、今年で30回目を迎える日本一を誇る30頭の獅子舞が同時に踊る連獅子が「荘川の里」で催されるなど、伝統民俗芸能にも力を入れている。

　さらに、キャベツ等の高冷地野菜を中心とする農業、昔から盛んな林業と森林を利用して散策するウオーク&ノルディックにも力を入れ、村は観光と「そば」に立地した農林業で村づくりをおこなっている。

納涼遊園地（個人所蔵）

鵜飼の壮観（個人所蔵）

Part3

地図を読もう、地図を使おう

◉あらゆる地図に出会える!

地図の宝庫・岐阜県図書館

西村三紀郎

岐阜県図書館は、1995年の移転オープン以来、国内外の地図・地理関連の資料を収集し、現在では約15万点を数え、「地図の図書館」として県内外からの利用者のレファレンスに対応している。

図1　岐阜県図書館外観　最高裁判所を設計した岡田新一による斬新なデザイン

特徴的な地図資料として、国土地理院が作製した新旧地形図約3万7千点や土地利用図などの各種主題図、旧ソ連政府が作製したアジア・アフリカ・旧東ヨーロッパ諸国の地図約1万9千点、戦前の旧日本陸軍参謀本部が作製した国外の地図（外邦図）約1万4千点、江戸・明治期を中心とした日本全国及び世界の古地図約1万1千点などがあり、これらの中には現在入手困難な地図もある。

収集したこれらの地図資料は、世界約180余の国と地域に及び、空間的な広がりをもつと同時に、古地図の収集によって時間的な深まりをもつものとなっている。

2階郷土・地図カウンターへ

地図といってもその種類は多種・多様である。どのような地図を希望しているかは、2階第3カウンター（郷土・地図カウンター）で問い合わせるとよい。地図担当が親切に対応してくれる。その際必要なのは、希望している地図の情報を担当に伝えることだ。地域・時代・縮尺・主題等の情報があればあるほど探しやすくなる。

なお、所蔵地図・地理関連書籍の情報については、岐阜県図書館のホームペー

図2　地図カウンター

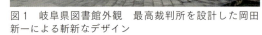

ジに掲載してあるので、事前に調べてから行くとよい。

これらの地図資料等は閲覧のみで、貸し出しはおこなっていないので、注意したい（ただし、著作権法の範囲内での複写は可能である）。

2階の開架にある地図資料は、国土地理院発行の2万5千分の1や5万分の1地形図、20万分の1地勢図の最新版で全国が揃えられ、特に2万5千分の1地形図は年間数回更新されている。また、これらは自由に閲覧することができる。ただし、新しい地形図と差し替えられた旧版地形図等は、収蔵庫の中に納められているので、カウンターで聞くとよい。カウンターでは、目録（紙ベースとデジタルベース）が準備されており、担当がすぐに調べてくれ、収蔵庫の中から出してきてくれる。岐阜県内に限れば、複製も含めて、過去に発行されたものがほぼ揃えられている。

その他、2階の開架には、利用の多い地理・地図等の関係書籍の他に世界の一枚物都市地図約2300点が並べられている。また、日本地理学会や人文地理学会等の機関誌「地理学評論」や「人文地理」、各種研究誌等の「地理」「地図情報」「地図中心」「地図」「地図ジャーナル」「NATIONAL GEOGRAPHIC（日本版）」「GSJ 地質ニュース」等の最新号が配架されている。なお、岐阜地理学会機関誌の「岐阜地理」は、同じフロアーの郷土の開架に配架されている。さらに、「地理学評論」や「人文地理」は寄

図３　地形図・地勢図のマップケース

図４　地理・地図関係の書架

図５　各種学会誌・雑誌

図６　各種学会誌・雑誌の創刊号

贈されたものも含めて創刊号から所蔵されており、一般から研究者までの利用の便に供している。

地図の所蔵と代表的地図

閲覧室の他に心臓部といえる収蔵庫が二カ所ある。その一つに大型マップケースが並ぶ収蔵庫があり、日本や世界の官製地図（一般図と主題図）、外邦図、古地図等が区画に分けられ所蔵されている。

古地図を楽しむ

当地に移転する以前から所蔵していた郷土中心の古地図に加え、新規オープンからは、郷土を含め日本全国・世界の古地図を収集しており、その数は約1万1千点にのぼる。その内訳は、江戸時代では江戸図（切絵図も含む）や京都図・大坂図に始まり、刊行国絵図、道中図、巡礼図等があり、その種類は多様である。次いで明治時代以降では、北海道から沖縄まで全国の主要都市の市街図・都市計画図等の古地図が所蔵されている。また世界では、メルラやブラウ、リンスホーテン、ホンディウスらの世界図やアジア図、日本図などがあ

図７　心臓部　地図の収蔵庫

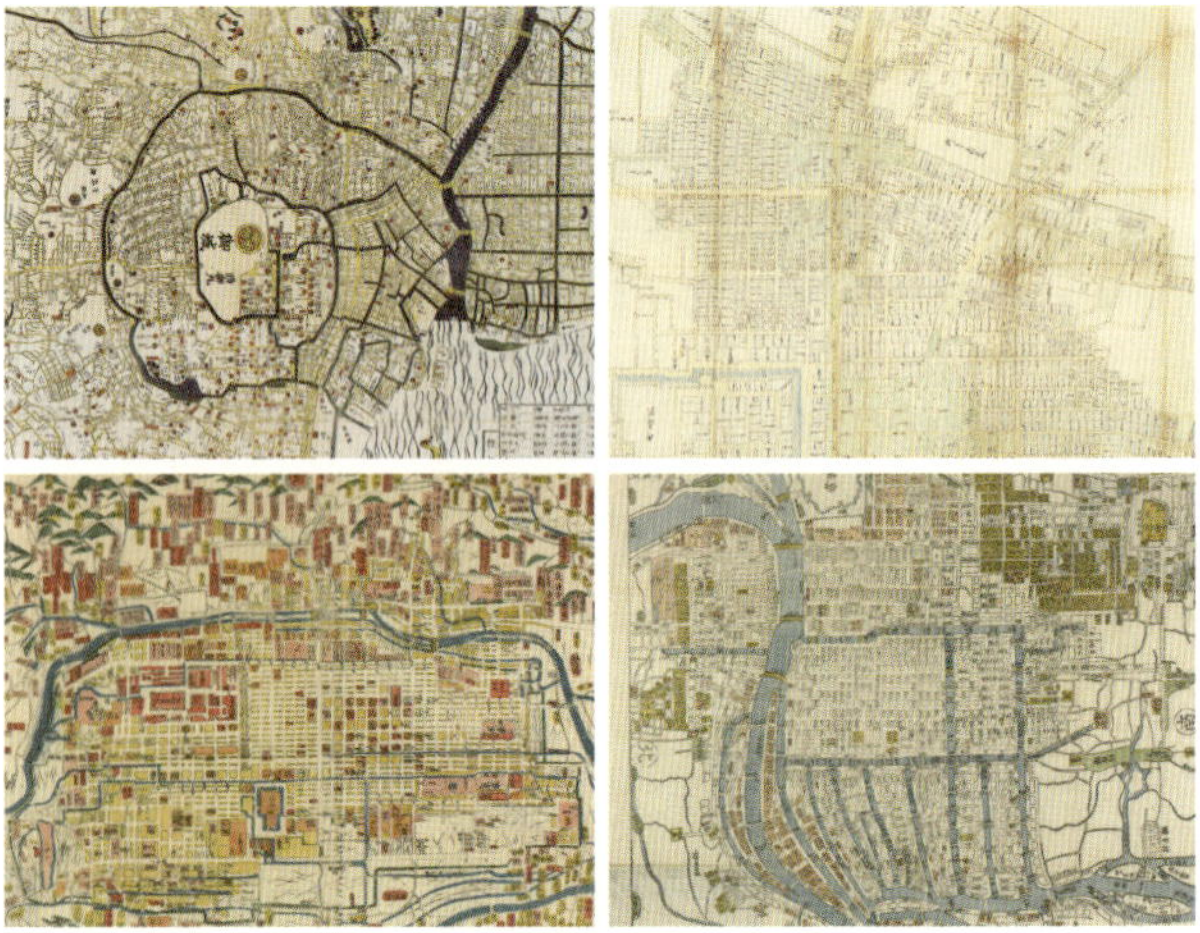

図８　左上から時計回りに文政改正御江戸大絵図（文政 12 年〔1829〕）

名古屋城近傍図（発行年不明）
改正摂津大坂図（天保３年〔1832〕）

文久改正新撰京絵図（文久３年〔1863〕）

（いずれも部分）

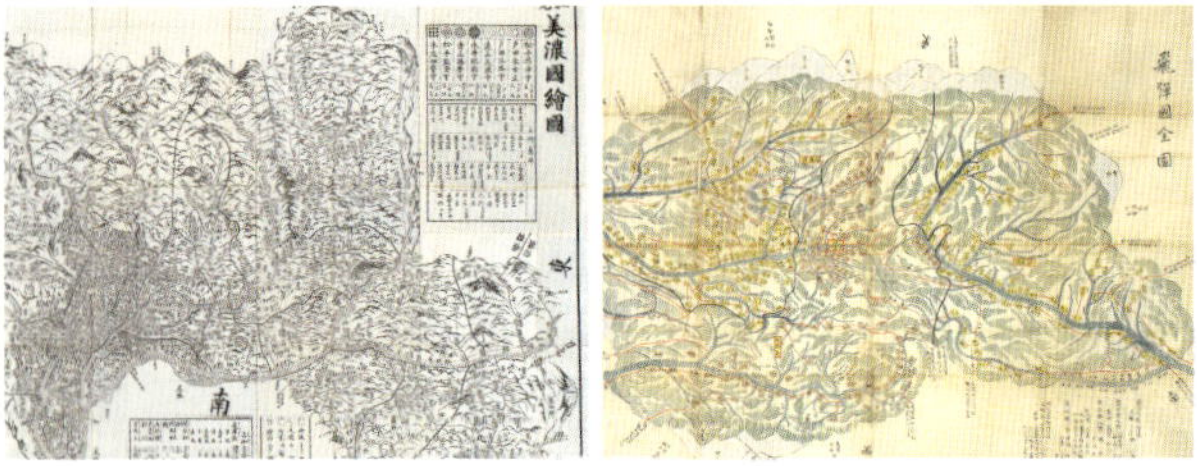

図９
（左）細見美濃国絵図（部分）（天保５年〔1834〕）

（右）飛騨国全図（部分）（天保３年〔1832〕）

図10　左上から時計回りに、ケンペル／ショイヒツァー「REGNI JAPONIA」（享保12年［1727］）

ブラウ「ASIA」（寛政2年［1662］）

リンスホーテン「（仮）アジア銅版地図」（文禄4年［1595］）

メルラ「TOTIUS ORBIS COGNITI UNIVERSALIS DESCRIPTIO」17世紀

（いずれも部分）

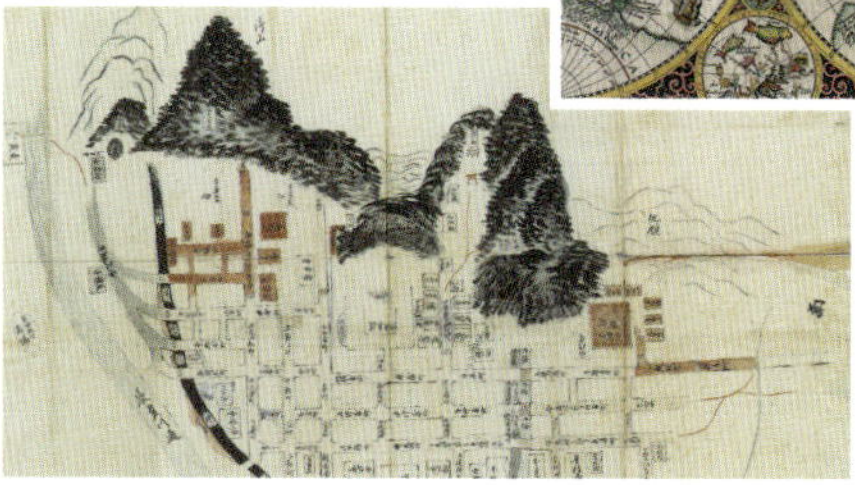

図11　岐阜町絵図（江戸時代）（部分）

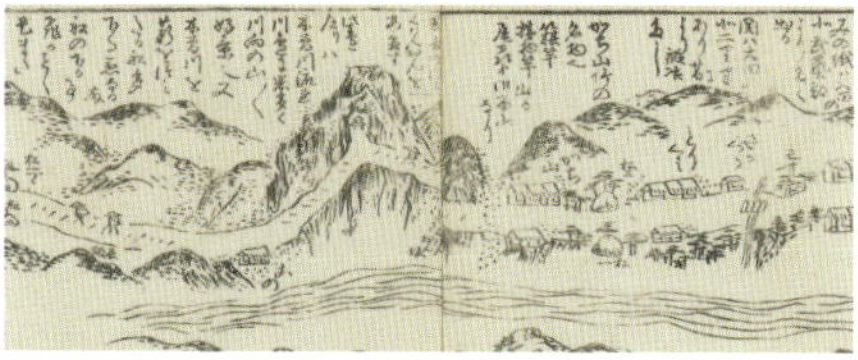

図12　岐蘇路安見絵図（宝暦6年［1756］）太田宿～鵜沼宿（部分）

り、世界や日本の認知過程を興味深くたどることができる。

　郷土関係では、「元禄十一年美濃国絵図」や「細見美濃国絵図」、「美濃国郡縣人跡路程図説」、「飛騨国全図」、「官許飛騨国全図」等の刊行国絵図にはじまり、木曽三川（木曽川・長良川・揖斐川）の治水関係古地図や地域図等が代表的である。

　古地図にはロマンがあり、現在住んでいるところが江戸時代から存在したのか、今の道路は近世の道路と関係があるのか、明治や大正、昭和初期と現在の町並はどう違うのか、現在も続いているのかなどを知ることができ、研究者の他にそれらを求めて利用される一般の方も多い。道中図と現代の地図を持ちながら、旅や巡礼、名所・旧跡巡りをするのも楽しい。

　これらの古地図は、デジタルアーカイブ化が順次進められており、岐阜県図書館のホームページから検索できるもの（約1800点）と、複製を閲覧できるもの（約2800点）とがある。

　この複製については、すべてA3サイズの用紙に印刷されており、まず目で見て調べることができる。気に入った地図があれば、個人の研究目的に限り、コピーすることができる（A3サイズまで、モノクロ1枚10円、カラー1枚50円）。なお、多少時間と費用は必要だが、大型プリンターで打ち出すサービスもおこなっている。

なお、デジタルアーカイブ化されていない古地図の閲覧も可能であり（貴重書扱いは除く）、担当者に相談してみるとよい。

外邦図で学ぶ

外邦図とは、旧日本陸軍参謀本部陸地測量部がアジア・太平洋などを中心とする地域を対象に、戦略・戦術やその土地の統治（インフラ整備や徴税なども含む）などを目的として作製した地図のことである。したがって、内邦図（日本国内を対象に作製された地図）と異なり秘密性が高く「秘図」扱いで、一般にはあまり知られていない存在であった。

外邦図の種類は、縮尺別では1万分の1～100万分の1など多様で、5万分の1～20万分の1が中心である。機密度については、高いものから「軍事機密」「軍事極秘」「軍事秘密」「極秘」「秘」の5種類などに分けられ、また宗主国の言語が残されたままの図もある。

図13　外邦図のマップケース

外邦図は、終戦に伴い軍事関係資料として、焼却命令が出されたが、当時の環境を知る資料としてや、インフラの整備などの社会基盤の構築には地図は必要不可欠であった。また地理学者にとって研究の基礎となる貴重な資料であり、国家にとっても重要な資料であったため、参謀本部や地理学関係者により避難させることになった。

その一部が東北大学等へ移送された。東北大学と関係の深かった岐阜県図書館特別顧問からの情報により、同大学へ寄贈・借り受けての複製作製を依頼したところ、広く一般に公開することを条件に快諾いただいた。1997年より収集を開始し約1万点の外邦図を所蔵することができた。その後、京都大学や東京大学、広島大学、お茶の水女子大学からの収集と個人寄贈により、約1万4千点を所蔵している。

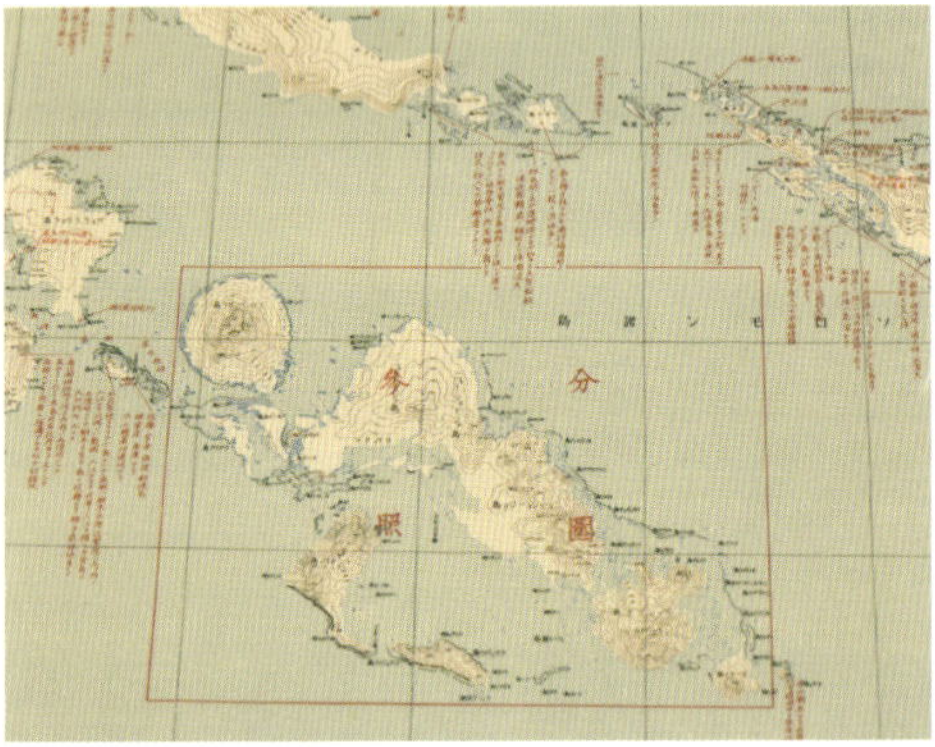

図14　軍事機密 1/50万 ソロモン諸島兵要地誌図
参謀本部（昭和18年〔1943〕）

そして、利用者のレファレンスにより対応しやすくするため、国・地域・縮尺ごとのインデックスマップを作製している。なお、このインデックスマップはホームページでも公開している。調べたい地域がある場合は、その地域の緯度経度がわかれば調べやすい。これらの地図の中には、現在入手できない地域のものもあり貴重である。

　利用者は研究者に限らず、「戦前東アジアの○○に住んでいた」・「父が□□から引き揚げてきたがそこの地図が見たい」、「△△へ行きたいが現地の地図がないのでよいのであるか」等のレファレンスがある。

図 15　スイス 1/2.5 万地形図「Schesaplana」（1992 年）

外国の地形を調べる

　外国へ観光や出張等で出かける場合、旅行関係の書籍が多く出版されており、それを利用する人も多いが、一歩進めてよりその地域のことを知るには地図が最適である。

　収蔵庫内には、アイスランドからレソトまで各国の官製地図が所蔵されている。中でもアメリカ合衆国やカナダ、イギリス、ドイツ、フランス、スイス等の官製地図が充実している。その縮尺は、２万５千分の１（アメリカ合衆国は２・４万分の１）、５万分の１、10万分の１、20万分の１が中心である。また、旧ソ連製の地図も所蔵しており、ホームページでも目録・インデックスマップを公開している。

　とくに旧ソ連製の地図は、ヒマラヤ山脈などの調査や登山に利用されている。

　外国製の地図としては前述の官製地図の他に、一部地質図も所蔵している。

図 16　国土地理院 1/2.5 万土地条件図「岐阜」（昭和 49 年〔1974〕）（部分）

主題図を利用する

　国土地理院発行の地形図や地勢図はできる限りの事象を網羅的に記載してあるのに対して、ある主題（目的）をもって作製された地図が主題図で、主題以外の要素は省略されており、主題が読み取りやすくなっている。基本的な主題図として、国土地理院発行の「土地利用図」（縮尺２万５千分の１、５万分の１、20万分の１）や「土地条件図」（縮尺２万５千分の１）がある。土地利用図は都市の商業地や工業地、農山村の農地や林地等の植生を色分けして作製されたもので、その土地の表面（地表）の土地利用を知ることができる地図である。「土地条件図」は主に地形分類（山地、台地・段丘、低地、水部、人工地形など）について示した地図で、人工的に加工されて見えなくなった土地が、本来はどのような地形であったかを知ることができる。そのため、家や工場等を建てるときに土地の成り立ちや災害の危険度を知る事ができ、防災対策の基礎資料ともいえる地図である。これらの他にも、地下が岩盤か砂泥の堆積地なのかの構造を表した「地質図」（縮尺5万分の1、20万分の1、県別）、地震対策に利用できる「都市圏活断層図」（縮尺 2万5千分の1）、火山基本図等多くの主題図が所蔵されており、研究者ばかりではなく、家を建てる土地のことを知りたいなどのレファレンスに対応している。

その他、植物や動物の分布図（県内）、専門性の高い「地すべり地形分類図」「土地保全図」「土地分類基本調査」等、各種分布図を所蔵しており、一般から研究者までの利用に応えている。

その他の各種地図・書籍

岐阜県内には現在42の市町村があるが、それらの管内地図及びハザードマップや都市計画図等が所蔵されている。また、合併前の99市町村であった時代の管内図もあり、土地の履歴を調べたり、昔を懐かしむ人たちに利用されている。さらに、都道府県別や国別の地理関係書籍、ハイキングや登山ガイドマップもあり、これらの利用者も多い。

地図の啓発活動

なかなか触れることができない地図や、時々の話題に応じた地図を1階ロビー等で紹介するコーナーを設けている。２０１８年度は「伊能忠敬没後２００年記念展示―美濃・飛騨の測量」「防災と地図―ハザードマップを中心に」「ヨーロッパ人が描いた近世日本」「地図で見る地域の変遷」（大垣・高山・中津川）「明治１５０年―日本の近代化と地図」「地図の用途と種類―様々な目的により作製された地図」のテーマで展示し、興味や関心を惹いている。

また、地図関連の事業として、児童生徒向けの「児童生徒地図作品展」や児童向けの「わくわく地図教室」を開催（県内）しており、地図作品展は２０１８年度で24回目を数え、毎年約３００点の応募がある。この中から全国展に出展した作品は、11年連続して最高賞である国土交通大臣賞または文部科学大臣賞を受賞している。一般向けでは、岐阜県古地図文化研究会の協力により、２００１年度から年4回地図から地域や歴史を学ぶ「地図講座」が、２０１７年度からは年3回古地図を片手に地域を巡る「古地図散歩」が開催され、毎回多数の応募者があり、全国の公共図書館としては珍しい取り組みをおこなっている。

地形図の楽しみと役割

戦前の物理学者、随筆家、俳人である寺田寅彦（1878－1935）は、その随筆『地図をながめて』の中で、地形図（地図）の有用性について「……中でも五万分の一地形図などであろう。一枚の代価十三銭であるが、その一枚からわれらが学べば学びえられる有用な知識は到底金銭に換算することはできないほど貴重なものである。……」と触れているように、地図から得られる情報は多い。

岐阜県図書館には、移転当時に発行されていた（一部それ以前の旧版地形図を含む）全国の2万5千分の1や5万分の1、県内では明治時代以降に発行された2万分の1、5万分の1の旧版地形図はほぼ揃えられている。この他には、1万分の1地形図、2千5百分の1や5千分の1国土基本図（県内中心）が所蔵されている。

また、復刻された関東地方の「迅速測図」も所蔵されており、この図はフランス式の彩色図で絵画的に美しく、明治時代の雰囲気が伝わってくるものである。

同一地域の新旧地形図を時系列的に比較すると、その土地の成り立ちと変遷がよくわかる。戦後、特に高度経済成長以降の変遷は著しく、その町の歴史を知るうえで大きな手がかりの一つとなる。

どちらかというと、研究者や教育関係者の調査や研究に多く利用されてきた地形図であるが、東日本大震災以降は、自然災害に対する一般の方々の興味や関心が高まり、液状化現象や洪水等を意識して、「自分の家が建っているところの地形が知りたい」・「家を購入したいがその土地の履歴が知りたい」などのレファレンスが多くなっている。

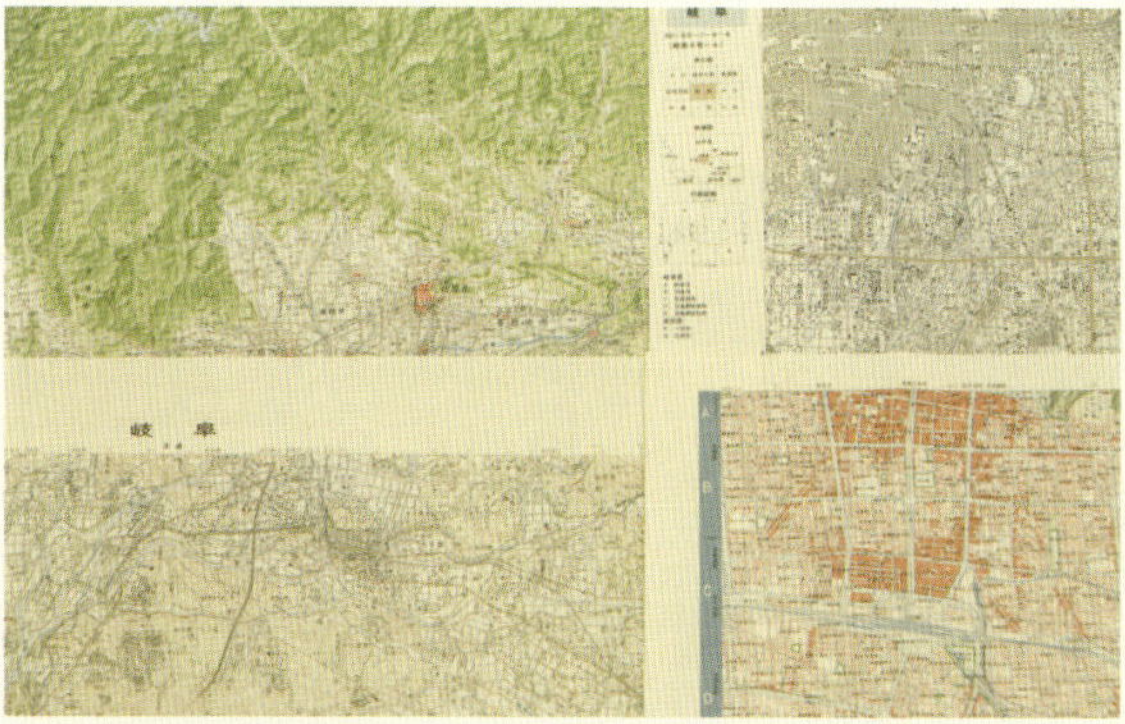

図1　国土地理院発行の各種縮尺の地形図、地勢図
左上から時計回りに、1/20万地勢図「岐阜」（平成24年［2012]）、1/2.5万地形図「岐阜」（平成21年［2009]）、1/1万地形図「岐阜」（平成20年［2008]）、1/5万地形図「岐阜」（平成10年［1998]）

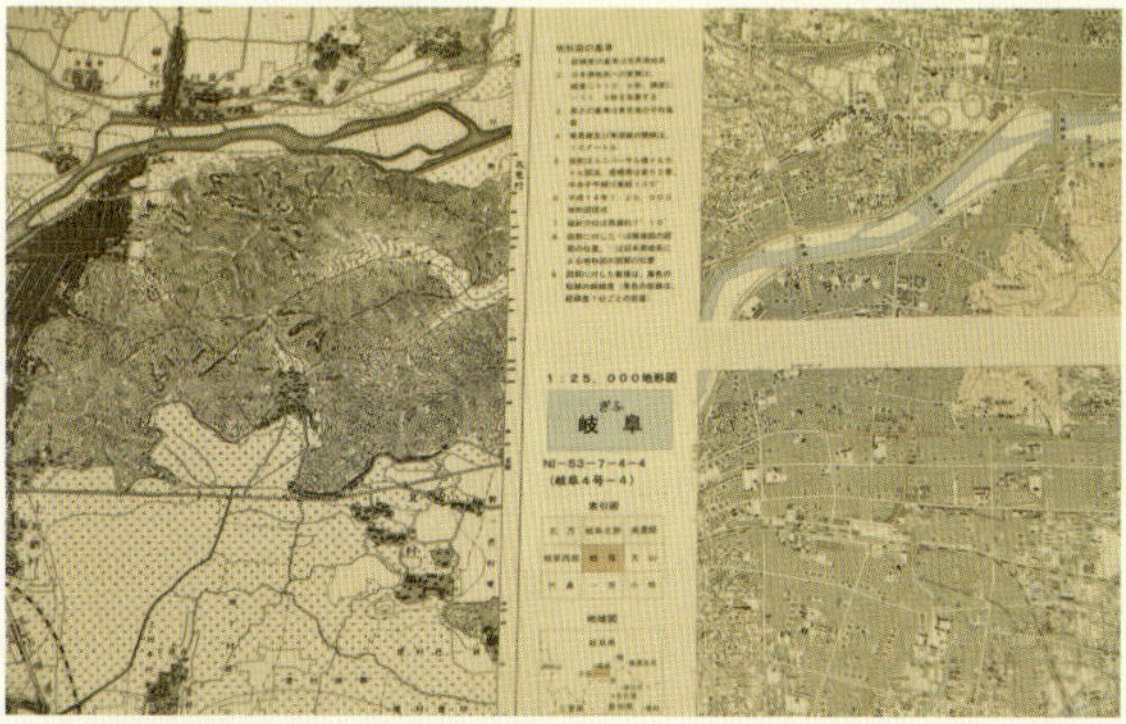

図2　地域の変遷がわかる地形図
左：陸地測量部1/2万「岐阜」（明治26年〔1893〕）

右：国土地理院1/2.5万「岐阜北部」（平成21年〔2009〕）及び1/2.5万「岐阜」（平成21年〔2009〕）

◉地図にみられる広告

メディアとしての地図

安元彦心

鉄道時代のツーリズム

近代日本におけるツーリズムは、全国的な鉄道網の形成にともない急速に発達した。第一次世界大戦後の1920年代から30年代にかけて、ハイキング・スキー・海水浴などの人気が高まった。なかでも、都市から農村まで庶民に支持されたのが観光や温泉であった。

一方、メディア＝イベントとして、花火大会、博覧会、競技大会が津々浦々で開催され、地域の情報が全国に向けて発信された。そんな時代の寵児《ちょうじ》として注目されたのが、「大正のパノラマ絵師」と称される吉田初三郎である。

初三郎が世に出るきっかけは昭和天皇と深いかかわりがある。大正3年（1914）の皇太子時代に、京都府八幡市の石清水《いわしみず》八幡宮に行啓のおりに、京阪電車の貴賓車内に初三郎の「京阪電車御案内」を置いたところ殿下が分かりやすいと感心され、東京の学友に見せたいとのことから献上品となった。

初三郎と東海地方との深いつながりは名古屋鉄道との関係である。大正10年（1921）に名古屋鉄道は犬山遊園地を開設し、さらに志賀重昂《しげたか》の命名による日本ライン下りを目的として今渡線（現広見線）を開業するにいたる。当時の常務上遠野《かどの》富之助は、大正12年（1923）この名勝地「日本ライン名所図会」の作成を初三郎に依頼した。

この作品の完成後、同年9月1日に関東大震災が起こり、彼の工房は消失した。この窮状に上遠野富之助は犬山木曽川河畔の名鉄「蘇江倶楽部」を無償で提供した。以来ここを「蘇江画室」として13年間にわたり画業に専念する。桃太郎神社に近い不老の滝付近にあったアトリエは現存しないが、昭和5年（1930）、日本一桃太郎会の会長となり神社の境内には彼の筆による「日本一桃太郎」の石碑がある。

初三郎の作品のうち岐阜市に関するものは三点あり、「ながら川の鵜飼」（図1）には、彼の画風が表現されている。金華山を中央に長良川を左右に曲げ、右方に遥か富士山と東京を、その前方に伊勢神宮を描き、忠節橋の彼方に谷汲観音を配

図１　吉田初三郎「ながら川の鵜飼」（年代不詳　岐阜市役所）（岐阜県図書館所蔵）

している。鵜飼は総搦《そうがら》みの情景を表している。中心市街地については、岐阜駅から長良橋までを直線的に示し、その左右に金津遊郭、梅林公園、美江寺観音、伊奈波神社、大仏、名和昆虫館などの名所を描いている。裏面には、鵜飼の歴史、遊覧船の予約方法や船料金、船頭への祝儀までが記され、当時の岐阜市の観光政策の一端を垣間見ることができる地図である。

鉄道時代の地図

鉄道の普及にともなう人々の行動範囲の拡大は、百貨店《デパート》という新しい小売形態を生み出すことになる。産業革命による都市への人口集中に対応すべく小売業界では、すでに各都市で小売店の集合体である商店街がみられるようになる。そこでは、販売する商品によって異なるものの、伝統的な小売方法として、店主と客のやりとりの中で最終的な価格が決められていた。

しかし、百貨店の販売方法は、この店主と客のコミュニケーションを終わらせる。百貨店では薄利多売が優先されるため、店主と客の会話は省略され、価格はあらかじめ店主によって決められた「値札」として示された。この消費行動の迅速化は、商品の魅力そのものではなく、ショーウインドウに意図的に並べられた多くの商品との比較において決められるのである。つまり百貨店の魅力とは、陳列された「商品の総合力タログ」の中から、客が自分の気に入った商品を選べることであった。

さらに、鉄道による行動範囲の拡大は、人々の地図に対する意識も変えていく。鉄道時代以前の地図は、自分の移動可能な生活空間を構成する、役所、学校、病院、店舗、工場などの対象物の位置を知ることが目的であった。しかし、鉄道による移動範囲の拡大は、今まで接することのなかった、自分の生活空間とは異なる都市空間、別の職業を営む他者への関心へとつながる。異なる都市への距離はどのくらいで、そこにどのような都市空間が広がっているのか、自分の住んでいる都市にはどんな店や企業があり、どのような観光地があるのかが関心事となる。

鉄道の普及による移動距離の拡大と移動時間の短縮は、百貨店がそうであったように、「都市空間の総合カタログ」としての地図への期待へと変わるにいたる。

職業別明細図の刊行

鉄道時代の地図需要に応えるものとして、全国を網羅した市街地図の刊行を企図した東京交通社による「職業別明細図」がある。大正6年(1917)に木谷佐一《きたにさいち》が東京交通社を興したとされるが、本プロジェクトの全容は解明されていない。岐阜県図書館所蔵の「岐阜市」の地図には、長良川扇状地に広がる岐阜市中心市街地の「総合カタログ」が見事に描きだされている。

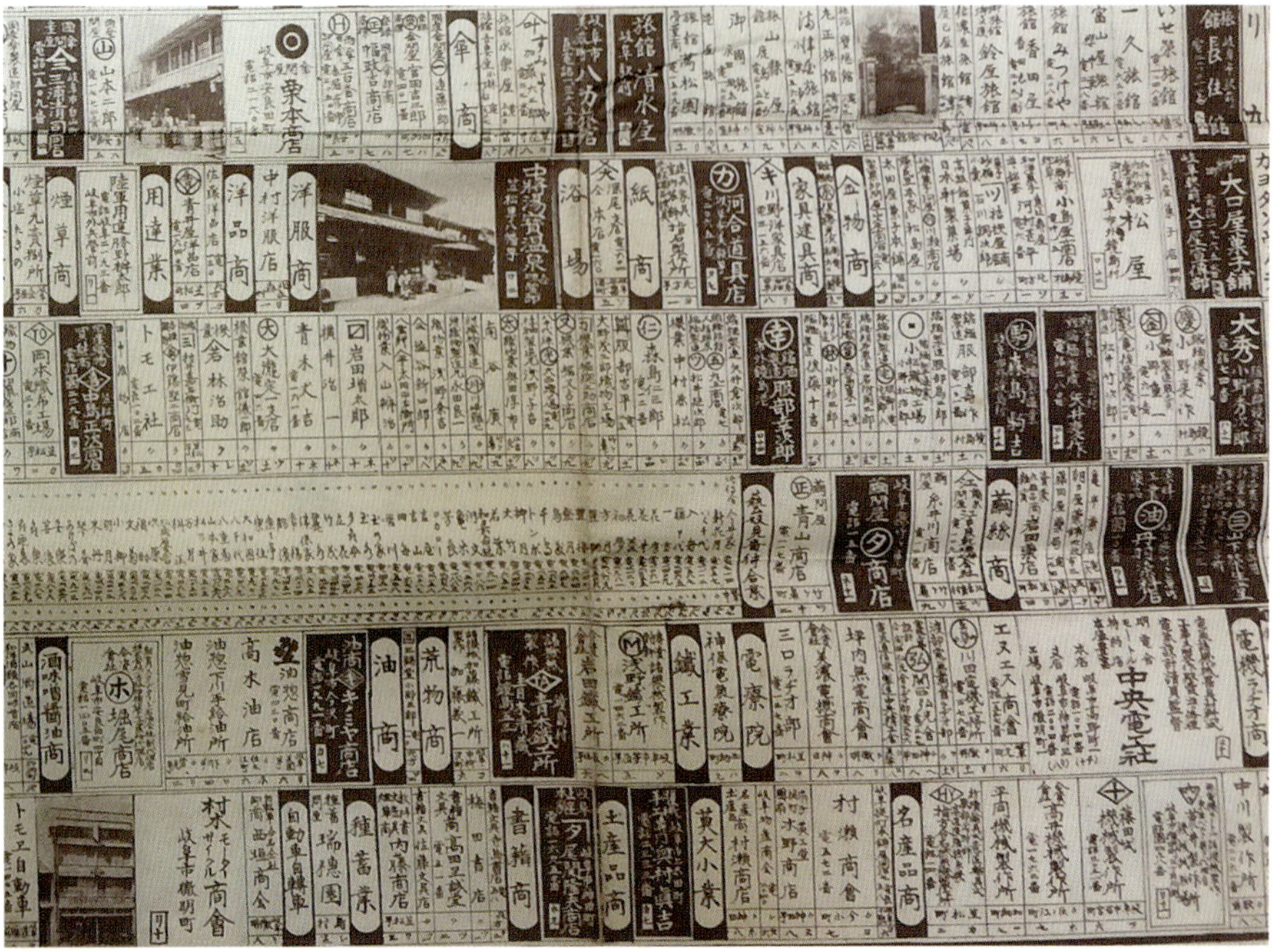

図2　大日本職業別明細図「岐阜市」(裏面部分、昭和5年〔1930〕)(岐阜県図書館所蔵)

表面の中心業務地区には、官公庁のほかに、昭和5年（1930）美濃町線の柳ヶ瀬駅前にオープンした丸物百貨店（後岐阜近鉄百貨店）、衆楽館（現高島屋）、さらに、「岐阜の過ぎたるもの、長良川の鵜飼と金津の浅野屋」といわれた金津遊廓の妓楼群が記されている。地図の余白部には、都市域の拡大を示すように、鉄道路線図とともに笠松町、竹ヶ鼻町（現羽島市）、北方町、鏡嶋村（現岐阜市）のそれぞれの中心市街図までも描かれている。

裏面の広告（図2）には岐阜市の地勢、人口、主要物産に続き、伝統工芸、日本を代表した縮緬産地にふさわしく原料産地である近隣農村の蚕糸商、蚕種商、蚕具商、劇場、芸妓見番《げいこけんばん》待合業87店までの住所録が列記されている。裏面広告の写真の有無、面積の大小といった掲載基準は不明だが、この違いに、現代メディアの経営戦略に通じる広告収入への意思の萌芽を感じることができる。

前述の吉田初三郎「ながら川の鵜飼」では、岐阜へのビジターのために路面電車の停車駅が強調されているが、京都市の大正名所図絵社発行「岐阜名所図会」（図3）では、寺社、学校、観光地、大工場などが生活者の視点からに描かれている。市民の空間認識の拡大やライフスタイルの変容を鮮明に読み取ることができる地図であり、貴重な都市空間の履歴書とも言える。

図3　米内北斗「岐阜名所図会」（大正14年〔1925〕）（岐阜県図書館所蔵）

参考文献

合田昭二／有本信昭編『白川郷―世界遺産の持続的保全への道』ナカニシヤ出版、2004年
新谷一男「白川村」、『岐阜県風土記』トラベルメイツ、1985年
新谷一男「景観の観光地化にともなう変容」、岐阜地理学会編『岐阜地理創立50周年記念号』2007年
安藤優一郎監修『古地図　読み方・楽しみ方』メイツ出版、2013年
伊藤憲司「輪中の近代化―産業―工業化」、「岐阜地理」10号、1971年
伊藤安男編著『地図で読む岐阜』古今書院、1999年
伊藤安男「鳥瞰図と吉田初三郎」、「郷土研究岐阜」第92号、岐阜県郷土資料研究協議会、2002年
糸貫町『糸貫町史』通史編、1982年
一信社出版部『増補岐阜志略』、『尾濃葉栗見聞集　岐阜志略』所収、1934年
一信社出版部『美濃雑事紀』、『美濃明細記　美濃雑事紀』所収、大衆書房、1969年覆刻
犬山市教育委員会／犬山市史編纂委員会『犬山市史』通史編下 近代 現代、1995年
上村木曽右衛門満義『飛驒國中案内』延享3年（復刻1970年）
上村木曽右衛門『飛驒國中案内』（復刻版）岐阜日日新聞社、1970年
恵那市史編纂委員会『恵那市史』通史編 第3巻、1993年
NPO法人緑の風『大垣城石垣の秘密』2013年
大垣市「おおがきの工業立地」1962年
大垣市『大垣市史』考古編、2011年
大垣市小学校地歴研究部『子供の大垣志』1983年
各務賢司『錦織綱場（復刻版）』八百津町教育委員会／錦織綱場保存会、2008年
河川環境管理財団編集　木曽川文庫『KISSO』64「垂井町」、木曽川下流河川事務所、2007年
加藤政洋『敗戦と赤線―国策売春の時代』光文社新書、2009年
可児市『可児市史』通史編 古代・中世・近世、2010年
可児市『可児市史』通史編 近・現代、2010年
川島町『川島町史』通史編、1982年
川端康成『篝火・非常・南方の火―岐阜から繋がる川端文学』川端康成短編集出版実行委員会、2007年
岐阜刑務所編『建築記念写真帖』1931年
岐阜県教育文化財団歴史資料館『飛驒・美濃の古地図と史料―飛驒郡代高山陣屋文書・美濃郡代笠松陣屋堤方文書』岐阜県歴史資料館、2008年
岐阜郷土出版社『目で見る飛驒の100年』1989年
岐阜県『粕川改修工事計画概要』1930年
岐阜県『岐阜県治要覧』1927年
岐阜県編『岐阜県史』通史編 現代、1973年

⦿……参考文献

岐阜県編『岐阜県史』通史編 続現代、2003年
岐阜県恵那郡加子母村『加子母村誌』1972年
岐阜県恵那郡付知町『続付知町史』2005年
岐阜県教育委員会『岐阜県文化財図録』1999年
岐阜県教育委員会『岐阜県教育史』通史編・現代2、2004年
岐阜県教育委員会『岐阜県教育史』通史編・現代3、2004年
岐阜県文化史調査研究会『ひだみの文化の系譜』岐阜県、1999年
岐阜古地図文化研究会「古地図の世界　名所旧跡図」2007年
岐阜古地図文化研究会「古地図文化ぎふ」第12号、2012年
岐阜市『岐阜市史』通史編 近世、1981年
岐阜市『岐阜市史』通史編 近代、1981年
岐阜大学『岐阜大学の五十年』1999年
建設省中部地方建設局高山国道工事事務所「高山国道20年のあゆみ」1980年
建設省中部地方建設局『木曽三川―その流域と河川技術』1988年
建設省中部地方建設局『木曽三川流域誌』1992年
建設省中部地方建設局『木曽三川治水百年のあゆみ』1995年
国土交通省中部地方整備局・国土地理院『木曽三川　川の流れと歴史のあゆみ』2007年
後藤征夫『ふるさと・岐阜の歴史―150年の歩みを未来に』岐阜ルネッサンスクラブ、2017年
小林茂編『近代日本の地図作製とアジア太平洋地域「外邦図」へのアプローチ』大阪大学出版会、2009年
坂内村教育委員会編『坂内村誌』民俗編、1988年
坂内村誌編集委員会編『夜叉ケ池　その伝承と恵沢』1981年
清水進『大垣城の歴史』大垣市文化財保護協会、2012年
巣南町『巣南町史』1978年
高塚慎司『追憶の付知森林鉄道』、矢部三雄『近代化遺産　国有林森林鉄道全データ《中部編》』所収、信濃毎日新聞社、2015年
高橋幸仁／松浦守仁「糸貫川廃川地について」「岐阜地理」29、1988年
高橋幸仁「世界遺産の合掌造り」、伊藤安男編著『地図で読む岐阜―飛山農水の風土』古今書院、1999年
高橋幸仁「長良川廃川地の一考察―高度経済成長期を中心に」「岐阜地理」43、1999年
高山市『高山市史』上巻、1952年（復刻1981年）
高山市『高山市史』下巻、1953年（復刻1981年）
高山市教育委員会編『飛騨国絵図』2013年
高山市郷土館編『高山の古地図』（第4図解説文）高山市教育委員会、1992年
高山青年会議所「わたしたちの町 高山―市民生活指標」1980年
田中弥助『明治は遠く』高山市民時報社、1989年
谷汲村編『谷汲村史』1976年

付知町『付知町史』通史編・資料編、1974年
『寺田寅彦随筆集』第5巻「地図をながめて」岩波文庫、1963年
長倉三郎『飛騨の匠・春慶塗の榛地師』第一物産、1977年
中津川史市編集委員会『中津川市史』下巻II 近代編』2006年
中西僚太郎／関戸明子編『近代日本の視覚的経験』ナカニシヤ出版、2008年
名古屋市博物館編『NIPPON パノラマ紀行 吉田初三郎のえがいた大正・昭和』2014年
西尾保『恵那峡物語』大衆書房、1986年
西村三紀郎「岐阜県図書館世界分布図センターにおける外邦図の収集と整理及び利活用について」、「外邦図研究ニューズレター」No.3、外邦図研究グループ、2005年3月
根岸秀行「戦後岐阜の引揚者集団における住宅開発」、「富山大学人間発達科学部紀要」第10巻第2号、2016年
服部真六『岐阜県おもしろ地名考』岐阜県地名文化研究会、2000年
飛騨市教育委員会『神岡町史』写真編、2010年
飛騨市教育委員会『神岡町史』通史編I・II、2008・2009年
日比野雅俊ほか「長良川下流右岸の落堀『勝賀池』の調査結果」「名古屋経済大学・市邨学園短期大学自然科学研究会会誌」27－1、1992年
二村英弘「地形図学習をとおして、地域をどう学ばせるか—長良川廃川地の土地利用をとりあげて」「岐阜地理」26、1986年
古川町『古川町史』資料編3、1986年
古川町史編纂室編『飛騨古川 歴史を見つめて』飛騨市、2015年
北条時頼『六十六州人国記』（発行年不詳） 志賀竜湖標註 洛陽堂、1911年
枡野俊明『夢窓疎石—日本庭園を極めた禅僧』日本放送出版協会、2005年
馬淵旻修「合掌造りと電源開発の白川郷」、伊藤安男編著『岐阜県地理あるき』大衆書房、1986年
三井金属鉱業株式会社『神岡鉱山写真史』1975年
美濃加茂市『美濃加茂市史』通史編、1980年
美濃加茂市『美濃加茂市都市計画マスタープラン』2007年
森本一雄『飛騨の城』郷土出版社、1987年
原田伴彦／矢守和彦編『浅野文庫蔵諸国当城之図』新人物往来社、1982年
安田守「古くて新しい県都 岐阜市北部」、『地図で読む岐阜』古今書院、1999年
養老町「泉と文化遺産のたび養老古道 map 絵巻」2017年
吉岡勲／中島勝国『図説 可児・加茂の歴史』郷土出版社、1985年
林野弘済会長野支部『木曽式伐木運材図絵』銀河書房、1975年
＊
「続・占領下の空白『地理調査所』物語14 座談会—波田時代のこと⑨」「信濃毎日新聞」1996年1月20日

おわりに

今井春昭

ご覧いただいて如何でしたでしょうか。本書の一葉の地図や絵図・写真から新しい発見があったり、見えないものが観えたでしょうか。頷いていただければ大きな慶びです。

本書の企画にあたって与えられた使命は「謎解き」であった。「謎解き」とは即ち「見えないものを観る」ことであり、それにはまず、そのための材料と案内人が必要である。本書では既刊『古地図で楽しむ岐阜　美濃・飛騨』（２０１５年）で扱った地域や視点を避け、できるだけ重複しない地図・絵図・写真などを使用するとともに、その地域に詳しいだけではなく「謎解き」の案内人として最もふさわしい皆さんに執筆をお願いした。

近年、地図やこれに類する資料の愛好者が増えている。幸にして、今までその存在すら知らなかったものが、デジタル化の急速な進歩などによって細部まで克明に表現され、一覧化されて「見る」から「観る」が可能となっている。

本書によってさらに地図愛好者が増えることを願ってやまない。

今回、「謎解き」の趣旨に賛同して快く執筆をいただいた皆様に感謝申し上げるとともに、的確な助言と指導を頂戴した風媒社並びに編集部の林桂吾氏に篤く御礼を申し上げます。

平成三十一年一月

［執筆者一覧］（50音順）

新谷一男（あらたに・かずお）岐阜地理学会理事
伊藤憲司（いとう・けんじ）岐阜地理学会理事
川村謙二（かわむら・けんじ）大垣北高等学校教諭
木村 稔（きむら・みのる）鶯谷中・高等学校教諭
黒田隆志（くろだ・たかし）前岐阜市歴史博物館長
高橋幸仁（たかはし・ゆきひと）岐阜第一高等学校講師
西村三紀郎（にしむら・みきろう）岐阜県図書館サービス課 郷土・地図情報係
林 正子（はやし・まさこ）岐阜大学副学長・地域科学部教授
原 賢仁（はら・ただひと）岐阜地理学会事務局長
日比野 光敏（ひびの・てるとし）岐阜地理学会理事
平井正春（ひらい・まさはる）中京大学非常勤講師
船戸忠幸（ふなと・ただゆき）岐阜県文化財保護協会事務局長
馬淵旻修（まぶち・あきのぶ）高鷲町文化財保護協会長
安田 守（やすだ・まもる）岐阜地理学会副会長
安元彦心（やすもと・げんしん）済美高等学校教諭
山田昭彦（やまだ・あきひこ）岐阜県博物館学芸員

［編著者紹介］
今井春昭（いまい・はるあき）
1942年岐阜県生まれ。金沢大学教育学部卒業。岐阜県教育委員会学校指導課指導主事・文化課長・指導部長・白川高等学校長・県立岐阜商業高等学校長・加納高等学校長等を経て中部学院大学経営学部教授。岐阜地理学会名誉会長・中部学院大学経営学部長。専門は地理学。
著書に、『長良川を歩く』（中央出版、1991年）、『地図で読む岐阜―飛山濃水の風土』（古今書院、1999年）、『ふるさと各務原』（郷土出版社、2011年）、『古地図で楽しむ岐阜　飛騨美濃』（風媒社、2015年）（いずれも共著）ほか。

装幀／三矢千穂

カバー図版／岐阜市街新全図（明治22年）

＊本書収録の5万分の1、2.5万分の1、2万分の1地形図は、国土地理院（前行政組織も含む）発行のものを使用した。

岐阜地図《ぎふちず》さんぽ

2019年1月30日　第1刷発行　（定価はカバーに表示してあります）

編著者　今井 春昭

発行者　山口 章

発行所　名古屋市中区大須1丁目16番29号　電話 052-218-7808　FAX052-218-7709　http://www.fubaisha.com/　風媒社

乱丁・落丁本はお取り替えいたします。　＊印刷・製本／シナノパブリッシングプレス
ISBN978-4-8331-0180-6

溝口常俊 編著

古地図で楽しむ尾張

地図から立ち上がる尾張の原風景と、その変遷のドラマを追ってみよう。地域ごとの大地の記録、古文書、古地図に描かれている情報を読み取り「みる・よむ・あるく」。過去から現在への時空の旅に誘う謎解き散歩。

一六〇〇円＋税

本康宏史 編著

古地図で楽しむ金沢

江戸から近代へ——。地図が物語るユニークな歴史都市・金沢の知られざる貌を地元の地域研究者たちが読み解いた。金沢地域の近世・近代の歴史や文化について新しい知見を加えながら浮かび上がらせる今昔物語。

一六〇〇円＋税

加藤理文 編著

古地図で楽しむ駿河・遠江

古代の寺院、戦国武将の足跡、近世の城とまち、街道を行き交う人とモノ、災害の爪痕、戦争遺跡、懐かしの軽便鉄道…。今も昔も東西を結ぶ大動脈＝駿河・遠江地域の歴史を訪ねて地図さんぽ。

一六〇〇円＋税

中井均 編著

古地図で楽しむ近江

日本最大の淡水湖、琵琶湖を有し、さまざまな街道を通して東西文化の交錯点にもなってきた近江。その歴史・文化・地理を訪ねて、しばしタイムトリップ。〈近江〉の成り立ちが見えてくる1冊。

一六〇〇円＋税